UnRead

文艺家

孤独的城市

The
Lonely City

Olivia Laing

[英]
奥利维娅·莱恩
著

杨懿晶
译

北京联合出版公司
Beijing United Publishing Co.,Ltd.

若你孑然一身，
这本书便是为你而写。

互相联络作肢体。

《圣经·罗马书》

12 : 5

目　录

孤独的城市

　　想象倚窗而立，在夜里，在一幢大楼的六楼、七楼或四十三楼。这座城市所展露出的样貌就是一排排房间，数十万个窗口，有些暗着，有些充盈着绿色、白色或金色的光。陌生人在其中来回游移，专注于私人时间里的各种事务。他们是你能看见却无法触碰的人。这是在这世上任何一座城市里的任何一个夜晚，都能见到的平凡的都市图景，但它将孤立和曝光令人不安地结合在一起，即便是那些最为活跃的社交动物，都会为之产生一丝孤独的战栗。

　　无论身处何地，你都可能感到孤单，但生活在一座城市里，被数百万人围绕着，又会催生出一种别样的孤独的滋味。或许，有人会以为这种状态与人来人往的都市生活并不相容，然而，单纯的生理上的接近，并不足以驱散内在的隔绝感。在与他人紧密相依的时刻，你可能会感觉到，甚至会轻易地感觉到内心的荒芜与清冷。城市会成为孤寂之地。一旦承认了这一点，我们就会明白，引发孤独的并非肉体上的孤寂，而是联系、亲密关系与血缘关系的稀缺或不足：出于各种原因，人们对亲密关系的需求得不到满足。在词典里，"不快乐"的定义是：因缺少他人陪伴而产生的结果。因此，毫无疑问，这种感觉会在人群中达到顶峰。

　　孤独是难以启齿的，也难以归类。孤独就如同抑郁，这两种往往相伴相生的状态会深入一个人的肌理，成为那个人的一部分，就像爱笑或长着红头发一样。另一方面，孤独也转瞬即逝，它会随着外部环境的变化悄然而至，又倏忽无踪，正如在经历了亲人过世、恋人分手或社交圈的变化后体会到的那份孤独，便是如此。

如同抑郁、悲伤或烦躁不安，孤独也是病理学的研究对象，被视为一种疾病。就像罗伯特·韦斯在他的那本影响深远的专著中写到的那样，孤独是"一种难以根除的慢性病，毫无可取之处"，它没有任何意义，这一点毋庸置疑。如此这般的言论都与一种信念挂钩，即我们生而为人的全部意义，都在于与人产生联系，或者说我们可以也应该享有永恒不变的快乐。但并非每个人都命定如此。也许我的想法并不正确，可我认为，这样一种我们每个人在生活中都经历过的状态，不可能完全没有意义或是毫无价值。

弗吉尼亚·伍尔芙[1]在她 1929 年的日记里描述了一种"内在孤寂"的感觉，她认为这种感觉也许值得探究，并补充道："要是我能抓住这种感觉，我会的：这是一种真实世界在歌唱的感觉，是一种由可栖居的世界中的孤独与静默触发的感觉。"这个想法很有意思，孤独或许能够带给你一种用其他途径难以企及的真实感。

不久以前，我在纽约市度过了一段时间。这座由粗花岗岩、混凝土和玻璃构成的熙攘的岛屿，每日都浸淫在孤独之中。尽管那绝非一段宜人的经历，但我开始自问，伍尔芙是否真的是对的，除了呈现在眼前的一切，是否真的还有更多的体验，或者说，它是否真的能促使一个人去思考某些与生存相关的更宏大的问题。

不仅作为一个独立的个体，也作为一个生活在我们这个世纪、这个像素时代的公民，我感到某些东西在我的内心灼烧。孤独意味着什么？

---

1 弗吉尼亚·伍尔芙（Virginia Woolf），英国女作家、女权主义者，被誉为引导现代主义潮流的先锋和 20 世纪最伟大的小说家之一。

倘若我们不与另一个人紧密缠绕，我们该如何生活？要是我们无法轻松地开口交谈，我们该如何与他人发生联系？性爱能否治愈孤独？假设答案是肯定的，那么如果我们的身体或性倾向被认定是不正常的、有缺陷的，或是我们经受着病痛的折磨，又或是未曾获得美貌的眷顾，情况又会变成怎样？科技能否在这些事情上为我们提供帮助？它让我们更靠近彼此了吗？还是将我们禁锢在屏幕背后的牢笼之中？

我绝非第一个为这些问题所困的人。很多作家、艺术家、电影人和音乐人都曾以各种形式去探索"孤独"这一主题，尝试捕捉它的踪迹，应对它所唤起的问题。但那时的我醉心于图像的魅力，以此寻得了在别处难以获取的慰藉，因此，我所探究的主体都落入了视觉艺术的范畴。我沉迷于一种渴望，想要找到一些关联性、一些实物证据，以证实其他人也曾进入过这种与我相同的状态。在曼哈顿期间，我开始收集那些似乎在阐释孤独或是为孤独所困的艺术作品，尤其是那些以现代城市，特别是以过去七十年间的纽约为背景的作品。

起初我只是被那些图像本身所吸引，但随着我的探索逐渐深入，我开始注意到那些隐身在这些艺术品背后的人们：他们挣扎在生活的旋涡里，试着与孤独以及随之而来的其他问题同生共处。在之后的篇幅里，我将要书写的艺术家们还有阿尔弗雷德·希区柯克[1]、瓦莱丽·索拉纳斯[2]、南·戈尔丁[3]、克劳斯·诺米[4]、彼得·胡加尔[5]、比莉·哈乐黛[6]、佐

1　阿尔弗雷德·希区柯克（Alfred Hitchcock），电影导演、编剧、制片人。

2　瓦莱丽·索拉纳斯（Valerie Solanas），激进女性主义作家，曾试图暗杀安迪·沃霍尔。

3　南·戈尔丁（Nan Goldin），美国最受瞩目的摄影家之一，可谓当今私摄影鼻祖。

4　克劳斯·诺米（Klaus Nomi），德国歌唱家，"新浪潮"音乐的先驱之一。

5　彼得·胡加尔（Peter Hujar），美国摄影师，以其黑白人像照闻名。

6　比莉·哈乐黛（Billie Holiday），美国知名爵士女歌手。

伊·伦纳德[1]、让-米歇尔·巴斯奎特[2]等。这些艺术家都是孤独的城市记录员，他们的作品都曾打动过我，予我教益，而在他们之中，有四位艺术家尤其令我感兴趣：爱德华·霍珀[3]、安迪·沃霍尔[4]、亨利·达戈[5]与大卫·沃纳洛维奇[6]。无论从何种角度来看，他们中的每个人都并非孤独之地的永久栖居者，相反，这正体现出来自不同方位、不同角度的孤独的侵袭。然而，他们都敏锐地察觉到人与人之间的鸿沟，深谙在人群中被隔绝是何种滋味。

在安迪·沃霍尔身上，这看似尤为不可能，毕竟，他就是以自己旺盛的社交能力而闻名的。他几乎时刻被一群散发着光芒的随从人员包围着，然而，出人意料的是，他的作品强烈地关注着隔绝和依恋这两个主题，这是他终其一生都在与之对抗的问题。沃霍尔的艺术着眼于人与人之间的空间，对近与远、亲与疏进行了一场宏大的哲学研究。和许多孤独的人一样，他有着根深蒂固的收集癖，创造出各式各样的物品，再用它们把自己包围起来，在自己和人类所需的亲密感之间筑起一道藩篱。他恐惧身体上的接触，很少在没有摄像机和录音机的武装下离开自己的寓所。他用这些东西去抵挡和缓冲与他人的交流：这一行为似乎也解释了我们在这个所谓的"互联"时代里应用科技的方式。

1　佐伊·伦纳德（Zoe Leonard），美国摄影师、雕塑家。

2　让-米歇尔·巴斯奎特（Jean-Michel Basquiat），美国新表现主义艺术家。

3　爱德华·霍珀（Edward Hopper），美国绘画大师，都会写实画风的推广者。

4　安迪·沃霍尔（Andy Warhol），美国艺术家，波普艺术的倡导者和领袖。

5　亨利·达戈（Henry Darger），美国艺术家，生前是一家医院的看门人，其小说手稿《不真实的国度》及其中的 300 多幅配图在其去世后才被房东发现。

6　大卫·沃纳洛维奇（David Wojnarowicz），美国画家、摄影师、作家、电影制片人。

身为看门人和域外艺术家[1]的亨利·达戈的生活则截然相反。他独居在芝加哥市的一间出租屋里，在近乎与世隔绝且没有任何观众的环境中创造了一个虚构的世界，其中满是美丽而有些诡异的人物。80 岁时，他在一个天主教的教士之家去世，被迫放弃了自己的房间。之后，人们在他的房间里发现了上百幅精巧的、令人不安的画作，显然他从未向任何人展示过这些作品。达戈的人生揭示了那些导致一个人离群索居的社会因素，以及他是如何运用想象力来抵抗这些来自外部的力量。

正是因为这些艺术家在社交生活中有着各不相同的经历，所以，他们的作品也以不同的方式来讨论"孤独"这一主题，有些人会直面它，有些人则会着眼于那些导致污名或孤立的原因——性、疾病、虐待。爱德华·霍珀，那个四处云游、沉默寡言的男人，执迷于运用视觉去传递都市的孤独感，以绘画的方式表达这一感受，尽管他有时候会否认这点。他所塑造的那些在萧条的咖啡馆、办公室和酒店大堂的玻璃后面的男人和女人的掠影，在近一个世纪以后，依然是寂寥城市的标志性形象。

你能展现出孤独的样貌，也能举起双臂抵挡它，创造出作品来当作沟通工具，抵抗审查制度和沉默。这就是大卫·沃纳洛维奇创作的原动力。作为一个被低估了的美国艺术家、摄影师、作家和行动主义者，他杰出、无畏的作品令我感到前所未有的力量，将我从那种独居时因孤独而产生的羞愧感带来的负担中解放了出来。

我开始意识到，孤独是一个熙来人往的地方：它本身就是一座城

1　1972 年，英国艺术批评家罗杰·卡迪纳尔提出了"域外艺术"（Outsider Art）这一理论，也可以译为"局外人艺术"。这些艺术家的作品暂时未被主流艺术的定义所吸纳，而艺术家们都非学院出身，或为社会边缘人士，有些甚至是精神病人或有身体残疾的人。我们可以视他们为在主流艺术界领域之外的人。

市。当你居住在一座城市里时，即便它像曼哈顿一样生机勃勃、井然有序，你也会逐渐感到迷失。随着时间的推移，你会在心中描绘出一张地图，它由你钟爱的地点与偏爱的路线组成，是一座除你以外的任何人都无法准确复制或再现的迷宫。在那些年里，我所构建的是一张孤独的地图，它的诞生出于需求和兴趣，由我自己和其他人的经验汇集而成。我想以此来理解孤独的意义以及它在人们的生活中的作用，并试着去描述孤独与艺术之间复杂的关系。

很久以前，有一段时间我经常听丹尼斯·威尔逊[1]的一首歌。这首歌被收录在《蓝色太平洋》（*Pacific Ocean Blue*）里，那是他在"海滩男孩"解散后发表的专辑。其中有一句歌词我十分钟情：孤独是一个尤为特别的地方。当我还是个少女时，我会在秋天的夜里坐在自己的床上，想象自己身处一座城市当中，或许恰是薄暮时分，每个人都往家的方向走去，刚被点亮的霓虹灯闪烁不定。我发现早在那时，我就已经把自己当成了孤独的城市里的一个居民，而且我喜欢威尔逊对它的肯定——他让孤独看起来充满无限可能而又危机四伏。

孤独是一个尤为特别的地方。想要明白威尔逊的歌词里的真谛并不容易，但在旅途中，我开始相信他是对的，孤独绝不是一种全然无用的经验，相反，它能够让我们直抵我们珍视和需要的东西的核心。从孤独的城市中浮现出不少绝妙的事物：在孤独中成形的事物，往往也能被用来救赎孤独。

1　丹尼斯·威尔逊（Dennis Wilson），美国音乐家、歌手、词曲作者，曾为美国摇滚乐队"海滩男孩"（The Beach Boys）的成员之一。

玻璃之墙

在纽约，我从未去游过泳。我来了又去，却从未在夏天停留，因而我曾觊觎过的每一个户外泳池都始终空无一人，在人们不常去游泳的淡季，它们的池水在不经意间悄然流走。大部分时间里，我都待在曼哈顿岛的东边，住在东村的廉价转租公寓里，或是为制衣工人们建造的合租房里。住在这些地方，你能不分昼夜地听见来自威廉斯堡大桥的嘈杂的交通声响。我把各种各样的地方当作临时办公室，无论在哪儿，每次走路回家的途中，我常会绕到汉密尔顿·费什公园去。公园里有一座图书馆和一个有十二条泳道的游泳池，池壁上淡蓝色的涂漆已经斑驳脱落。那一刻的我是孤独的，我孤身一人漫无目的地游荡着，而这个角落里堆满棕色落叶的阴沉的蓝色空间总是揪着我的心。

孤独是种什么样的滋味？它如同饥饿感：就像你周围的每个人都准备好了要去吃顿大餐，只有你还饿着肚子。它令人感到羞愧和惊慌，渐渐地，这些情绪会向外辐射，让那个孤独的人变得愈加孤立和疏离。它还会像各种情绪一样给人带来伤痛，也会在人体封闭的内腔造成肉眼观察不到的生理上的影响。它会愈演愈烈，这种孤独感冷冽如冰，像透明的玻璃一样包围并吞噬着你。

绝大部分时间里，我住在东二街一间朋友转租给我的公寓里，这个街区里有很多公共花园。这间未经改造的老旧公寓的墙壁被漆成了灰绿色，厨房里有一个四脚浴缸，掩在一条发霉的帘子后面。住进去的第一晚，我的时差还没倒过来，筋疲力尽地躺在平板床上失眠，这时我闻到一股越来越浓的煤气味儿。最后我打电话报了警，几分钟后，三名消防员冲了进来，重新点燃了引火苗[1]，又踩着他们的大靴子来回走了几圈，赞美了木地板几句。炉子上方挂着一张 20 世纪 80 年代的镶框海报，是出自玛莎·克拉克[2]之手的《爱的奇迹》（Miracolo d'Amore）。海报上的两名演员身着白色套装和意大利喜剧中的尖顶帽，一个人往亮着灯的走廊移动，另一个人的双手挥舞着，做出一个惊恐的警示动作。

爱的奇迹。我之所以会来到这座城市，是因为我坠入了爱河，过于轻率地一头扎了进去，然而迎接我的却是一路坎坷，而且我变得出人意料地烦躁不安。在充满欲望的虚假的春日里，那个男人和我曾有过一个草率的计划——我会离开英格兰，到纽约来找他，并在这里定居。后来，他突然改变了主意，越来越频繁地对着一连串的酒店号码表达着深深的疑虑。那一刻，我感到不知所措。让我感到震惊的是，那些我曾以为自己缺失的东西竟然到来得如此之快，而失去这一切的速度甚至更快。

没有了爱情，我发现自己无助地依附于这座城市本身：灵媒的屋子，小酒铺里千篇一律的挂毯，喧嚷拥挤的交通，第九大道转角的活龙虾，从路面飘浮上来的水汽。我本来并不想放弃自己在英格兰租了近十年的公寓，可我也没有羁绊，没有任何出于工作或家庭的理由把我拴在那个地方。我找到了一个房客，凑出够买一张机票的钱，彼时的我尚无从得知，自己将要踏入一个迷宫，一座在曼哈顿岛上自我圈禁的城市。

1　用于引燃煤气的长明火苗。

2　玛莎·克拉克（Martha Clarke），美国剧院导演、舞蹈家。

然而，事情已经开始变得不对劲了。我的第一间公寓甚至根本不在曼哈顿岛上，而是在布鲁克林高地，距离我本有可能居住的地方不过几个街区之遥——要是我的爱情成了真，现实就会变成另一个版本。生活的另一种可能如鬼魅般缠绕着我，整整两年，我都难以摆脱它。我在九月抵达纽约，移民局的警官毫不友好地问我："为什么你的手在颤抖？"范怀克高速公路还是一如既往地萧瑟、阴郁、毫无希望，我用那把朋友几周前就快递给我的钥匙，试了好几次才打开那扇大门。

　　之前我只见过这间公寓一次。这是个配有小厨房的单间公寓，还有一间贴着黑色瓷砖的浴室，雅致的装修风格充溢着男子气概。墙上还挂着一张讽刺的、令人不安的海报，是某种瓶装饮料的复古广告。画上有一个笑意盈盈的女人，她的下半身是一个发光的柠檬，它散发出来的光芒射向一棵树，树上随意地挂着些水果。这幅画看起来阳光明媚，然而真正的阳光从未穿透褐砂石墙壁照进屋里，很显然我这个房间不怎么好。楼下有个洗衣房，但那时候刚到纽约的我并不懂得这有多么难得。我下楼时总是很不情愿，担心地下室的门会砰的一声摔上，把我关在湿漉漉、充满洗衣液味的黑暗里。

　　大多数日子里，我都做着同样的事。到外面去吃鸡蛋、喝咖啡，漫无目的地穿行在漂亮的石子路上，或是一直沿着人行道走到东河边，驻足凝视。每天我都多往远处走一点儿，直到有一天我走到了登波区的公园，波多黎各裔的新婚夫妇们会在星期日来这里拍照，姑娘们穿着巨大的、雕塑般的浅黄绿色和紫红色的裙子，使其余的一切都显得疲惫而古板。河的对岸就是曼哈顿，一座座高楼闪闪发亮。虽然那段时间我还在工作，可我对什么都无法产生足够的兴趣，每当晚上我回到自己的房间里，坐在沙发上，透过玻璃看着外面的世界被逐个点起的灯泡照亮，痛苦总会在此时袭来。

我尤其不想待在我所在的地方。事实上，我的所在之处根本难以名状，而这本身似乎就是我所处困境的一部分。我感觉自己的生活是空洞的、不真实的，它的浅薄令我感到窘迫，就像穿着一件沾着污渍或磨损了的衣服会给人带来窘迫感一样。我感到自己正面临消沉的危险，尽管与此同时我的感受是强烈而真实的，以至于我经常不堪重负，许愿自己能找到一种方式彻底地放纵几个月，直到那股张力逐渐消退。倘若彼时的我能把自己的感受付诸言语，它们听起来会像婴儿的哭号：我不想自己一个人待着。我希望有人需要我。我感到孤独。我感到害怕。我需要被爱，被抚触，被拥抱。令我尤为惊恐的是那种关于"需要"的感知，仿佛我揭开了一个无底洞的盖子。我变得吃得很少，掉在木地板上的头发很是显眼，这也加剧了我的焦虑。

过去我也曾独处过，却从不像现在这样。孤独在我的童年时期就渐渐滋长，随后在我广泛社交的那些年里慢慢减退。从二十五岁左右起，我就一直自己住，大部分时间在谈恋爱，但也有单身的时候。总的来说，那时的我还挺享受独居的，或者说，即便是在我不喜欢孤独的时候，我也总是确信自己早晚都会在不知不觉中再次陷入一段感情关系中，展开一段新的恋情。当孤独的真实面貌显露无遗时，我感到了深深的匮乏，觉得自己缺失了一些人人都有的东西。这种无处不在、无可争辩的感受深入我的骨髓，并且毫无疑问地从外部证实了我作为一个人的失败——所有的情绪加速向我袭来，这就是我被人如此突然、彻底地抛弃所导致的后果。而且这与我的年龄也有关系，考虑到我正在奔向三十五岁，在这个社会看来，这个年纪的女性的孤独不再正常，而是带着几许古怪、异常和失败的意味。

窗外，人们在举办晚宴派对。楼上的那个男人在用最大的音量听爵士乐，走廊里都是他吐出的大麻烟，香气沿着楼梯蜿蜒而下。我去吃早餐时偶尔会跟咖啡厅里的侍者交谈，有一次，他给了我一首用打字机整齐地打在厚厚的白纸上的诗。但大多数时候我都一言不发。大部分时间里，我在自己周围竖起高墙，确保自己与每个人都保持着一段相当长的距离。我不常哭泣，但有一次我因为百叶窗关不上就哭了起来。一想到任何人都有可能透过百叶窗的缝隙窥探到我，看到我站在那里吃麦片，或是在查邮件，手提电脑的幽光照亮了我的脸，我就不寒而栗。

我知道自己看起来是什么样子。我像是霍珀的画作里的一个女人。或许是《自助餐厅》(Automat，1927)里的女孩，戴着一顶钟形女帽，穿着一件绿色的大衣，盯着一杯咖啡。她身后的玻璃窗倒映出两排灯光，光线渐渐滑入黑暗之中。也可能是那幅《清晨的太阳》(Morning Sun，1952)中坐在床上的那个女人。她把头发扎成一个乱糟糟的发髻，透过窗户眺望着窗外的世界。这是一个美好的清晨，阳光布满了整个墙面。然而，她的眼睛、下巴，还有她环抱着双腿的纤瘦的手腕，都透露出某种荒芜的孤寂。我也常常那样漫无目的地坐在凌乱的床单上，试着不去感受，试着仅仅去完成一个又一个连续的呼吸。

最能打乱我内心平静的一幅作品是《旅馆的窗》(Hotel Window，1955)。看向这幅画时，就像是在注视着某个算命人的镜子，你能透过它瞥见未来索然无味的轮廓和破损的希望。这幅画里的女人年纪更大，也显得更紧张、更难以接近。她坐在一张海军蓝的沙发上，这张沙发摆在一个空荡荡的可能是休息室或大堂的房间里。她打扮好了准备外出，头上戴着一顶时髦的红宝石色帽子，肩上搭着一件披风，转过上半身望向天色渐暗的街道，尽管外面什么也没有，除了一根隐约可见的廊柱和对面那幢大楼上黑色窗户的僵直轮廓。

在被问及这幅画的起源时，霍珀曾依旧闪烁其词地给过这样一个回答："那根本不是某样具体的东西，不过是我对看到的事物的一种即兴创作。它并非某个具体的宾馆大堂。我曾经无数次穿过三十一街至三十九街，从百老汇走到第五大道去，那里有很多廉价旅馆。也许就是那片区域带给了我灵感。孤独？是的，我猜它比我原本计划要表达的更孤独一些。"

霍珀的魅力何在？每隔一段时间，都会冒出一个能够完美地阐释某种情感体验的艺术家，虽然这并不一定是艺术家的本意，但这种情感被展现得如此精准与强烈，使得它与艺术家之间的联系变得难以磨灭。霍珀一直都不喜欢给他的作品下定论，也不喜欢别人将孤独视为他的专长和他的核心主题。他很少同意接受采访，但在一次难得的深度访谈中，他对自己的朋友布莱恩·奥多尔蒂[1]说："孤独这件事被渲染得太过头了。"还有一次，在纪录片《霍珀的寂静》（Hopper's Silence）中，奥多尔蒂提问道："你的作品是否反映了现代生活的孤立状态？"霍珀停顿了一会儿，简洁地回答道："可能是这样。也可能不是。"后来，在被问到是什么导致他对那些深色调的场景情有独钟时，他含糊地答道："我猜那就是我。"

既然如此，我们为何坚持要将"孤独"二字冠于他的作品之上？最显而易见的答案是他的作品倾向于描绘独处的人们，或是那些不安的、缺少交流的、两到三个人组成的小群体，而他们被赋予的姿态，似乎都在暗示着苦恼和忧虑。除此之外，他的画里城市街道的布局也具有某种渲染孤独的特质。惠特尼艺术博物馆馆长卡特·福斯特在《霍珀的绘画》（Hopper's Drawing）一书中指出，霍珀的作品里一再出现"某种特定的、在纽约司空见惯的空间和空间体验，这是因为虽然画里的人物与他人之间的物理距离很短，但他们却被包括动作、结构、窗户、墙

1　布莱恩·奥多尔蒂（Brian O'Doherty），爱尔兰艺术评论家。

体、光线和黑暗在内的一系列因素分隔开来"。这种视角通常被描述成一种偷窥欲的体现，但霍珀笔下的都市景象也同时再现了一种至为关键的孤独体验：那是一种被隔离的、被拒之门外或被圈禁起来的感受，伴随着一种几乎难以忍受的暴露感。

即便是在他最温和的纽约题材的作品里，这种张力也始终存在，这些作品描绘了一种更愉悦、更安宁的孤独感。例如，在《城市清晨》（*Morning in a City*，1944）里，一个裸着身子的女人站在窗前，手里仅握着一条毛巾，显得放松、自在。她的躯体由可爱的淡紫色、粉色和浅绿色的色块构成。整幅画呈现出一种祥和、平静的氛围，但在画面的最左边，我们仍然可以察觉到一丝微弱的、令人不安的战栗感——竖铰链窗敞开着，远处的大楼清晰可见，清晨的天空洒下法兰绒质感的粉色光线，照亮了那些楼宇。透过女人的窗扉可以看到对面廉租公寓的三扇窗户，绿色的百叶窗被拉起了一半，屋里一片漆黑，构建出线条不甚平滑的黑色方框。倘若按照词源学[1]和功能学所暗示的那样，窗户被看作是眼睛的类比物，那么在这幅画里，围绕着这种阻滞，这种画面中的堵塞，产生了一种被人观看所带来的不确定的状态——可能是被人观看，但也可能是被人忽略，或是被人视而不见、被人无视、被人轻视、被人讨厌。

在那幅阴郁的《夜窗》（*Night Windows*，1982）里，这些忧虑爆发变成了尖锐的不安。画面聚焦在一幢大楼的上半部，三个狭长的窗户形成了三道光源，窗户后面是一间亮着灯的卧室。一条窗帘从第一扇窗户里飘了出来。在第二扇窗户里，一个裹着粉色衬裙的女人冲着绿色的

1　"窗户"（window）一词源于古代斯堪的纳维亚语中的 vindauga（vindr "wind" +auga "eye"），字面义为 eye for the wind 或 wind-eye（风眼），亦即 opening for air to enter（空气入口）。古代北欧人的房子只有出烟孔和入气口，没有现代建筑上的窗户。

地毯弯下腰去，她的臀部和腿部的线条紧紧地绷着。而在第三扇窗户里，一盏台灯的光透过一层织物向外溢出，实际造成的视觉效果如同一堵烈焰之墙。

这幅画所处的视角也有些古怪之处。我们看到的是地板，而非房顶，显然观者正在从上方向下看，但这些窗户至少是在二楼，这让那个在观看的人——无论是谁——都像是飘浮在空中，而他们很可能是透过高架轨道上电车的窗户瞥见这一幕的。霍珀喜欢在夜间搭乘电车，他会带着他的写生本和木炭条，热切地凝望着玻璃窗外，寻找点亮灵感的瞬间，将捕捉到的画面粗略地保存在他的想象里。无论真实情况如何，观者——也就是我，或者你——都被卷入了一种离间的行为。隐私被刺破，但那个女人的孤独却丝毫未被削弱，而是被暴露在她那仿佛正在燃烧着的卧室当中。

即便在室内，你也无法躲避来自一个陌生人的注视，这就是城市的特殊之处。不论是在床和沙发之间来回踱步，还是闲荡进厨房去探望冷藏室里被遗忘的一盒盒冰激凌，无论我去哪儿，都会落入其他人的视线之中。那些住在阿灵顿街区的人都能看到我。在这个由许多安妮女王风格[1]的合租房建筑构成的街区里，一座座十层楼高的砖房被四周竖立着的脚手架包在里面。与此同时，我也在扮演着观看者的角色，像《后窗》[2]里的杰弗瑞那样，窥探着几十个我从未与之交谈过的人的生活。这些人都全身心地沉浸在日常生活的细枝末节当中，或是赤裸着身子去启动一台洗碗机，或是一边用高跟鞋的鞋跟打着拍子，一边为孩子

1　一种经典建筑形态，以采用非对称平立面、形式多样的屋顶、大量细部墙体及单层门廊等表现形式为特色。

2　*Rear Window*，1954 年由阿尔弗雷德·希区柯克执导的惊悚影片。电影中，主角摄影记者杰弗瑞因腿伤被困在家。时值盛夏，对面楼里的各色人家都敞开着窗户，观察他们的生活成为杰弗瑞排遣无聊的妙方。

们做晚餐。

一般情况下，我会认为这些行为最多只能唤起无聊人士的好奇心，但那个秋天并不寻常。几乎从我抵达纽约的那一刻起，我就感觉到一种与"看"相关的焦虑在我体内慢慢积攒起来。我想要被看见、被包容、被接纳，想要获得那种爱人赞赏的眼神所能带来的感觉。同时，我又感到自己被暴露在众目睽睽之下，这让我没有安全感，特别是在那些独处会令人感到尴尬或不对劲的场合。当我被一对一对的情侣或是一大群人所包围时，我会尤其害怕别人投来评判的眼光。这是我第一次居住在纽约这座布满了游移的眼神的玻璃之城，尽管这也是上述感受被放大的原因之一，但这些感受的起因终究是孤独，它们也始终会向两个方向激荡——渴望亲密，躲避威胁。

那年秋天，我不断地重温霍珀的作品，它们深深地吸引着我，仿佛我是名囚犯，而它们是监狱的蓝图，又仿佛它们蕴藏着某些对当时的我来说十分关键的线索。尽管我的视线曾落在几十个不同的房间上，但我总会回到同一个地方：《夜游者》（*Nighthawks，1942*）中的那个纽约式餐厅。乔伊斯·卡罗尔·欧茨[1]曾将这幅画描述成"最深刻的、反复出现的对美国式孤独的浪漫印象"。

我想只有为数不多的西方人不曾注视过这幅画中那台冰冷的绿色冰柜，至少大多数人都曾在候诊室里或办公室的走廊的墙上看见过一幅脏兮兮的复制品。它被如此不知节制地大肆传播，因而早在很久以前，它就已经沾染上了所有太过为人熟知的事物都无法幸免的那层包浆，就像镜片沾上了尘土一样。尽管如此，它依然保留着它诡异的影响力与那种能量。

我曾在手提电脑的屏幕上看了它很多年，直到在一个酷热的十月午

1　乔伊斯·卡罗尔·欧茨（Joyce Carol Oates），美国作家。

后，我终于在惠特尼美术馆亲眼见到了这幅画。它被挂在美术馆的最后方，被一大群人挡住了。"色彩真棒。"一个女孩说道。接着我被推到了人群的前端。在我靠近它之后，这幅画呈现出不同的样子，分解成了许多我此前从未见过的裂口和不规则的形状。餐厅屋顶上明亮的三角形在瓦解。两个咖啡桶之间是一道黄色。这幅画上色并不厚重，颜料并未完全盖住底下的画布，因此，有无数几乎看不见的白色小孔和细小的白色线头，冲破画的表面显露出来。

我往后退了一步。绿色的阴影落在人行道上，映出尖角状和菱形的色块。在现有的颜色当中，尚没有其他一种颜色能够如此强有力地传递出都市的疏离感。人们在自己建造的大厦里退化成了社会的原子。这种令人厌恶的、黯淡的绿色是在电气时代到来后才出现的，并且与夜间的城市、耸立着玻璃高楼的城市、亮着灯却空无一人的办公室，以及霓虹灯产生了不可割裂的联系。

这时一名导游走了进来，她深色的头发被盘了起来，一群游客尾随在她身后。她指向那幅画，问道："你们看出来了吗，这幅画里没有门？"而他们围拢过来，发出轻微的惊叹声。她是对的。画里的餐厅是个避难所，这一点毫无疑问，但它却没有明显的入口，没有让人能够进入或离开的通道。在画的后部，有一扇卡通风格的、淡橘黄色的门，它的背后也许是一间脏兮兮的厨房。但从街道的角度来看，这个房间是封闭的：一个都市的鱼缸，一间玻璃牢房。

在房间内，四个著名的人物形象坐在他们泛着惨白的黄色监狱里。一对百无聊赖的情侣；一个穿白色制服的餐台服务生，他的金发被拢进帽子里；还有一个背对窗户坐着的男人，他撑开的外套口袋形成的新月形图案是整幅画里颜色最深的部分。没有一个人说话，也没有一个人将目光落在他人身上。这个餐厅是被孤立者的避难所吗？这是一个为他们提供救助的地方？还是画家想要以此表现出在城市中四下蔓延的人际交往的断绝？这幅作品之所以杰出，原因就在于它难以被下定论，在于它拒绝表态。

举例来说，看看那个柜台服务生，他的面部表情也许是谦和的，也许是冷漠的。他所站的地方是好几个三角形的中心，并且他主持着以咖啡为内容的夜间圣餐。可他不也同样被困住了吗？画布的边缘切去了这些三角形的其中一个顶点，但从线条行进的趋势看，那个画面以外的角显然太过狭窄，无法给本该存在的活板门或通道留出足够的空间。而这正是霍珀最擅长的技巧。他用这种微妙的几何构图调动起观者的情绪，从而给观者造成一种被困住的感觉，使他们变得惊慌且十分紧张。

除此之外呢？我靠在墙上，穿着凉鞋，浑身是汗，逐个细数着餐厅内的陈设。三只白色的咖啡杯、两只边缘泛着蓝色的空玻璃杯、两个盛放餐巾的容器、三个盐瓶、一个胡椒瓶，瓶子里面也可能装着糖或者番茄酱。屋顶上闪耀着黄色的灯光。窗台上贴着青绿色的瓷砖（霍珀的妻子乔在她专门记录霍珀画作的笔记本里称它们为"才华横溢的翠绿色带状线条"），有着美元纸币的颜色的三角形阴影从各处轻柔地坠下。餐厅外部的上方是一块美国菲利斯雪茄的广告牌，上面用潦草的棕色涂鸦体写着"只要五美分"。街对面的商铺的橱窗后面有一台绿色的收款机，却没有任何可见的货物。绿色叠着绿色，玻璃叠着玻璃，我在这幅画前流连得越久，那股焦虑感就滋长得越深。

玻璃窗是整幅画里最诡异的部分：一道弧形的玻璃将餐厅与街道分隔开来，又向后蜿蜒而去，与自身重叠。在霍珀的作品里，这扇玻璃窗是独一无二的。尽管他一生中曾描绘过成百上千扇窗户，但其余的那些都不过是简单的洞口，是任由目光穿透的孔隙。虽然其他一些画里的窗户上也显了出倒影，但只有在这幅画当中，他将玻璃本身具有的模棱两可的物理特性描绘了出来。既坚实又透明，既切实存在，又极为脆弱。那些他在其他画作里仅仅呈现了一部分的事物在此处被联结起来，融汇成一种毁灭性的象征，彰显着禁锢与暴露的相互作用。只要你透过玻璃望进去，凝视着明亮的餐厅内部，你必然会感到一种转瞬即逝的对孤独的理解，体会到被拒之门外后独自站在冷冽的空气中时的感受。

· · ·

词典像个冷酷的仲裁人一样，把"孤独"定义成一种因孤立而引发的负面情感，其中蕴含的情感因素将其与"单一""独自"或"单独"区别开来。"因缺乏社会交往或陪伴而感到沮丧，因独自一人的想法而感到难过，一种独立于群体之外时所产生的感受。"但孤独并不一定与缺乏来自外界的、客观真实的陪伴有关，或者以心理学的术语来说，并不一定是出于社会隔离或社交匮乏。一方面，并非所有独自生活的人都是孤独的；而另一方面，处在一段关系中或是被一群朋友包围着的人，也有可能感受到强烈的孤独感。正如爱比克泰德[1]在约两千年前写下的那样，"人并不因独处而孤独，就像人并不因身在人群中而不会孤独"。

这种感觉源自某种亲密关系方面的缺失或不足，它的感情基调可以从不适发展到长期难以忍受的痛楚。1953 年，精神病学家、精神分析学家哈利·斯塔克·沙利文[2]给孤独下了一个至今仍被认可的定义：因人类对亲密的需求未得到足够的释放，而产生的、令人极为不快的、强烈

1　爱比克泰德（Epictetus），古希腊哲学家、古罗马斯多葛学派哲学家之一。

2　哈利·斯塔克·沙利文（Harry Stack Sullivan），美国新弗洛伊德派精神病学家和精神分析学家，致力于精神分裂症研究。他将自己的心理学研究工作建立在直接和可检验的观察的基础之上。

的感受。

在他的著作里，沙利文对孤独这一话题仅仅一带而过，而真正对孤独进行了开创性研究的是德国精神病学家弗瑞达·弗罗姆－瑞茨曼[1]。弗罗姆－瑞茨曼在美国度过了她职业生涯的大部分时间。在大众文化里，她以乔安娜·格林伯格[2]的《我从未承诺给你一座玫瑰花园》(*I Never Promised You a Rose Garden*) 中的心理咨询师弗里德医生的形象为人们所熟知。乔安娜在这部半自传体小说里讲述了她在青少年时期与精神分裂症抗争的经历。1957 年，弗罗姆－瑞茨曼在美国马里兰州去世，她的书桌上留下了一沓未完成的笔记。这沓笔记后来被编撰出版，书名为《论孤独》(*On Loneliness*)。这篇论文代表了精神病学家或精神分析学家将孤独作为一个独立的课题进行研究的第一次尝试。它与抑郁、焦虑或失落之间存在着明显的不同，从根本上来看，或许也更具危害性。

弗罗姆－瑞茨曼将"孤独"视为一个本质上十分顽固的研究对象，认为它难以被描述、被定义，甚至难以将它作为一个主题进行探讨。她用冷冰冰的语气指出：

> 那些期望对孤独加以阐释的作者所面临的是严重的措辞障碍：孤独似乎是一种极度痛苦而可怕的体验，以至于人们几乎穷尽一切方法对其加以规避。奇怪的是就连精神病学家们也拒绝为其寻求清晰的科学定义，而这种不情愿本身也是规避行为的一部分。

----

1 弗瑞达·弗罗姆－瑞茨曼（Frieda Fromm-Reichmann），德国精神病学家，被誉为当代的弗洛伊德，"二战"期间移民至美国。

2 乔安娜·格林伯格（Joanne Greenberg），美国作家。下文提到的《我从未承诺给你一座玫瑰花园》是她以笔名发表的代表作。

她在自己所能找到的些微材料中进行拣选，从西格蒙德·弗洛伊德[1]、安娜·弗洛伊德[2]和罗洛·梅[3]那里收集了一些相关的片段。她认为，这些分析大都将不同种类的孤独混为一谈——暂时的、偶然的孤独感（例如痛失亲友或童年时缺乏足够的关爱所造成的孤独）与深层的、难以根治的情绪上的隔绝感被一概而论。

针对后一类孤寂感，她评论道："孤独，在其最典型的状态下，其本质决定了忍受着这种孤独的人无法将其表述出来。同样，与其他那些无法表述的情感体验相比，一个人无法通过共情与他人分享他的孤独。一个人所散发的孤独感会引发另一个人的焦虑，从而阻碍后者发挥其同理心。"

在阅读这些词句时，我想起自己在好几年前曾坐在英格兰南部的一个火车站外等着父亲。那天的天气很晴朗，我还带了一本我喜欢的书。过了一会儿，一个上了年纪的男人在我身边坐下，不断地试着跟我搭话。我不想交谈，在说了几句客气话后，我的回答变得越发简洁。最终，他起身踱步离开了，脸上还挂着微笑。我后来一直为自己的不友善感到羞愧，可我也永远无法忘记那种压迫感。他的孤独散发出的力场紧紧地压迫着我，那是一种令人难以承受的、无法被满足的对关注和好意的渴求，渴求被倾听、被触碰和被看见。

要对身陷这一状态的人进行回应已是一件难事，但更难的是从这种状态中向外探求。孤独就像是一种可耻的体验，与我们应该过的那种生

1　西格蒙德·弗洛伊德（Sigmund Freud），奥地利精神病医师、心理学家、精神分析学派创始人。

2　安娜·弗洛伊德（Anna Freud），奥地利裔英国精神分析学家，西格蒙德·弗洛伊德的女儿，在防御机制和儿童精神分析方面做出了杰出贡献。

3　罗洛·梅（Rollo May），美国存在主义心理学家，著有极具影响力的《爱与意念》（*Love and Will*）。

活背道而驰，这导致承认孤独变得越发地难，最终它演变成了一种人人忌讳的状态，仿佛一旦有人将它袒露出来，就注定会造成他人的回避和逃离。在她的论文里，弗罗姆－瑞茨曼不断地回到"不可交流性"这个问题上来，指出哪怕最孤独的患者都会极力抗拒这一主题。在她的一项案例研究中，一名患有精神分裂症的女患者被要求针对这一问题去见她的精神病医师，以便探讨她深层的、无助的孤独感。在几次颇有成效的尝试后，她终于一股脑地吐露了自己的想法："我不明白为什么人们会把地狱想象成一个有温度的地方，里面还有温暖的火焰在燃烧。那不是地狱。地狱是你被独自冰封在一大块冰块里，那就是我经历过的感受。"

第一次读到这篇论文时，我正坐在床上，百叶窗被拉下一半。我用圆珠笔在打印出来的纸页上的"一大块冰块"这几个字下面画了一道弯弯扭扭的线。那时的我经常感到自己被封进了冰块里，或是被圈禁在了玻璃后面。我能够清楚地看见外面的一切，却无力将自己释放出去，或是与外界做出我渴望的那种交流。楼上又传来熟悉的节目主题曲，我漫无目的地查看着社交网络上的动态，我的四周是密不透风的白墙。无怪乎我会对《夜游者》如此着迷，那个如冰山般泛着绿光的玻璃气泡深深地吸引着我。

弗罗姆－瑞茨曼去世后，其他心理学家开始慢慢地将他们的注意力转向这一课题。1975 年，社会科学家罗伯特·韦斯编撰了一本影响深远的研究性著作——《孤独：情感与社会孤立的体验》（ *Loneliness: The Experience of Emotional and Social Isolation* ）。他在开篇处同样表示这个课题受到了忽视，并且嘲弄般地指出甚至连歌曲作者对它的讨论都比社会科学家多。在他的文章里，他将孤独描述为某种"支配"人类的事物，认为它呈现出"怪异的持续性"，是"一种对灵魂来说近乎恐怖的、神秘的折磨"。他觉得除了其本身具有的这些令人紧张的特质以外，孤独之所以难以唤起共情，是因为它能够引起一种类似自我保护的健忘。所以，当一个人不再处于孤独中时，他就很难记起自己曾经所处的境况。

倘若他们过去曾感到孤独，那么他们现在已经无法回忆起那个曾体验过孤独的自我是什么模样，而且他们很可能更愿意保持这种遗忘的状态。因而，在面对那些正处于孤独状态中的人的时候，他们的回应可能显得缺乏理解，甚至会带有几分焦躁与恼怒。

韦斯认为，就连精神病学家和精神分析学家都无法幸免于这种近乎带有恐慌的厌恶感，"那种在每个人的日常生活中都潜在的孤独"同样可能令他们感觉不适。由此产生的是一种对受害人的责难，一种将拒斥孤独者的行为视为理所当然的倾向。这种想法假定孤独是由孤独者们自己造成的，因为他们太过羞怯、缺乏吸引力、过于自我怜悯或过分关注自己。"为什么孤独无法得到改善呢？"他从专业的角度进行了推测，也从观察者的角度做了思考。"他们必定是在孤独里找到了某种有悖于常理的喜悦和满足。也许在痛楚以外，孤独还使他们得以持续沉浸在一种自我保护的孤立状态里，或是给他们造成了一种情感缺陷，迫使与他们交往的人对其予以同情。"

事实上，正如韦斯接着写到的，孤独的特征之一就是对终结这种体验的强烈诉求，而实现这一目标不能单纯依靠意志力或是更加频繁的室外活动，而是只能与他人建立亲密的联系。说起来远比做起来要容易得多，尤其是对某些人而言，他们的孤独因失去、流离或偏见的状态而生，所以他们有理由在渴慕他人组成的社群的同时，也感到害怕和不信任。

韦斯和弗罗姆－瑞茨曼意识到孤独会造成痛苦和疏离，但他们不明白孤独是如何导致了这些后果，而当代研究主要着眼于这个领域。在试着理解孤独对人体施加影响的过程中，这些研究还成功地阐明了移除这种感受为何会遇到如此巨大的困难。芝加哥大学的约翰·卡乔波和他的团队在过去十年里的研究表明，孤独感会严重影响个体对社会交往的理解和阐释能力，引发一系列破坏性的连锁反应，其导致的后果将使该个体与其同伴越发疏远。

20世纪70年代，韦斯首度假设了一种现象，即当人们开始感到孤独并且面对来自社会的威胁时，他们会触发一种被心理学家称为"过度警觉"的状态。人们会不知不觉进入这种状态，处在这种状态中的人对世界的看法有一种日趋消极的倾向，他们会预料到自己将要遭遇到的粗鲁、拒绝和创伤的经历，并将这些经历牢记于心。比起其他更亲切、友好的交往经历，他们会更加注意这些不好的体验，把它们摆在更突出的位置。这无疑会造成一种恶性循环，孤独的人将会越发孤立、多疑和内向。并且，由于他们未能清醒地察觉到这种"过度警觉"的状态，他们绝不可能轻易地意识到这种偏见的存在，更不用说去纠正它。

上述这段话的意思是，越是孤独的人，越难适应社会的潮流。孤独在他们周围蔓生，如同霉菌或苔藓，阻隔了交往的可能，无论这些人本身是多么渴望与他人接触。孤独感会逐渐积聚，自我延伸，永不止息。一旦受到了它的影响，就绝不可能轻易将其移除。这就是为什么我会突然对别人的目光变得高度敏感起来，为什么我会一直觉得自己暴露在别人的注视之下，即便我只是默默无闻地走在街上，当我的人字拖鞋在地面上发出啪嗒啪嗒的声响，我都会躬起身子，蜷缩进自己的内心。

与此同时，受到一波又一波汹涌而来的肾上腺素与皮质醇[1]的影响后，处在"红色警报"状态下的身体会产生一系列的心理变化。肾上腺素与皮质醇是引发"战斗或逃跑反应"[2]的荷尔蒙，它们会帮助机体应对外界的压力源。然而，有时这种压力是慢性的，并不尖锐。当一个人经年累月地承受着由某种无法摆脱的东西导致的压力时，这些生物化学上的变化将会产生灾难性的后果，给人的身体造成破坏与混乱。孤独害得人在睡眠中也不得安宁，睡眠的修复性功能将会降低。孤独还会导致血压升高、衰老加速、免疫系统衰弱，并成为认知衰退的前兆。2010年的一项研究表明，孤独预示着更高的发病率和死亡率，这一结果委婉地告诉人们，事实可以证明，孤独是致命的。

起先，人们认为这种高发病率是被隔绝导致的实际后果：缺乏关爱，潜在的自我供养的能力下降。事实上，如今看来几乎可以肯定，是对孤独的主观体验而非单纯的孤独状态造就了这些生理上的后果。令人感到紧张和压迫的是这种感受本身，它引发了整个环环相扣的阴郁反应。

. . .

霍珀不可能知道以上结论，当然了，除非他能够从内部感知到这些反应。然而，他在一幅接一幅的画作中不仅展现了孤独的样貌，还表现了它的质感，通过他笔下那些空白的墙壁和打开的窗户，构建出他头脑

1　皮质醇是肾上腺在应激反应里产生的一种类激素。人类在面临显著压力时会产生更多的皮质醇。

2　1929年，由美国心理学家怀特·坎农提出的心理学术语，机体经一系列的神经和腺体反应将引发应激，使躯体做好防御、挣扎或者逃跑的准备。

中孤独的架构的幻影，揭示孤独的运作方式——一边使人身陷罗网，一边将人暴露于众。

有人认为艺术家本人会熟知自己的创作素材，对于自己的时代，以及那一时期漫布的情绪和占据其间的主流事物，艺术家们并不仅仅是见证人。这种想法太天真了。无论如何，看着《夜游者》的时间越长，我对霍珀本人的好奇就越多，毕竟他曾这样说过："一个人的作品就是他自己。没有什么是无中生有的。"这幅画将你置于一个有利的地位，让你拥有一种无比独特的、疏离的视角。他是从哪儿得到的灵感？霍珀自己对城市、亲密感和渴求有着什么样的体验？他孤独吗？要看见那样的世界，你必须成为什么样的人？

尽管霍珀不喜欢接受采访，一生仅留下了少量的文字记录，但他经常被拍摄，因此，我们得以追溯他在那些年里的踪迹——从20世纪20年代戴着草帽的笨拙青年，到20世纪50年代的艺术大师。这些照片大多是黑白的，贯穿在其中的是一种强烈的、沉默寡言的特质，这来自某个深置于自身内心的人，他对与外界的交流存有戒心，显然有所保留。无论站着还是坐着，他总是显得有点尴尬，微微驼背，就像大多数高个子男人一样。他瘦长的肢体不自在地摆放着，穿着深色西装，打着领带，或是三件套的粗花呢套装。他的长脸有时阴沉着，有时很警惕，有时露出一丝愉快的迹象，在敌意消退的瞬间，时不时地闪过不屑一顾的机灵样。人们或许会称他为一个缄默的人，与这个世界相处得并不容易。

所有照片都是静默的，但有些更甚，这些肖像证实了众人眼中的霍珀最显著的特征，即他对言语极度抗拒。与安静不同，这种沉默更有力，也更具侵略性。在他接受的采访里，这种特质成了一道屏障，使得采访者没办法让他开口或是把回答安进他的嘴里。当他真的开口时，那句话通常只是为了转移那个问题。"我不记得了。"他往往会这么说，或是"我不知道我为什么会那么做"。他频繁地使用"无意识"这个词，像是为了规避或否认那些采访者们认定的、从他的作品里渗透出来的任何意义。

1967年，就在霍珀去世前不久，他罕见地接受了布鲁克林博物馆的一次长篇访谈。那时他已84岁，是仍在创作的美国现实主义画家当中最重要的一位。与以往一样，他的妻子待在房间里。乔完美地打断对话，填补空缺，填满所有的空白部分。这段对话被录音并被转录成了文字，但从未以完整的形式被发表过。它不仅在内容上具有启发性，而且揭示了霍珀夫妇之间复杂的互动关系和他们既亲密又对抗的婚姻状态。

当采访人问到霍珀是如何选定他的创作题材时，与往常一样，他似乎觉得这个问题令他痛苦不安。他说那个过程很复杂，很难解释，但他必须非常专注于自己的题材，那样的话，他每年可能只创作一两幅画。就在这时，他的妻子插了进来。"我要说一些关于他的真事儿，"她说，"在他12岁的时候，他长高了，他有1.82米高。""不是在12岁。不是12岁。"霍珀说。"可你妈妈是这么说的。你也是这么说的。现在你要改口了。哦，你要反驳我……你是觉得我们之间有什么深仇大恨吧。"采访人小声地说了几句表示不赞同的话，乔劲头十足地说了下去，把她的丈夫描述成一个男学生，瘦得像一根草叶，在他体内毫无力量可言，不想跟那些刻薄的、欺负人的孩子们发生矛盾。

> 但那让他变得更加……那会让一个人变得内向……在学校里，他是队伍里领头的那个，你懂吧，也就是最高的那个。还有，哦，他讨厌那样，那些排在他后面的坏男孩们总是把他推向错误的方向。

"内向是家族遗传的。"霍珀说。而乔回应道："哦，我觉得那和环境也有关系，你知道的……他对声明自己是个什么样的人从来都不怎么上心……"这时他打断道："我用我的作品阐释我自己。"过了一会儿，他又说道："我从未想过要去描绘美国的场景，我是在试着描绘我自己。"

他一直擅长绘画，从他在纽约奈阿克的童年时起就是如此。彼时，19 世纪即将落幕，他是家里唯一的儿子，他的父母都受过教育，但彼此之间却并不那么和睦。他的线条笔触透出美妙的自然感，同时也流露出某种尖刻的味道，这在他根据自己的生活经历画的那些丑陋的讽刺画里尤为明显。这些画作通常都呈现出惊人的压抑氛围，它们从未被展出过，却被收录进了盖尔·莱文[1]执笔的霍珀传记里。在这些作品里，霍珀把自己描绘成一个瘦骨嶙峋的形象，细长的骨头、扭曲的面部，通常受制于某些女人，或是沉默地渴求着某样她们拒绝给予的东西。

在他 18 岁时，他到纽约上艺术学校，在那里，他接受了罗伯特·亨利[2]的指导，后者是粗粝的城市写实主义（也就是所谓的"垃圾箱画派"[3]）的主要提倡者。在学生时期，霍珀表现杰出，备受赞扬，因而他在学院里流连了好多年的这一举动也很好理解，他不想全身心地投入到独立的成年时期里去。1906 年，他在父母的资助下前往巴黎旅行了一趟，他把自己封闭起来，没有与当时巴黎的任何艺术家会面。他对当时盛行的潮流或时尚都无甚兴趣，而他在此后的一生中态度也始终如此。"我听说过格特鲁德·斯泰因[4]，"他后来回忆道，"但我根本不记得自己听说过毕加索。"相反，他整日在街上游荡，到河边作画，或是画妓女和过

1　盖尔·莱文（Gail Levin），美国艺术史学家、传记作家、艺术家、教授。

2　罗伯特·亨利（Robert Henri），美国画家、教师、"垃圾箱画派"的代表人物。

3　垃圾箱画派（Ashcan School），又称"八人派"，其成员热衷于描绘都市生活的日常场景，其中不乏反映纽约的贫民窟和肮脏角落的写实作品，因而被称为垃圾箱画派。

4　格特鲁德·斯泰因（Gertrude Stein），美国作家与诗人，后半生主要在法国生活。

往行人的素描肖像，把各式各样的发型、女人的腿和小巧的羽毛帽子分门别类地记录下来。

正是在巴黎，他学会了打开自己的作品，让光透进来，模仿印象派的典型作品。而在此之前，他在纽约接受训练时，钟情的大多是暗沉的棕色和黑色。他也学会了对视角的运用，在他的场景里引入微小的不可能性：一座通往不可能之处的桥梁，太阳同时往两个方向落下。人体被延展，建筑被缩小，这些毫不起眼的细节扰乱了现实世界的构建方式。他用白色、灰色和土黄色的笔触描绘出一种不真实感，这就是他令观者感到不安的方式。

有那么几年，他往返于欧洲和美国，但在 1910 年，他最终定居在了曼哈顿。几十年后，他如是回忆道："我回来的时候，这座城市的面貌粗陋，原始得可怕，我用了十年才从欧洲的感觉里走出来。"在纽约，不管是疯狂的生活节奏，还是人们对绿色钞票[1]永不止息的追求，都使他显得格格不入。事实上，钱很快就成了一个主要的问题。很长一段时间里，他的画作根本无人问津，他只能靠做插画师勉强度日。他痛恨那些千篇一律的委托，不得不阴郁地夹着自己的作品集在整座城市里穿行，不情愿地叫卖自己的作品，而那在他看来根本毫无意义。

在刚回到美国的那些年里，他的感情生活也一片空白。他没有固定的女朋友，尽管或许不乏短暂的露水情缘。他也没有亲密的朋友，和家人也只有偶尔的联络。至于同事和熟人，他还是有的，但这个人的生活显然缺乏爱的滋润，尽管他享有充分的独立性和那种被弃置的美德——隐私。

这种隔绝感，以及这种在一座大城市里孤身一人的体验，很快就

---

1 对美元钞票的一种通俗称呼。

在他的画里反映了出来。到了 20 世纪 20 年代早期，他已经奠定了
自己作为一个真正的美国艺术家的名声，固执地坚持着现实主义，不
顾从欧洲涌入的时髦的抽象主义潮流。他决意描绘居住在纽约这座现
代的、电气化的城市里的日常感受。霍珀起先采用的是蚀刻版画的手
法，接着改换成了油画，他开始创作出一系列独特的图像，它们捕捉
到了都市生活的体验——一种逼仄的、焦虑的感受，偶尔也有迷人的
一面。

他围绕着曼哈顿长时间地散步，在这个过程中，他看到了，或只是
不完整地瞥见了某些场景，这些场景随后脱胎成了他所描绘的画面——
瞥向窗外的女人、凌乱的卧室和令人焦虑的室内布置。"它们不是真实
的，"很久以后，他这样说道，"或许它们中有很少一部分是的。你不可
能走出去抬头看着一间公寓，然后就站在街上画画，但很多东西的确受
到了这座城市的启发。"还有在别的地方，他也曾提到过："室内的布置
本身是我个人主要感兴趣的地方……它就是纽约这座令我深感兴趣的城
市的一个碎片。"

当然，这些作品里，没有任何一幅描绘了人群，尽管人群无疑是这
座城市的标志性景观。相反，它们的着眼点都在孤立的体验上：独处的
人们，或是局促的、难以沟通的伴侣们。后来，阿尔弗雷德·希区柯克
在《后窗》里为詹姆斯·斯图尔特安排了一个同样有局限的、窥视般的
视角。这是一部霍珀式的影片，同样对准了都市生活中危险的视觉亲密
度这一问题，在那些一度曾属于私人空间的房间里，我们能够一览无余
地观察陌生人的生活。

斯图尔特扮演的 L.B. 杰弗里斯从他在格林威治村的公寓里观望着很
多人的生活，其中有两个女性角色像是径直从霍珀的画里走出来的。"躯
体小姐"是一个性感的金发女郎，随着影片的推进，她的受欢迎程度比

一开始所呈现的要肤浅得多；而"寂寞芳心小姐"是个不快乐的、不怎么吸引人的未婚女性，她被不断地置于各种情境中，而事态也证实了她既无力找到一个伴侣，也难以享受独处的生活。人们可以看见她在为一个想象中的爱人准备晚餐，哭泣着用酒精安抚自己，把一个陌生人带回家，又在他将求爱的企图表现得有些过火的时候把他打跑。

在令人极为痛苦的一幕里，杰弗里斯透过一个变焦透镜看着她对镜梳妆——她先是穿上一套翡翠绿色的套装，接着戴上大大的墨镜，审视着整套装扮的效果。这是全然私人的举动，其本意并不想让任何人看见。在她竭力展现的这副精雕细琢的外表之下，她不自觉地流露出截然相反的情绪——她的渴求和脆弱，她期待被人向往的欲望，她害怕自己身上的女性魅力在逐渐流失，而那是一个女人在这世上可以拿来交换的一样重要之物。霍珀的作品里满是像她一样的女性，那些落入孤独的掌控中的女性，她们的处境似乎与性别和外貌上的不尽如人意有关，而随着年纪的增长，这会变得越发致命。

然而，若要说杰弗里斯表演的是典型的霍珀式凝视——充满冷静、好奇与疏离感，那么希区柯克所要竭力表现的，则是偷窥这一行为，如何在孤立了被偷窥者的同时，也孤立了偷窥者。在《后窗》里，偷窥显然被表现为一种对亲密关系的逃离，一种对真实情感需求的躲避。比起参与，杰弗里斯更倾向于观看，他对偷窥的沉迷是在情感上保持疏远，既是对他的女友，也是对他在窥看的那些邻居。只是随着时间的推移，他渐渐地被拉入一段既真实又充满象征意味的关系里，付出了投入和承诺。

一个不安于被束缚的、爱好窥看他人生活的男人，必须试着去适应一个真实的、有血有肉的女人，让她进入他的生活。《后窗》模仿或映射的不仅是霍珀艺术中的内容，也反映了霍珀感情生活的概况，某些在多年里不断地重复上演的场景里，超脱和需求的冲突既存在于真实的生活里，也呈现于画布上多彩的色块中。

1923 年，他与在艺术学校学习时结识的一个女人重逢了。昵称为乔的约瑟芬·尼维森是一个性格激烈的小个子女人，健谈，性格火爆，爱好社交。在双亲过世后，她一直独居在纽约西村，尽管严重缺乏资金的支持，她还是在其艺术家之路上顽固地前进着。他们对法国文化的共同爱好让他们走到了一起，那年夏天，他们犹犹豫豫地开始约会。第二年，他们结了婚。她 41 岁了，还是个处女，而他也快要 42 岁了。两人都考虑过自己将永远独身的可能性，毕竟他们的年龄已经远远超过传统的适婚年龄。

直到 1967 年的春天，爱德华去世，霍珀夫妇才与彼此分离。然而，尽管他们是一对羁绊很深的伴侣，但他们的个性，甚至他们的生理形态都是如此相悖，以至于有时他们看上去就像是描述男人和女人之间的鸿沟的讽刺画。当乔放弃了她自己的工作室，搬进爱德华在华盛顿广场上的稍微体面一点点的住所后，此前她曾为之不懈奋斗和捍卫过的事业就渐渐颓靡了，她几乎停止了创作：时不时地画上几幅柔和的、印象主义风格的作品，偶尔参加一次群展。

造成这种情况的部分原因是乔把她的大量精力都投入到了照管和扶持她丈夫的创作上：处理他的信件和贷款请求，激励他的创作。在她的坚持下，她还成了他所有作品里的女性形象的模特。自 1923 年起，乔扮演了每一个办公室女工和都市女郎的角色，有时穿戴整齐，有时宽衣解带，有时能被认出来，有时则被完完全全地重塑了。基于她创作出来的角色有《纽约电影院》（*New York Movie, 1939*）里的那个沉郁地靠在墙上的高个金发引座员，还有《裸女秀》（*Girlie Show, 1941*）中长着一双长腿的脱衣舞女郎。乔在为这幅画做模特时，"站在了炉子前，除了高跟鞋以外不着寸缕，并摆出了一个双臂张开的舞蹈姿势"。

一个模特，是的；一个对手，非也。乔的事业之所以触礁的另一个原因，是来自她丈夫的强烈反对。爱德华不仅没有支持乔的绘画事业，相反，他还采取实际行动对她的事业进行打击，对于她确实创作出来的为数不多的作品，他都给予嘲讽和贬毁，在限制她进行创作这一点上，他表现出了极大的创造性和恶意。根据乔未出版的日记中的大量内容，盖尔·莱文写就了引人入胜、细节丰富的《爱德华·霍珀：一部私人传记》（*Edward Hopper: An Intimate Biography*），其中提到了一个最为令人震惊的情况，即霍珀夫妇的关系经常会恶性蜕变为暴力。他们时常争吵，尤其是因为他对她作品的态度和她想要开车的愿望，而两者都是自主和权利的象征。有些争斗会发展成肢体上的冲突：掌掴、击打、抓挠，在卧室地板上狼狈地缠斗，最后剩下的除了瘀青，还有受伤的心。

正如莱文观察到的那样，由于乔·霍珀留存下来的作品数量太少，人们几乎很难对她的创作做出评价。爱德华把一切都留给了他的妻子，要求她把他的艺术藏品遗赠给惠特尼美术馆——这个与他联系最为紧密的机构。在他死后，她把他的艺术藏品以及大部分她自己的艺术资产都捐赠了美术馆，尽管自踏进婚姻的那一刻起，她的作品就一直被那里的策展人拒绝。她的忧虑并非毫无根据。在她去世后，惠特尼美术馆丢弃了她所有的作品，可能是因为这些画的品质有失水准，也可能是那种让她一生都在苦涩地抱怨的、经常性的对女性艺术创作的低估使然。

当人们意识到霍珀曾多么极端地压制和阻止他的妻子进行艺术创作后，他的画作当中的沉默就变得越发致命。人们很难将他被揭露出来的小气和残忍与那个西装革履、皮鞋锃亮、庄重沉默、分外拘谨的男人形象联系起来。不过，也许他的沉默也是其中的一部分：某种无法用日常语言交流的能力，某种深层的怨恨与索需。"只要跟我说话，他的眼神就会飘到钟上，"乔在她 1946 年的一篇日记里写道，"就像是在要求某个收费昂贵的专家的注意。"类似这样的行为加剧了她认为自己"是个相当孤独的生物"的感受，使她从艺术的世界里被隔绝和排挤了出去。

就在霍珀夫妇结合之前，一名同时代的艺术家为爱德华做了一次人物速写。他从那些最为显著的细节着手：明显的咬肌、强壮的牙齿和毫无美感的大嘴，随后转移到霍珀创作时采用的冷静、凝滞的画风：把自己封闭起来，保持克制。他注意到了霍珀的诚挚、拘谨和智慧，并写道："他应该已经结婚了。但无法想象是和什么样的女人，那样一个男人的欲望。"几行之后，他又重复了同样的短语："他的欲望，他的欲望啊！"

"欲望"也是霍珀的漫画中传递出的主要信息，在那些画里，他的妻子被呆板地抬高了位置，而他自己则被贬低到了地板上，蜷伏着，看着在桌上用餐的她，或是以一种近乎非人的自我克制跪在她的床脚前。在他的作品里，在他为共处于同一个狭小房间里的男人和女人彼此之间所创造的巨大空间里，也会时不时地闪过同样的情绪。例如《纽约的房间》（*Room in New York*，1932）这幅画就散发着未曾言明的挫败感、未得到满足的欲望以及暗涌的抑制。或许这就是他的画作令人如此难以介入、散发着如此强烈的情绪的原因。倘若仅着眼于"我用我的作品阐释我自己"这句话的表面意义，那么他所声明的就是障碍和界限，渴望的东西远在他处，而不想要的东西却近在咫尺——一幅欠缺亲密性的色情作品，无疑就是孤独本身的近义词。

．．．

在很长的一段时间里，霍珀稳定地继续着他的创作，而到了 20 世纪 30 年代中期，他的创作周期开始拉长了。在步入晚年之前，霍珀总是需要现实的场景来激发他的想象。他在城市里游荡着，直到看到某个吸引他的场景或空间为止，接着任其在他的记忆中安营扎寨；绘画，或者一如他所希冀的，情感与场景本身都成了他对"本质的最私密的印象所能产生的最准确的转录"。现在他开始抱怨能令他感到兴奋的题材已经不多了，致使他无法敦促自己开始这项辛苦的差事，这项棘手的任务试图"迫使这个由颜料和画布组成的勉强的媒介"演变为对情绪的记录。在一篇名为《绘画笔记》的著名短文里，他把这一过程概括为一种与不可避免的衰败的对抗。

> 我发现，在我工作时，我最感兴趣的视角往往不是种种让人困扰的元素的介入，而且随着创作的推进，这个视角会不可避免地被工作本身抹除和取代。在我看来，为了避免这种衰败而做出抗争是所有画家的共同命运，对他们而言，随心所欲的创作形式并没有那么有趣。

这个过程意味着绘画也许永远不会是完全愉快的，但停滞的阶段却比这还要糟糕得多。阴暗的情绪，漫长的、令人失望的散步，对电影院的频繁光顾，退却至无言的状态，纵身跳入一片沉默，这些几乎都必然会导致他与乔的争吵，而后者想要交谈的渴望与她丈夫想要保持安静的需求同样强烈。

所有这些状况都在 1941 年的冬天开始发挥作用，《夜游者》的雏形正是诞生于那一时期。当时的霍珀已经赢得了数不尽的赞誉，包括在现代艺术博物馆举行回顾展的这份罕见的殊荣。新英格兰清教徒的出身使得他没有被自己上升的声望冲昏头脑。他和乔从华盛顿广场后面逼仄的画室搬到了前面的两居室里，但他们仍旧没有中央供暖，也没有可供他们独立使用的浴室。此外，他们还是得搬着木炭登上七十四级台阶，将它们放进炉子里燃烧以取暖，从而减轻屋子里逼人的寒气。

11月7日，他们从夏日的特鲁罗[1]回到纽约。在特鲁罗，他们刚刚建造了一间海滨小屋。一张画布被摊开铺在画架上，但几周来都丝毫没有进展，在小小的寓所里留下一片令人痛苦的空白。霍珀又出门了，去例行散步，寻找可供创作的场景。最后，一个景象抓住了他的注意力。他开始在咖啡店和街角作画，将那些吸引了他视线的顾客画成素描。他画了一个咖啡壶，并记下了它近旁的色彩：琥珀色和深棕色。12月7日，就在这次创作开始后不久，珍珠港遭袭。第二天早晨，美国加入了第二次世界大战。

12月17日，乔给爱德华的姐姐写了一封信，其中掺杂着对空袭的忧虑，以及对她丈夫的抱怨，说他终于开始创作一幅新作品了。他禁止她进入画室，这就意味着她被完全禁止使用他们的小小领地的一半区域。希特勒已经扬言意图摧毁纽约。她提醒莫丽恩，他们就生活在玻璃天窗和漏水的屋顶，他们没有遮光窗帘[2]。她生气地写道："艾德[3]不能被打扰。"隔了几行之后，她又说："我甚至没法去厨房拿我想要的东西。"她整理出了一个背包，里面装着支票簿、毛巾、肥皂、衣物和钥匙，"以防我们穿着睡衣就跑到门外去了。"而她的丈夫，她补充道，在看到她所做的事后嘲笑了她。他用的还是那副轻蔑的语调，而她也一如既往地

1　特鲁罗（Truro），英国英格兰西南区域康沃尔郡郡治。

2　"二战"时期，城市出于防空目的采取灯火管制措施，即规定时间内（通常是夜里）不许随意使用灯、火等发光发亮的物体，避免从空中发现地面目标。使用遮光窗帘可以有效防止室内灯光暴露在黑夜中。

3　艾德（Ed），乔对爱德华·霍珀的昵称。

把它告诉了别人。

在隔壁的画室里，爱德华搞来了一面镜子，画下了无精打采地靠在吧台上的他自己，还设计出了他的两名男性顾客的姿势。在之后的几周里，他为咖啡馆添上了咖啡壶和樱桃红色的吧台面板，以及在上了漆的光洁面板上映出的淡淡的倒影。这幅画的创作开始加快了速度。一个月后，乔对莫丽恩说，他埋头苦干着，对那幅画，他每时每刻都非常投入。最后，他终于允许她进入画室做模特。这次他拉长了她的身体比例，染红了她的嘴唇和头发。光线打在她的脸上，她躬着身子打量着右手拿的东西。1942 年 1 月 21 日，他终于完成了整幅画的创作。按照霍珀夫妇的惯例，他们一起将这幅画命名为《夜游者》，其灵感来自那个女人的阴郁伴侣的鹰钩鼻 [1]。

这段往事里上演了太多的故事，有太多潜在的东西可供解读，其中有的是属于个人的，有的则更为深远。在读过乔的信并且了解到她因空袭和没有遮光窗帘而产生的焦虑后，那些玻璃窗以及从中透出的光线都变得不一样了。现在你可以把这幅画看作是对美国孤立主义的一种比喻，在用餐者所在的脆弱的庇护所中发现了一种隐藏的焦虑，其背后的原因是这个国家突然陷入了冲突，一种生活方式被突然打断，落入危险的胁迫之中。

还有一种更为私人化的解读，这关系到霍珀和乔之间不断产生的纠葛。他像是要惩罚她似的把她推开到一定的距离之外，以满足自己的需求，接着又把她拉回来，让她靠近，改换她的面容和身体，把她变成坐在吧台前的那个性感的、无言的女人，沉浸在自己的思绪里。这是霍珀让他的妻子沉默的方式吗？把她锁进画作这一无声的媒介里？还是说这

---

1 《夜游者》英文即 *Nighthawk*，也有夜鹰的意思。

是一种色情艺术,一种象征着繁衍的结合?以她为蓝本创作出如此之多的女性形象,这一举动势必会引发这些疑问。但如果一定要寻求一个确切的答案,则无疑会错失一个重点,即霍珀是如何坚决地拒绝封闭的定论。对于人类的孤独,对于对他人在本质上的不可知性,霍珀用他暧昧不明的画面加以证实。而我们也必须记得,他所取得的这一成就,部分就是通过无情地剥夺了他的妻子实现她自己的艺术表达的权利而得到的。

在20世纪50年代末,策展人、艺术史学家凯瑟琳·库为了写一本名为《艺术家之声》(The Artist's Voice)的书采访了霍珀。在他们的对话中,她问他最喜欢自己的哪一幅作品。他提到了三幅画,其中一幅就是《夜游者》,认为它"似乎就是我对一条夜色中的街道的想象"。"孤独的、空荡荡的街道?"她问。而他回应道:"我并不认为它显得特别孤独。我在很大幅度上简化了这一场景,好让餐厅看起来更大一些。我可能是在无意识地描绘一座大城市的孤独。"对话转移到了其他事情上,但几分钟后,她又回到了这个主题上,说:"无论是谁看了你的作品,都会说孤独和怀旧是你的主题。""如果这是真的,"霍珀慎重地答道,"那也不完全是我有意为之的。"接着,他又一次推翻了自己的说法:"或许我的确是一个孤独的个体。"

这是个不同寻常的措辞,一个孤独的个体,这与承认自己的孤独完全不是一回事。相反,它通过"一个"暗示了某种事实,这个低调的不定冠词隐隐地指向了一种在本质上与孤独对立的东西。尽管孤独让人感到的是完全的孤立,让人觉得它是一副私人的重担,一种他人绝无可能分享或体会得到的感受,但它实际上是一种共同的状态,栖居在很多人的内心里。事实上,现有的研究表明,有超过四分之一的美国成年人都在忍受着孤独的折磨,这与人种、民族和教育程度都无甚关联;而与此同时，有 45% 的英国成年人声称自己偶尔或经常感到孤独。婚姻和高收入会给这一状况带来轻微的改善，但真相是我们当中只有很少的人能够对此完全免疫，相较于我们能够自我满足的程度，我们都对交往有着更多的渴求。孤独的人难计其数。无怪乎霍珀的作品一直广受欢迎，并被如此大量地复制着。

读过他踌躇的自我坦白后你便会理解，为什么他的作品不仅传递着紧张的气氛，也流露着慰藉的可能，尤其是在与他人共同观赏时。他确实反复地描绘了一座大城市的孤独，都市生活那种去人性化的运转方式和结构不断地挫抑着连接的可能。但他不也同样把孤独描绘为一座大城市，一个诸多灵魂无论自愿与否都共同栖居的地方，从而揭示了它共通的、大众的一面吗？此外，他所使用的技法——一个不同寻常的视角，以及所选场所上的阻隔和暴露，都迫使观者在想象中进入这种体验当中，与对孤独的偏隘认识进行抗争。因为孤独原本是一种极具穿透性的体验，其最显著的特征在于它的多重阻碍、它如同窗般的高墙和它如同高墙般的窗。

弗里达·弗罗姆 - 瑞茨曼是怎么说的？"第二个人的共鸣能力很可能会受到阻碍，其原因或许仅仅是第一个人散发出的孤独感具有引发焦虑的特质。"这正是孤独令人感到如此恐惧的原因：人们会本能地对它产生抵触，因此在最需要交流的时候，交流却被它所阻抑。霍珀捕捉到的景象是美丽的，也是骇人的。他的作品并不感伤，但它们却流露出一种非凡的专注。好像他所看到的东西既是有趣的，也是他一直坚持要它成为的事物：一种值得他付出辛劳，并痛苦地努力将其记录下来的东西，仿佛孤独是某种值得观看的东西。更有甚者，仿佛观看它本身就是一剂解药，能够抵抗孤独所带来的陌生的、疏离的咒语。

我的心向你敞开

我在布鲁克林没待多久。那个把公寓借给我暂住的朋友从洛杉矶回来了，于是我搬去了东村的一间绿色的、没有电梯的公寓。改换居住地标志着又一个孤独阶段的起始：在这段时间里，言语成了一种危险的企图，并愈演愈烈。

要是你根本不曾被人触碰过，那么，言语就是你能与另一个人所产生的最密切的联系。几乎所有居住在城市里的人都是一曲复杂的大合唱的日常参与者，虽然有时候也会成为咏叹调的表演者，但更为常见的是扮演和声的角色，呼唤与回应，与几乎不认识的或完全陌生的人匆匆地进行短暂的交谈。讽刺的是，当你处于较好的、舒适的亲密关系中时，这些日常的交往总能顺利进行，而且你几乎不会去注意它或是留心体会。唯有在个体缺乏更深层的、更私人的联结时，它们才会延展出一种不相称的重要性，随之而来的还有一种不相称的危险。

自从来到美国后，我总是在语言的交换游戏中笨拙地扑腾着：我很难接住别人的话，又总是在自己主动开口的时候把事情搞砸。每天早晨，我都会穿过汤普金斯广场公园到办公室去，途中会经过"戒酒泉"[1]和遛狗区。在东九街上有个咖啡馆，坐在里面能看见外面的一座社区花园，花园中种着一棵巨大的垂柳。这间咖啡馆里的人们几乎全都盯着打

---

1 temperance fountain，通常由一位匿名的投资者捐助建造，意在为人们提供清洁的免费饮用水，以鼓励人们不要喝酒。

开的、发光的手提电脑，因而看起来是个安全的地方，孤身一人的我在这里不会太显眼。尽管如此，每天都会发生一件同样的事。我会点在菜单上最先看到的东西：中杯的机冲咖啡，这几个巨大的白色粉笔字就写在餐厅的小黑板上。每一次，咖啡师都会毫无例外地露出迷惑的神情，要我再重复一遍。如果是在英国，我也许会觉得这很有趣，或者很烦人，抑或根本不会注意到这个小插曲，但那年秋天它令我难以释怀，在我的内心激起焦虑和羞愧的涟漪。

为那样一件事烦心真是蠢透了：那只是外地人的一个小小的特征，在说同一种语言时的一种轻微不同的语调，一个不同的口语表达。维特根斯坦的一句话可谓所有背井离乡者的心声："为了理解口语的使用而做出的沉默的自我调整是极其复杂的。"我没能完成那些复杂的自我调整和那些数不清的沉默的转变，如此一来，我便暴露了自己作为一个外来者的身份，作为一个不知道该用"标准杯"或"滴滤"这两个惯用词语来点咖啡的人。

在特定的情境下，孑然独立、格格不入，都会成为满足感的来源，甚至给人带来愉悦感。某些情况下的独处，即便不能治愈孤独，也能暂缓它的降临，为人们提供一段喘息的时间。偶尔，当我漫步在威廉斯堡大桥的桥墩下，或是沿着东河一路走到联合国总部的银色大楼旁时，我会忘记那个忧伤的自我，反而变得如同薄雾一般通透、没有边界，愉快地在涌动的城市里随波逐流。待在公寓里的时候，我不会有这种感受；唯有当我在外面，彻底地独处或隐匿在人群中时，它才会悄然而至。

每当身处这样的情景中时，我都感到自己被解放了，绵延的孤独的重量、对反常事物的感知，以及因羞辱、评判和注视而生的不安感统统离我而去。但这种自我遗忘的幻觉过不了多久就会幻灭殆尽，然后我就

40

又被拉回到对自我的意识，以及熟悉的、痛苦的缺失感中去。有时，触发这种幻觉破碎的原因是可见的——一对牵手的伴侣，以及其他诸如此类的琐碎的、无关痛痒的事情。然而，在更多的情况下，它总是跟言语有关，或者说是一种对交流的需求，以言辞为媒介去理解别人，也让别人理解我。

我的高度警觉表现为种种强烈的反应——有时我会感到一阵脸红，但更多的时候我感受到的是一阵轰然袭来的恐慌，它们也证实了我对社会交往的感知开始扭曲。在我体内的某处存在着一个指认危险的测量体系，而如今，即便是交流中产生的最轻微的差错，都会被标示为潜在的巨大威胁。似乎在被如此灾难性地抛弃之后，我的耳朵被调整到了某个频率，只能听到拒绝的声调，于是，当不可避免的拒绝来临时，一天当中的各种些微的拒绝逐渐积聚，让我体内的某些关键部分绷紧并封闭了起来，从而使我摆出了逃离的姿态，并非向身体的外部逃离，而是向内探入自我的更深处。

毫无疑问，这种程度的敏感是荒谬可笑的。但在说话、被误解，或是被认为不知所云的时候，存在着某种几乎能令人感到苦闷的东西，某种直击我内心中所有关于孤独的、恐惧的事物。没人会理解你，永远不会。没人想听你说了些什么。你为什么不能融入，为什么要如此特立独行？身处这类处境的人会对言语产生不信任的原因很好理解，他们会怀疑言语填补人与人之间距离的能力，已然被揭露的鸿沟和潜藏在每个精雕细琢的句子之下的致命的深渊，都成了他们难以治愈的创伤。在这样的情境中，沉默或许是一种逃避伤害的方式，他们完全拒绝参与到交流中去，从而躲避失败的交流可能带来的痛苦。反正我就是如此解释自己与日俱增的沉默——就好比是一个想要避免反复遭受电击的人对电流所具有的一种反感情绪。

倘若有人能理解这种两难的困境，那就是安迪·沃霍尔，一个曾经一直为我所拒斥的艺术家，直到我自己也体会到了孤独。我曾上千次地看过那些丝网印刷的母牛和梦露[1]像，认为它们呆板、空虚，忽视它们的存在，就像我们对待那些经常看见却从未被正确观看的东西那样。我对沃霍尔的迷恋是从我搬到纽约后才开始的。有一天，我偶然在视频网站上看到了几段他的电视采访，他的样子像是在与自己对言辞的需求做着激烈的斗争，这给我留下了很深的印象。

　　第一个片段出自 1965 年的梅尔夫·格里芬秀[2]，当时沃霍尔 37 岁，正处于波普艺术给他带来的名声的顶峰。他穿着一件黑色的短夹克上了台，坐在那里，嚼着口香糖，拒绝大声说话，而是把他的回答小声地说给伊迪·塞奇威克[3]听。"你会复制自己的照片吗？"格里芬问。面对这个理想的提问，安迪变得活跃起来，点了点头，把一根手指按到嘴唇上，接着嘟囔出一个单词："会。"被逗乐的观众们对此报以一阵响亮的掌声。

　　在摄制于两年后的第二段采访里，他僵直地坐在自己创作的《埃尔维斯 I》（Elvis I）和《埃尔维斯 II》（Elvis II）[4] 前。当被问及他是否曾费心读过别人对他的作品的阐释时，他不自然地轻轻摇了摇头。"呃，"他说，"我能就回答啊啦啦啦啦啦吗？"摄像机的镜头往前推进，揭示出他的内心绝不像这个冷静、镇定的嗓音所暗示的那般超脱。他的样子

1　玛丽莲·梦露（Marilyn Monroe），美国 20 世纪最著名的电影女演员之一。

2　梅尔夫·格里芬（Merv Griffin），美国电视主持人、音乐家、歌手、演员。1965—1986 年，格里芬主持了自己的同名脱口秀。

3　伊迪·塞奇威克（Edie Sedgwick），美国 20 世纪 60 年代影星、时尚偶像，在安迪·沃霍尔的多部短片中担任女主角，被称作"波普缪斯"。

4　沃霍尔为"猫王"埃尔维斯·普雷斯利（Elvis Presley）创作的两幅作品。

几乎可以称得上是紧张得要命，他的妆容没能完全掩盖住他的红鼻子，那是他的生理缺陷，为此他曾不断地尝试整形手术，试图对其加以改造。他眨眼、咽口水、舔嘴唇，像一只暴露在车头灯照射下的鹿，既优雅又惊恐。

人们往往认为沃霍尔被彻底地吸入了自己的名声所营造的浮华的甲壳中，他把自己成功地转变为一个能一眼就被认出来的神祇般的化身，就像他用丝网印刷的梦露、埃尔维斯和杰基·肯尼迪[1]，把真实的面孔转化为无穷尽的、可复制的明星轮廓一样。然而，一旦你驻足观看他的作品，就会从中发现最有趣的一点：真实的、脆弱的人类仍然在运用自己潜藏的压迫感和对观者无声的恳求不屈不挠地寻求着关注。

从一开始，他就是个不善言辞的人。尽管他对八卦有着热切的兴趣，自孩提时代起就被那些耀目的健谈者所吸引，但他本人却经常显得笨嘴拙舌，无论用言语还是书写进行交流时都很艰难，尤其是在他年轻的时候。"我只知道一种语言。"他曾这样说过，轻而易举地忽略了他和家人在一起时使用过的斯洛伐克语：

> ……有时，在一句话说到一半时，我会感觉自己像一个努力想把它说出来的外国人，因为我会在某些词上磕巴，因为对我来说，一些词的某些部分显得尤为怪异，所以在一个词说到一半的时候，我会想："噢，这肯定不对，这听起来太古怪了，我不知道我是该试着说完这个词，还是尝试把它说成别的一个什么词，因为要是它听起来没问题，那就还好，可要是它变得很糟糕，那我听起来就会像个弱智。"所以，在说那些多于一个音节的词的时候，有时我刚

1　杰基·肯尼迪（Jackie Kennedy），全名杰奎琳·肯尼迪，杰基是她的昵称，美国第三十五任总统约翰·肯尼迪的妻子。

说到一半就把自己搞糊涂了，然后试着把它转换成某些其他词……
我几乎没办法说出我已经说过的话。

　　尽管自己并不善于交谈，沃霍尔却被人与人之间相互交流的方式所
吸引。"对我而言，"他说，"健谈的人会显得尤为迷人，因为我钟爱精
彩的谈话。"他的艺术存在于如此大量的、令人眼花缭乱的媒介中，包
括电影、摄影、绘画、素描和雕塑，这让我们很容易就会忽略其中与人
类的话语有关的艺术有多少。在他的职业生涯中，沃霍尔灌录了超过
4000 盘录音磁带。其中一些被他藏了起来，其余的则被他的助手转为
文字，并以书籍的形式发表了出来，包括好几本回忆录、一些体量庞大
的日记和一部小说都由此产生。他的录音作品，无论是发表了的还是未
发表的，都在探索语言令人警醒的一面，它的范围和局限，一如他的电
影探索了人体的界限、边界，以及肉体的空缺。
　　倘若成为沃霍尔是个炼金术般的过程，那么，这一演变的原金属名
叫安德烈·沃霍拉（后来又变成了安德鲁）。1928 年 8 月 6 日，他降
生在匹兹堡锻造的火焰之中，他是安德烈（有时"Andrej"[1] 会被拼成
"Ondrej"）和茱莉亚·沃霍拉的三个儿子当中最小的那个。他们一家是
罗塞尼亚移民，来自当时的奥匈帝国——如今被称作斯洛伐克。这种言
语上的不稳定性和这一连串的名字的改换都是移民经历的重要部分，它
们从一开始就削弱了词语和物品之间存在确然联系这一令人欣慰的概
念。"我从无处来。"沃霍尔曾有过这样一句著名的话语，指的可能是贫
穷、欧洲或自我塑造的迷思，也可能是在展露那个让他从中脱颖而出的
言语的裂缝。

――――――

1　安德烈的英文为 Andrej。

安德烈是全家人当中第一个抵达美国的。"一战"初期，他在匹兹堡一处斯洛伐克贫民区安顿下来，找了份煤矿工人的工作。1921年，茱莉亚也跟着他来到了美国。第二年，他们的儿子帕维尔诞生了，"帕维尔"（Pawel）这个名字也被英语化为"保罗"（Paul）。家里没人说英语，在学校里，保罗因说话有口音且说不清美式措辞而受人欺负，这渐渐地导致他变得严重口吃，以至于他拒绝去上任何有可能让他在公开场合说话的课。这种恐惧最终让他从高中彻底辍学。（多年后，在安迪每天早晨通过电话口述给秘书帕特·哈克特的日记里，他这样评价保罗："我哥哥说起话来比我强，他一直都是一个擅长谈话的人。"）

至于茱莉亚，她一直没能掌握这门新的语言，在家时她说罗塞尼亚语，这是一种将斯洛伐克语和乌克兰语混合在一起的语言，其中还掺杂了波兰语和德语。在使用自己的语言时，她是一个异常喋喋不休的女人，一个了不起的讲故事的人，一个热情的书信作者。作为一个交流的天才，她移居到新的国家后，只会说几个结结巴巴、含混不清的英语短句，除此之外，没人能听懂她在说什么。

还是个小男孩时，安迪的绘画技巧和他那令人伤脑筋的羞怯性格就已颇为引人注目：一个苍白的、略微有些超脱尘世感的孩子，梦想着把自己的名字改为"安迪·清晨之星"[1]。他和母亲尤为亲近，尤其是在他7岁那年，他染上了风湿热，在那之前他还患上了圣维斯特舞蹈病，这是一种骇人的不协调症，其症状是不自觉地手脚乱动。他被困在病榻上好几个月。如今回想起来，他那时所创作的东西或许可以被称为他的第一个"工厂"，也就是他日后在纽约建立的创作与社交中心。他把自己的房间改造成了一个工作室，剪贴、拼贴、画画并着色，而茱莉亚同时充

1　原文为 Andy Morningstar。

当了他忠实的观众和工作助手。

娘娘腔、"妈宝男"、被宠坏的孩子——此类与社会脱节的表现会在一个孩子身上留下印记，尤其是在他们暂时性地难以融入同龄人的社会，或是无法遵从其性别角色时更为明显。这发生在他后来认识的一个朋友身上，田纳西·威廉斯[1]，后者在变幻莫测的、时而危险的学校等级里从不曾找到过自己的立足之处。至于安迪，尽管他总有女性朋友，也从未被人过分地欺负过，然而公平地说，从病房再度回到学校后，他在社交领域并非一个讨人喜欢的人，在申利高中的走廊里，他并不是一个受欢迎的存在。

起先是由于他的样貌：小个子，相貌平庸，一个球根状的鼻子，灰白的头发。疾病留给他白得惊人的皮肤，还有星星点点的肝红色斑点，青少年时期的他忍受着痤疮的屈辱，同学们为此给他取了一个绰号——"斑点"。此外，他肢体上的不协调、他的口语、他的第二语言、浓重的口音，这些都立即标示了他的出身——匹兹堡移民工人阶级的最底层。

"我能只说啊啦啦啦啦吗？"根据他的传记作者维克托·伯克利斯[2]的说法，安迪从整个青春期一直到他步入成年都没法让人很好地理解他的发音：他把"那是"说成"阿是"，把"吃过了吗？"说成"硕吗？"，把"你们所有人"说成"里面有人"；后来，他的一个老师把这称作是"对英语语言的损毁"。事实上，他对这门语言的掌握是如此之差，以至于在艺术学校时，他得依靠朋友帮他起草论文，前提是他弄清楚了老师们布置的是什么题目。

1　田纳西·威廉斯（Tennessee Williams），原名托马斯·拉尼尔·威廉斯三世（Thomas Lanier Williams III），20世纪最重要的剧作家之一。著有《欲望号街车》《热铁皮屋顶上的猫》等作品。

2　维克托·伯克利斯（Victor Bockris），出生于英国、在美国工作的知名传记作家，主要为艺术家、作家和音乐家作传。

对于那个 20 世纪 40 年代的安迪来说，想要召唤他很难。他徘徊在门口，瘦长的身体蜷缩在奶油色的灯芯绒套装里，站着的时候，双手交叠成祈祷的姿势搭在脸颊上，这个姿势是从他的偶像秀兰·邓波儿[1]那里学来的。当然，在那个年代，关于同性恋者并非每个人都掌握了专业知识或教养去为之发声。他就是那样的男孩，持有极端的观点，带着他那自信的、有着强烈个人风格的绘画，穿着炫目的服装，摆出一副笨拙的、不舒服的样子。

毕业后，他在 1949 年的夏天搬到了纽约——不然还能是哪儿呢？他在圣马克街租下一处破破烂烂的无电梯公寓，两个街区开外，就是我每天早晨喝下带给我屈辱感的咖啡的地方。在那里，就像在他之前的霍珀一样，安迪开始了作为一名商业插画师的艰苦的职业生涯。同样的循环往复，拜访杂志编辑，拖着一本作品集，尽管"破烂的安迪"[2]是用一只棕色纸袋装着它们到处跑。同样是磨人的贫穷，同样是由贫穷被暴露后所带来的羞耻感。他记得（或者只是他声称自己记得，因为就像安迪的很多故事一样，这件事实际上也许是发生在他的一个朋友身上的）在给《时尚芭莎》的一位戴着白手套的编辑展示自己的作品时，他惊恐地看见一只蟑螂从画纸里爬了出来。

整个 20 世纪 50 年代，通过人际交往和工作中不懈的努力，他把自己变成了这座城市名气最大、收入最高的商业艺术家之一。也是在这个时期，他在波希米亚和同性恋交织的社群里奠定了自己的地位。你可以把那段时间视作他大获成功的十年，在那十年当中，他的地位快速

1　秀兰·邓波儿（Shirley Temple），电影演员、美国著名童星。

2　Raggedy Andy，美国玩具设计师约尼·格鲁埃尔（Joni Gruelle）为女儿制作的布娃娃，如今已成为美国最受欢迎且历史最悠久的人形玩偶之一。这里取其双关意义，暗示当时沃霍尔处境艰难。

攀升，但同时他也不断地被这两个前沿阵地拒绝。沃霍尔最渴望的就是被艺术世界接受，让那些令他不断地产生爱慕之心的漂亮男孩为他倾倒——那是一个以杜鲁门·卡波特[1]为代表，泰然自若的、散发着邪魅吸引力的群体。尽管他克服了自身的羞怯，让自己熟练地投身于社交的亲密关系，他还是被一个确凿的信念困扰着，认定自己在生理上惹人厌恶。"他有一种严重的自卑情绪，"这些爱慕对象之一，查尔斯·利珊柏[2]后来对伯克利斯说，"他对我说他来自另一个星球。他说他不知道自己怎么会到这儿来。安迪太想变得漂亮了，可他戴的那顶可怕的假发根本不适合他，只会让他看起来很糟糕。"至于卡波特，他认为沃霍尔"不过是一个无望的、与生俱来的失败者，是我这辈子遇见过的最孤独、最缺乏朋友的人"。

无论是不是天生的失败者，20世纪50年代，他确实与不同的男人发展过几段关系，但都显露出最终会失败的迹象。在这几段关系中，他都极度不情愿展露自己的身体，总是偏爱观看对方，却不想被人观看。在艺术领域，尽管他成功地举办了几次展览，可他的作品一直遭人鄙弃，被认为太过商业化，流露出过强的同性恋气质，没有分量，太过轻薄。总之，对于那个对同性恋怀有恐惧的、男子气概过盛的时代来说，他的作品太过同性恋化。这是由杰克逊·波洛克[3]和威廉·德·库宁[4]主

---

1 杜鲁门·卡波特（Truman Capote），美国作家，代表作有《蒂凡尼的早餐》《冷血》等。

2 查尔斯·利珊柏（Charles Lisanby），美国场景设计师，帮助奠定了早期彩色电视场景设计的基调。

3 杰克逊·波洛克（Jackson Pollock），美国画家、抽象表现主义绘画大师，被公认为促使美国现代绘画摆脱欧洲标准、在国际艺坛建立领导地位的第一功臣。

4 威廉·德·库宁（Willem de Kooning），荷兰裔美国抽象表现主义画家。

导的抽象表现主义[1]的时代，这种艺术表现形式最大的优点在于它的严肃性和情感，以及从表面肤浅的图像背后揭示出的层层深意。漂亮的、描绘金色鞋子的画作只会是倒退的一步，是琐碎的、微不足道的作品，尽管它们事实上标志着沃霍尔对"卓越"本身、对深刻和肤浅之间的对立展开的第一次进攻。

与众不同的孤独，不被渴慕的孤独，被相互联系和接纳的魔法圈子（社交和职业的群体、拥抱的双臂）排斥在外的孤独。还有一件事：他和他的母亲住在一起。1952年的夏天，茱莉亚来到了曼哈顿（我本想说她是坐冰激凌货车来的，但那是她上一次造访时的情况）。不久前，安迪搬进了他自己的公寓，而她为他照顾自己的能力感到担忧。他们两人共享一间卧室，就像他还是个生病的小男孩时那样，睡在地板上的双人床垫上，重新建立了旧时的合作生产线。在沃霍尔的商业作品里，茱莉亚的手无处不在——事实上，她那优美的、不规则的手写字体赢得了好几个奖项。她的持家技能就没那么突出了。不论是那间公寓，还是他们很快就搬去的另一间更大的屋子，都很快变得一团狼藉，像是一座散发着臭味的迷宫，堆满了摇摇欲坠的纸堆，足有二十只暹罗猫在里面安了家，除了其中一只以外，所有的猫都叫山姆。

· · ·

够了。在20世纪60年代初，沃霍尔重塑了他自己。他不再为时尚杂志和百货商店的广告大战绘制古怪的鞋子，相反，他开始创作平面

---

1 抽象表现主义（Abstract Expressionism），又称纽约画派，是第二次世界大战之后盛行了二十年、以纽约为中心的艺术运动，一般被认为是一种透过形状和颜色以主观方式来表达，而非直接描绘自然世界的艺术。

的、商品化的、精确得怪异的作品，以那些更低劣的物品，那些在美国无人不晓的、每天都在使用的家居用品作为创作对象。起先是一系列的可乐瓶，很快他又把注意力移向了金宝汤罐头、食品券和美元。这些东西真的都是他从母亲的碗柜里搜罗来的。丑陋的东西，不受欢迎的东西，不可能出现在画廊里高贵的白色展厅里的东西。

他并不完全是后来迅速为人所知的"波普艺术"的开创者，但他后来很快就成了其最著名的，也是最具魅力的倡导者。1954 年，贾斯培·琼斯[1]已经创作出了他的第一幅采用蜡画法的、乱糟糟的、开放式画风的美国国旗；1958 年，这些作品在李欧·卡斯特里画廊展出。1960 年年末，罗伯特·劳森伯格[2]、罗伯特·印第安纳[3]和吉姆·狄恩[4]都在这座城市里有了展览的计划。1961 年，另一个卡斯特里画廊艺术家罗伊·李奇登斯坦[5]在内容和形式上都更进了一步，全然丢弃了抽象表现主义的人文画风，创作了他的第一幅大型原色米老鼠作品《看啊米奇》（*Look Mickey*）。后来，这幅作品被饱含深情地复制到了油画布上（然而考虑到李奇登斯坦所做的调整和修正，"提炼"或许是个更好的词），

1　贾斯培·琼斯（Jasper Johns），美国画家、雕塑家、图形艺术家。其最著名的作品是《旗帜》，受到他梦见的美国国旗的启发而作。

2　罗伯特·劳森伯格（Robert Rauschenberg），美国画家，以抽象表现主义风格试验摄影设计与绘画，逐渐发展出个人的独特艺术风格——融合绘画（Combine Painting）；这是一种美术拼贴技法，利用生活中的实物与新闻图片组成抽象的画板画。

3　罗伯特·印第安纳（Robert Indiana），美国波普艺术家，其最著名的作品为"爱"（Love）的字母雕塑。

4　吉姆·狄恩（Jim Dine），美国波普艺术家，其创作的浴袍、爱心、匹诺曹等系列作品深入人心。

5　罗伊·李奇登斯坦（Roy Lichtenstein），20 世纪美国最重要的画家，波普艺术的主要代表人物，其作品结合了漫画和广告的风格，借用当时大众文化与媒体的意象，用标志性的色调和标志性大圆点（Ben-Day dots）的手法来表现"美国人的生活哲学"。

并一直发展到运用"本戴点"[1]印刷法进行复制，而这种技法很快便成了他的标志性个人风格。

人们常常会谈到新事物带来的冲击，但波普艺术之所以会引发如此巨大的敌意，搅得艺术家、画廊和评论家之流如此心烦意乱，其部分原因就在于它给人的第一印象就像是一种分类错误，是一次精英和大众文化、良好的和糟糕的品位间看似不容置疑的界限的崩塌，这令很多人感到苦恼。但沃霍尔用他的新作品提出的疑问远不仅仅是一次粗糙的、追求震惊或挑衅的尝试。他所画的都是与他在情感上有联系的，甚至是他钟爱的东西，这些物品的价值并不在于它们稀缺或独一无二，而是取决于它们可靠的一致性。正如日后在他那离奇得迷人的自传《安迪·沃霍尔的哲学》（*The Philosophy of Andy Warhol*）中，他用自己颇为熟稔的格特鲁德·斯泰因的格律说道："所有的可乐都是一样的，所有的可乐都是好的。"

一致性，尤其是对移民、对这个苦闷地意识到自己没能成功融入的男孩来说，是一种最最可取的状态。这是一剂针对独自一人、独处一方所带来的痛苦的解药。在中世纪的词源中，"孤独"（lonely）正是从"全然相同"（all one）中衍生而来的。差异引发了伤害的可能性，相似则避免了拒绝和摒弃所带来的刺痛和侮慢。一张美元纸币并不比另一张更具吸引力；喝可乐这一行为让矿工跻身公司总裁和影星的行列。正是这种具有民主精神的、包容一切的冲动，让沃霍尔想要把波普艺术称为大众艺术，或者，正是这种冲动让他宣称："若非每个人都是美的，那就没有人是美的。"

沃霍尔在强调一致性魅力的同时，又通过大量地复制他的日常物品

1　美国插画家本杰明·戴（Benjamin Day）1879 年用来转化色调、阴影和形式所发明的"本戴点"，这些网点所产生的图形非常类似现在在低分辨率图片中所见到的像素点。

突出那潜在的、令人不安的一面——一系列不同色调的重复影像，犹如一场自我繁殖般的轰炸。1962年，他发现了机械性的、过程中带有美妙的偶然性的丝网印刷法。这让他能够完全摆脱手绘的图像，通过专业制作的模板将照片直接转化为印刷品。那年夏天，他在自己位于莱克辛顿大道的新房的起居室外加工作室里，堆满了上百幅玛丽莲和埃尔维斯，他们的脸被用滚轴印上了画布，画布上填满了大块的粉红、淡紫、猩红、紫红和浅绿色块。

"我之所以会这样画画，是因为我想要变成一台机器，我感到无论我做什么，像机器一样去做，才是我想要做的事。"第二年，在接受《艺术新闻》的采访时，他对基恩·斯文森说了这句著名的话。

沃霍尔："我认为每个人都应该变成一台机器。我认为每个人都应该与他人别无二致。"

斯文森："那就是波普艺术的内涵吗？"

沃霍尔："是的。那就是喜爱事物。"

斯文森："喜爱事物的意思就是想要成为一台机器？"

沃霍尔："是的，因为每次你做的都是同一件事。你一遍又一遍地做同一件事。"

斯文森："而你赞同那样？"

沃霍尔："是的。"

去喜爱，即是去感受吸引力。去相像，即是去变得一样，或是不可分辨，来自同一个根源或种类。"我认为每个人都应该与他人别无二致"：这是一个潜藏在这大片惹人喜爱的、相似的物品中的孤独的愿望，每一件东西都深受欢迎，每一件东西都深受欢迎地彼此一样。

沃霍尔把自己转变为一台机器的愿望并未随着艺术的创作而停止。在画下第一批可乐瓶的时候，沃霍尔也重新设计了他自己的形象，把自己变成了一件作品。20世纪50年代的他在"破烂的安迪"和一个更时髦的形象之间来回游移——身着布鲁克斯兄弟牌西服套装，搭配昂贵的、通常都一模一样的衬衫。现在他修整并改善了自己的外貌，与惯例不同，他不再突出自己的长处，转而强调自己身上那些最让他在意或最缺乏信心的特征。他没有放弃自己的个性，没有试着让自己显得更平凡。相反，他有意识地把自己塑造成了一个可复制的实体，夸张他的外貌特征，创作出一个机械的形象、一个幻影，他既能够躲在这个形象背后，也能把它遣往更广阔的世界。

在被画廊以同性恋特征太过明显的理由拒绝后，他强化了自己女性化的行动方式，包括灵活的手腕动作，以及轻盈的、跳跃的走路方式。他把自己的假发稍稍弄歪，强调它们的存在感，还夸大了自己笨拙的说话方式，到了非要说话不可的时候，他就含混不清地低语几句。评论家约翰·理查德森说："他把自己的弱点化作了优势，抢先一步让任何潜在的嘲弄变得无效。"没人能再"取笑他"，他早就把自己给取笑了。我们都会在细节处先发制人地阻止别人的批评，但像沃霍尔这样投入且彻底地夸大自己的瑕疵的做法却非常少见，这同时证实了他的勇气和他对拒绝的极度恐惧。

新的安迪立刻具有了很高的辨识度，他成了一幅可以随意复制的讽刺漫画。事实上，在1967年，他就是那么做的。他偷偷地让演员阿兰·米德格特打扮成他的样子，代替自己去做一次大学巡回演讲。米德格特穿着皮夹克，戴着白色的假发和雷朋旅行者太阳镜，咕哝不清地发表演讲，没有引起任何怀疑，直到他变得懒散起来，不再涂上安迪的那一层标志性的、厚厚的、惨白的粉底液。

许多个安迪，就像许多个丝网印刷的玛丽莲和埃尔维斯，唤起了对原版和独创性的质疑，也唤起了对名流诞生的可复制过程的疑问。但把自己变成一件批量生产的艺术品或一台机器的欲望，同样也是让自己从人类情感和需求中得到解放的欲望，而这种人类的需求据说是该受到珍视和喜爱的。"机器没那么多问题。我想要做台机器，你不想吗？"1963年，他这样问《时代》周刊。

无论采用怎样的媒介形式，从丝网印刷的女主角到魔法般随机的、异想天开的电影，沃霍尔的成熟之作总是没完没了地对情感和严肃性进行逃避。事实上，这些作品都源自一种渴望，那就是削弱、消解、重塑关于本真性、真实与个人表达的单调乏味的观念。就像那些他用来扮演自己时所采用的小道具一样，冷酷无情也是沃霍尔这个形象、这个整体的一部分。在他历时11年所写的长达806页的浩瀚的日记里，他对情感或苦痛情景的反应几乎总是一成不变的，总是"那太抽象了"或"太叫我尴尬了"。

怎么会变成这样？那个流着泪期待他的需求得到满足的"破烂的安迪"是如何蜕变为麻木不仁的波普教主的？成为一台机器同样意味着与机器发生关系，把对物质器械的使用当作一种途径，借此来填满自我与世界间不自在的、有时难以忍受的空间。倘若不是使用了这些人类的亲密关系和爱恋的迷人的替代物，沃霍尔不可能实现他的空洞感和他那令人羡慕的超脱感。

在《安迪·沃霍尔的哲学》一书中，他极为详尽地解释了技术是如何将他从对他人的需求中解放出来的。在这本简明、轻松而又异常有趣的书的开头（开篇就是那句令人不安的宣言："B是任何一个能帮我消磨时间的人。B是任何一个人，而我谁也不是。B和我。"），沃霍尔重温了他的早年生活，回忆起那些头巾和好时巧克力条，以及塞在他枕头底下的未经裁剪的剪纸娃娃。他说自己并不特别受欢迎，虽然他确实有些不错的朋友，但他并没有和任何人走得特别近。"我猜我想要跟人亲近起来，"他难过地补充道，"因为当我看到孩子们互相倾诉彼此的烦恼时，我感到自己被排斥在外。没人信赖我。我猜大概是因为我不是那种他们想要信赖的类型。"

这并不完全是一次自白。它轻飘飘的，是一场表演，一次对倾诉的拙劣模仿，尽管它确实清晰地将孤独和对亲密的渴求、对更多更深层次的谈话的渴望结合在了一起。即便这样，他紧接着还是透露了更多有关早年在曼哈顿生活的细节。那时的他还想与人们变得亲密，为他们打开那些隐秘的地带，让他们与他分享那些难以捉摸的、值得羡慕的"问题"。他一直在想象与室友成为好友，却发现他们不过是想找人分摊房租，这件事让他感到受伤并且觉得遭到了排斥。

在我的人生中，当我感觉自己最为合群并且想要寻找至交好友时，我总是找不到任何能够接受这份感情的人，因而那些独处的时刻，恰恰就是我最不想孤身一人的时刻。而在我下定决心宁肯孤身一人也不要让任何人向我倾吐烦恼的那一刻，我这辈子从没见过的人都开始追逐我……一旦当我在内心认定自己将是个孤独之人，我就得到了一群你们也许会称之为"追随者"的人。

可现在他又有了一个属于他自己的、颇具讽刺意味的新问题，所有这些新朋友对他说的都太多了。他无法像过去曾希望的那样间接享用他们的难题，相反，他感到这些人攀附在他身上并蔓延开来，就像"细菌"一样。他到心理医生那里去谈论这个问题，在回家的路上，他在梅西百货停了一会儿，买了台电视——"假如感觉不确定，就去买点儿什么"是沃霍尔的信条——那是他拥有的第一台电视，一台19英寸的黑白RCA电视机。

谁还需要一个心理医生呢？如果他在别人说话的时候让电视机开着，那它就刚好能转移他的注意力，避免他太过投入于对方的谈话，这个过程被他描述为像"魔法"一样。事实上，作为一种缓冲，它保护的不仅仅是这一个方面。只要按下一个按键，他就能够随心所欲地召集或驱散来与他做伴的人群，他发现这让他不再过分地在意与他人建立亲密的关系，而正是这一过程使他在过去感到无比痛苦。

这是个古怪的故事，或许更像是个比喻，一种阐释的方式，告诉旁观者沉浸于某种特殊的状态之中是什么样的感受。既想要又不想要，需要别人向你和盘托出他们的内心，接着又需要他们停下，重塑自我的界限，保留分隔与控制。这与某种人格特质有关，既渴望又惧怕被纳入另一个自我，被迫陷入他人生活的混乱和戏剧化事件中，被淹没、吞噬，或是被影响，仿佛他们的话语就是传播的媒介。

这就是亲密关系的推拉作用，一旦沃霍尔意识到了机器作为中介的能力，意识到它们能够填满空白的情感空隙的能力，掌控这个过程就变得容易多了。那第一台电视机既是爱的替代品，也是治愈爱的创伤、拒绝和放弃的痛苦的万灵药。它也为《哲学》开篇那几句话里编织的谜题提供了一个答案。"我需要 B，因为我无法独处。除了睡着的时候。睡着了我就不用跟任何人待在一起。"在这双刃剑一样的孤独中，对亲密关系和孤寂的两种恐惧相互拉扯、对抗。据摄影师史蒂芬·邵尔回忆，在 20 世纪 60 年代，他发现电视机在沃霍尔的生活中竟然扮演着如此重要的角色，那让他吓了一跳，"安迪·沃霍尔刚从某个持续了整晚的派对或好几个派对上回来，打开电视机，看着一部普瑞丝西拉·兰恩[1]的电影，哭着睡着了，而他的母亲走进来关掉了电视。这令人震惊又心酸"。

1　普瑞丝西拉·兰恩（Priscilla Lane），美国女演员。

成为一台机器，躲在机器的背后，把机器当作同伴或是处理和人类交流与联系的媒介：与以往一样，安迪走在了时代的前列，成为文化变革中一股突破性的浪潮，放任自己沉溺于我们这个时代的人很快就集体沉迷的东西。他的依恋同时预示和奠定了我们这个自动化的时代：对各类屏幕狂喜的、自恋的凝视，人与人的情感与真实生活全面退化为科技设备以及各种各样的奇妙装置。

尽管我每天都会像探险一般到河边散个步，但在越来越多的时间里我还是蜷坐在公寓的橙色沙发上，把笔记本电脑支在腿上，偶尔写写邮件，或是聊聊视频电话，但更常做的只是浏览着互联网上数不胜数的网页，观看我在少女时期喜欢的音乐视频，或是在那些我买不起的品牌网站上浏览成堆的衣服。我盯着屏幕的时间太长，眼睛都要看坏了。要是没有我的苹果笔记本电脑，我可能会迷失自我，它如同声明的那样将我和他人联结起来，同时不断地填补着爱情逝去后留下的空白。

对沃霍尔而言，梅西商场的电视机是一长串替代品和中介物的起始点。多年来，他醉心于一系列的设备和器械，从那台他在 20 世纪 60 年代用来摄制《试镜》(Screen Tests)[1] 的表现稳定的 16 毫米波莱克斯摄影机[2]，到他在 20 世纪 80 年代的派对上的固定伴侣宝丽来相机。他如此沉迷于这些设备，无疑是因为他可以在公开场合躲在这些东西的后面。表现得如同机器的仆人、随从或伴侣，是隐形的另一种途径，类似假发和眼镜，既是面具，又是道具。亨利·戈尔德扎勒[3] 曾在 20 世纪 60 年

---

1 1963 年，沃霍尔开始了他的电影创作。此后的 6 年时间里，他拍摄了近 500 部名为《试镜》的片段。

2 波莱克斯（Bolex），瑞士著名摄影机厂商 Paillard S.A 创建于 1935 年的摄影机品牌，该品牌主要以生产 16 毫米摄影机而闻名。

3 亨利·戈尔德扎勒（Henry Geldzahler），当代艺术策展人，当代艺术史学家、艺术评论家。

代与正在进入转型期的沃霍尔见过面，他回忆起当时的情况：

> 他看上去有点儿一览无余，但并不过分。他总是在隐藏。后来，他开始使用磁带录音机、摄影机和录影带，以及宝丽来相机，技术能给人带来疏离感，这一特质在他身上产生的影响越发明显起来。技术总是在人和人之间隔开一定的距离。他总是透过一个框架去看人，那样他就能用一种略微疏离的方式去看他们，但那并非他想要的，他想要的是确保别人没法看透他。从本质上来说，他所有的标志性的设备，所有的否认和精明的自我塑造，其目的都是一样的——别理解我，别看透我，别分析我。别靠我太近，因为我不确定那里有什么，我不想去思考它。我不确定我是否喜欢自己。我不喜欢我从中而来的地方。我给了你这个人为的假象，那你就接着吧。

但与电视这个静态的、家用的、单纯的传播介质不同，这些新的机器还让他能记录自己周围的世界，去捕捉、储藏他所经历的混乱的、令人渴慕的琐事。磁带录音机是他的最爱，彻底转变了他对人类的需求，以至于他亲昵地称其为"我的太太"。

> 我一直是个未婚的男人，直到 1964 年，我得到了自己的第一台磁带录音机，也就是我的太太。如今我的录音机和我成婚已经十年了。当我说"我们"的时候，我的意思是我的录音机和我。很多人都不能理解这一点……录音机的到来真正终结了我本来可能会有的任何感情生活，但我很高兴看到感情生活离我而去。再也不会有什么问题了，因为一个问题就意味着一盘好的磁带，而当一个问题把自己转变成一盘好的磁带时，它就不再是个问题了。

事实上，磁带录音机在1965年才进入他的生活。这份制造商飞利浦送给他的礼物是最为理想的媒介物。它起着缓冲物的作用，是一种把他人挡在一定距离之外的方式。在他购买电视机前，那些可能具有损害性或是侵略性的语言的洪流，曾令他焦虑不安，而录音机的到来分流了这种焦虑，同时也让他产生了免疫。沃霍尔痛恨浪费，他喜欢用别人眼里那些就算不是垃圾，也算是多余物的东西来创造艺术。现在他能抓住那些交际花，那些最早的"超级明星"[1]，他们在他身边聚集起来，并在磁带这个不会腐坏的介质上留下他们未经修饰过的自我，这是他们身上所散发出的别具魅力的气息。

自那时起，他不再待在家里工作、和他的母亲一起画画，而是搬到了东47街自己的工作室里。这间工作室位于一座肮脏、昏暗、几乎没什么家具的仓库的五楼，在曼哈顿中区靠近联合国总部的那片阴沉的区域里。斑驳的墙面上被一丝不苟地覆盖了一层银箔、银色的聚酯薄膜和银色涂料。

"银色工厂"是沃霍尔所有工作空间中社交性最强、也是最不受限制的空间。那里总是挤满了一大群人：来帮忙的，来消磨时间的，懒洋洋地躺在沙发上的，或是打电话聊天的。这时的安迪在某个角落里工作着，制作玛丽莲或奶牛的壁纸，经常停下来询问某个路过的人自己接下来该做什么。再次援引史蒂芬·邵尔的话："我的猜测是，有其他人围绕在身边，或是有其他活动在他周围进行，会对他的工作产生帮助。"安迪自己也说过："我并不真的觉得所有这些每天在'工厂'里围绕着我的人只是在我身边闲晃，反而更像是我在'他们'身

---

1 20世纪60年代，沃霍尔开始涉足独立制片，找来一批围绕在他身边的男女做幕前演出，并将他们统称为"超级明星"（Super Star）。这些人俊朗美艳，放浪形骸，有着各不相同的出身与艺术成就。

边闲晃……我感觉，在这儿，在‘工厂’里，我们处于一种真空状态，这棒极了。我喜欢处于真空中，它给我留出了独自一人工作的空间。"

在人群中独处，渴求陪伴，却对交往感到摇摆不定，无怪乎在"银色工厂"的那些年里，沃霍尔得到了一个外号："德瑞拉"——灰姑娘辛德瑞拉和德古拉的混合词[1]，前者是一个在其他人都去参加舞会时被留在厨房里的女孩，而后者则是一个从其他人类的生命精华中汲取养分的吸血鬼。沃霍尔对人们总是有着无尽的欲望，尤其是对那些漂亮的、有名气、有权力或智慧的人；他一直渴求着亲近的关系、发生接触的机会，以及更好的视角。玛丽·沃罗诺夫[2]写了一本可怕的、洋溢着安非他命气息的回忆录——《在地下游泳》（Swimming Underground），讲述了"工厂"的往昔岁月。她写道："安迪是最糟的……他甚至看着就像个吸血鬼：苍白、空洞，等着被填满，无法被满足。他是条白色的蠕虫，总是处于饥饿状态，总是冷冰冰的，从不停歇，总在不停地扭动。"现在他有了能够将他人据为己有的工具，这让他在无须承担任何风险的情况下得以缓解自己的孤独。

· · ·

语言是共通的。不可能存在一种全然私人化的语言。这是维特根斯坦在《哲学研究》（Philosophical Investigations）中提出的理论，对笛卡尔关于孤独自我的概念的反驳，后者认为自我被圈禁在身体的囚笼

1　灰姑娘原名"辛德瑞拉"（Cinderella），而"德古拉"（Dracula）为西方文化中经典的吸血鬼形象的代名词。二者合二为一，组成了新词"德瑞拉"（Drella）。

2　玛丽·沃罗诺夫（Mary Woronov），美国女演员、作家、画家，因其与沃霍尔的合作和她在邪典影片中的角色而被称为"邪典明星"。

里，无法确定他人的存在。这不可能，维特根斯坦说。我们不可能在没有语言的情况下思考，而语言究其本质就是一个公共的游戏，无论从获得还是传播这两方面来看都是。

然而，除了它共享的本质，语言也是危险的，一种潜在的孤立行为。并非所有参与其中的选手都是平等的。事实上，维特根斯坦本人就不算是一个成功的参与者，经常在沟通和表达时遭遇极度的困难。在一篇以恐惧和公共语言为主题的论文中，批评家瑞·特拉达描述了维特根斯坦一生中不断重复的一个场景：当他试图在一群同事面前说话时，他就会开始口吃。最终，他的口吃会让步于一阵紧绷的沉默，他无声地与自己的思想做着斗争，整个过程中都在不停地打手势，好像他还在说话似的。

对于被误解或是根本无法被理解的恐惧，始终困扰着维特根斯坦。正如特拉达所观察到的，他"对言语的稳固性和公共属性都抱有信心，看上去似乎有一种极高的预期，以为他自己会无法被理解"。他对某些类型的语言心存恐惧，尤其是那些"漫无目的的、难以理解的"谈话，以及那些缺少实质内容、无法产生意义的谈话。

这种认为语言是个游戏，一些玩家比其他人更得心应手的想法，对孤独和言辞间错综复杂的关系产生了影响。演讲的失败、沟通的破裂、误解、错听、无言的片刻、结巴和口吃、忘词，甚至是理解不了一个笑话的笑点，所有这些都会引发孤独，强行提醒我们，当我们在向他人表述内在的自我时，所使用的方式是不稳定的、不完美的。它们毁掉了我们在社交场合的立足点，把我们归于外来者、穷人或是未参与其中的人。

尽管沃霍尔在言语的输出方面与维特根斯坦有着诸多相同的问题，他却一直对语言的误差保有一种有悖常情的爱好。他被空洞或是畸形的语言吸引，没完没了的闲聊、废话、对话中的差错和笨拙的修正也是他的心头好。在他拍摄于 20 世纪 60 年代早期的影片里，全是不能相互理解或聆听彼此的人，磁带录音机的到来让这一探索性的过程变得更为尖锐。他和"新太太"一起做的第一件事就是创作一本名为《A，一部小说》(A, A Novel，以下简称《A》)的书。这本书完全由一段录下的讲话构成，是一部关于漫无目的的、难以理解的语言的庆祝性的杰作，孤独在其身边盘旋不去，如同一片海雾。

《A》并非一部任何寻常意义上的小说，尽管其书名声称如此。首先，它不是虚构的。它没有情节，也并非创意劳动的产物，至少不符合人们通常对这个词的定义。就像沃霍尔为不相宜的物品画的画或是他拍摄的完全静止的影片一样，它挑战了内容的规则，而这些规则正是人们进行归类和维持类别的条件。

这本书被看作是向罗伯特·奥利弗[1]的致敬。他又名奥汀，昵称"教皇""控制不住的速度皇后"，也是"工厂"里所有天赋异禀的谈话者中最了不起的。迷人而又起伏不定的他出现在沃霍尔那一时期的诸多影片里，其中最著名的是《切尔西女孩》(Chelsea Girls)。在那部电影里，他突然陷入了一场臭名昭著的暴怒中，因罗娜·佩吉叫他伪君子而扇了她两巴掌。

奥汀是个"快银"[2]般的存在。一张在《A》的录制期间拍摄的照片捕捉到了罕见的、处于静止状态下的他。他站在街上，转过头来直视着摄影机——这是一个英俊的男人，穿着飞行员夹克和黑色的 T 恤，一缕深色的头发挡在他的眼睛前面，一个航空公司飞行包挂在他的肩头，他

---

1 罗伯特·奥利弗 (Robert Olivo)，美国演员，在沃霍尔的多部影片中演出。

2 美国漫威漫画旗下的超级英雄，其超能力是快速移动。

的嘴抿成了一副半是生气半是假笑的样子。在《波普主义》（POPism）里，沃霍尔将这个笑容描述为"纯粹的奥汀，一张嘲弄的、鸭子似的嘴，四周嵌着深深的笑纹"。

他们原本的计划是连续 24 小时跟拍他。拍摄开始于 1956 年 8 月 12 日，一个星期五的下午，在 12 个小时后，尽管消耗了大量的安非他命，奥汀还是露出了疲态（"你已经把我榨干了"）。剩下的部分是后来录的，在 1966 年的夏天录了三次，1967 年的 5 月还有一次。随后，四个打字员对 24 盒磁带进行了转录，她们全都是年轻的女性，其中有后来的地下丝绒乐队的鼓手莫琳·塔克[1]、巴纳德的一个学生苏珊·派尔，还有两名女高中生。她们以不同的方式完成了自己的任务，有的时常分辨不出来是谁在说话，有的则根本不会辨别不同的声音。她们几个都不是专业的打字员。塔克拒绝转录骂人的话，另一个女孩的母亲则扔掉了整整一个章节，因为那里面的语言令她惊恐不已。

沃霍尔坚持认为所有的错误都要被保留下来，包括很多不当的转录和拼写。如此一来，《A》就算没有强烈地排斥理解过程的产物，也至少对其做出了抵制。阅读这本书会令人困惑，也会让人感到好笑、迷惑、陌生、无聊、恼火、惊恐，它是一堂关于语言如何在人们之间建立联系，引发孤立，催生联结和排挤的速成课。

我们眼前的这一幕发生在哪儿？很难说。在街上，在咖啡店里，在出租车上，在屋顶的露台上，在浴缸里，在聊电话，在派对上，被喝多了并将歌剧放到最大声的人们包围着。事实上所有地方都是同一个地方："银色工厂"的帝国。但你必须去想象它内部的样子。没有人描述他们所处的位置，就像在对话的人不会停下来详细列举自己所在房间里

---

1 莫琳·塔克（Maureen Tucker），美国音乐人、前地下丝绒乐队成员。

的各个部分一样。

这造成的后果就像是在一片声音的海洋里沉了船，在无所归属的言语中漫游。背景里的声音，争抢着地盘的声音，被歌剧声盖过了的声音，不重要的声音，难以理解的含糊的声音，掺杂进彼此之中的声音：这是一张由无止境的流言、逸事、坦白、调情和计划组成的密不透风的网。它们是被置于意义的临界点上的语言，被弃置的语言，不再被在意的语言，分解为单纯的音节的语言，噢——呼——嗯嗯嗯。我不知道该怎么说。哦哦哦——嗯嗯——嗯嗯，玛利亚·卡拉斯[1]的声音持续不断地从所有声音当中渗透出来，而其本身也得到了精彩的重塑。

是谁在说话？德瑞拉、出租车[2]、幸运、糜烂的[3]、女公爵、嘟嘟、糖梅仙子[4]、大名比利[5]，一连串隐晦的、变来变去的昵称和笔名。你理不理解？你加不加入？就像所有游戏一样，它的重点也全在于归属感。"谈话的唯一方式就是开着玩笑讲话，简直棒极了。"奥汀说。而化身为"出租车"的伊迪·塞奇威克回应道："没人能懂奥汀的玩笑。"

那些没法跟上的人和拖慢了语言的流动速度的人都被排挤到了边缘地带，这么说毫不夸张。在其中最令人不安的一段场景里，一个法国女演员参与到"出租车"和奥汀的谈话中，她不断地试图插话，又不断地

1　玛利亚·卡拉斯（Maria Callas），著名美籍希腊裔女高音歌唱家，20世纪最伟大的歌剧女王。

2　安迪·沃霍尔对伊迪·塞奇威克的昵称。

3　全称为"糜烂的丽塔"（Rotten Rita），原名肯尼斯·拉普（Kenneth Rapp），曾是沃霍尔"工厂"里的常客，且在怂恿其他人成为艺术家方面颇具影响力。"糜烂的丽塔"是他在毒品交易界的称号。

4　原名乔·坎贝尔（Joe Campbell），该绰号出自披头士乐队的一首歌《生命中的一天》（A Day in the Life）。

5　大名比利（Billy Name），美国摄影师、电影人、灯光设计师，在1964—1970年是沃霍尔工厂的档案管理人。

被忽视，而这些被忽视的话语被放置在书页的边沿处，远离主要对话所在的位置，其字号也被缩小，暗示着一个被忽略的、被困在放逐的回声室里微不足道而渺小的声音。在书中的另外一处，谈话的内容是围绕"什么人才配得上待在'工厂'的迷人圈子里"这一话题展开的。他们制定了详尽的规则，建立了驱逐制度。这个社团仿佛一股离心力一般分离着其中的成员，维持着不同的派别。

然而，说话和参与几乎就跟被忽视一样令人害怕。沃霍尔将对关注的渴求，也就是对被注视、被倾听的渴望打磨成了折磨人的工具。"我在跟录音机做爱。"在他马拉松式的讲话接近尾声时，奥汀这样说。但在最开始的时候，他也一直不断地恳求沃霍尔停下，一遍又一遍地询问他还要填满多少个小时。他在厕所里说："不，哦，德拉[1]，拜托了，我，我，我的……"他在浴缸里说："平心而论，我能不能请你……这可没一点儿隐私可言……"他在"糜烂的丽塔"的公寓里说："到了这个份儿上你还不讨厌我吗，德瑞拉？一直把那东西对准我的脸，你肯定也恶心坏了吧……拜托，把它关了吧，我太害怕了。"

"把那东西对准我的脸"。沃霍尔的行为显然存在某种与性相关的暗示：他脱光奥汀的衣服，怂恿他射精、吐露他的秘密、散播关于他人的谣言。他想要的是话语，这些话语被用来填满或消磨时间，占去空洞的空间，暴露人与人之间的鸿沟，揭露伤口和创痛。除了在《哦，真的吗？什么？》(Oh, Oh really? What?) 中克制的、重复的冗长叙述，他很少谈及自己。（1981年，沃霍尔已经能够相当流利地说话了，甚至很健谈。就在这时，其中一位早期的"超级明星"给他打了一个电话，他立刻又回到了过去那种结结巴巴的说话方式。他在日记中说："那段对

1　即沃霍尔的绰号"德瑞拉"。

话完全来自 60 年代。"）

在那本书的结尾处，奥汀逃走了一会儿，德瑞拉被留了下来，跟"糖梅仙子"乔·坎贝尔在一起。作为一名演员出身的男妓，坎贝尔在1965 年与保罗·阿梅丽卡[1]联袂出演了沃霍尔的影片《我的娼妓》(*My Hustler*)。坎贝尔纤瘦、阴沉、反应灵敏，曾是哈维·米尔克[2]的男友，有着轻易就令人敞开心扉的惊人天赋，哪怕是那些最不情愿的人都会被他打动。面对沃霍尔，他反守为攻，仔细地审视着沃霍尔，后者曾强迫别人经受同样的探查。坎贝尔首先仔细地看了看沃霍尔的身体，嘴甜地用"柔弱"和"不胖"来形容他。"你多大了？"他问。一阵长长的停顿。"很棒的沉默。""是啊，你说的是奥汀。""不，你为什么要逃避这个问题呢？"沃霍尔不断尝试着截断谈话的走向。有一两分钟，乔假装表示合作，但接着他又再次展开攻击。

　　糖梅仙子："你为什么要回避自己？"

　　"嗯？"

　　糖梅仙子："你为什么要回避自己？"

　　"什么？"

　　糖梅仙子："我的意思是你几乎是在拒绝自己的存在。"

　　"你知道的……呃……那样就是更容易些。"

　　糖梅仙子："不，我的意思是我喜欢，我喜欢了解你（非常低声地说）。我总是把你想象成受了伤害的样子。"

　　"哦，我被伤害得太频繁了，我甚至都不再在意了。"

1　保罗·阿梅丽卡（Paul America），美国演员，安迪·沃霍尔的"超级明星"之一。

2　哈维·米尔克（Harvey Milk），美国同性恋运动人士，也是美国政坛中第一个公开同性恋身份的人。

糖梅仙子："哦，你当然会在意。"

"好吧，呃，我不再受伤了……"

糖梅仙子："我是说，你要知道，去感受是很棒的。"

"呃……不，我并不真的那样认为。那样做太可悲了（歌剧声），而我总是，嗯，害怕感到快乐，因为随后，嗯……就是无法持久……"

糖梅仙子："你有过，你有尝试过自己做点儿什么事吗？"

"哦，没有，我自己一个人做不了事情。"

话说得太多会让你自己和那些在你身边的人感到害怕；话说得太少，那你几乎就是在拒绝自己的存在：《A》向人们展示了言辞绝非一条通往联结的畅通无阻的道路。倘若孤独被定义为对亲密的渴求，那么其中就包含了对以下这些行为的需求：表述自我、被倾听、分享想法、经历和感受。假设参与者不愿让自己被了解、被揭示，那么亲密关系就无从存在。但对其程度的拿捏却颇为棘手。你要不就是交流得不够，始终对他人有所隐藏，要不就得担心因把自己过多地暴露给他人而遭到拒绝的风险：大大小小的伤痛，乏味的执念，因羞愧和渴望而生的脓疮和白内障。我曾经的决定是拒不开口，尽管有时我渴望抓住某个人的手臂，将所有情绪和盘托出，拉住一个奥汀，敞开一切，任人检视。

沃霍尔的录音和录像设备正是在这里展露了它们神奇的视角，令人改观。多年来，许多人都认为他应该被描绘成一个受创而又具有控制欲的人，从那些脆弱的、沉迷于药物的人身上榨取他们的自白，作为填补其自身构造空洞的一种方式，但那并非事实的全部。他以言语为主题的作品或许更应该被理解为一种合作、一种共生性的交流，存在于拥有得过多的人和拥有得过少的人之间，在过剩和稀缺、摒弃和留存之间。不管怎么说，对着一片真空倾诉与一开口就被打断一样痛苦，一样让人感到孤立。对于多语症和无法克制对交流的欲望的人来说，沃霍尔是理想的听众，是完美的、中立的倾听者，同样也是奥汀称之为拥有"普鲁士策略"的恶棍。

电影人乔纳斯·梅卡斯[1]对于推动"工厂"实施这个关于展示和暴露的大工程的真正原因持有以下看法。他指出，人们之所以会参与进来，是因为沃霍尔掌握了一项技巧，那就是将不带有评判眼光的关注投注给那些在其他地方会被拒绝或忽视的人。

> 安迪是主治心理医生。这是典型的面对心理医生时的处境：你躺在沙发上，开始成为完全意义上的自己，毫无隐藏。这个人不会做出反应，只会听你说话。对所有悲伤、困惑的人来说，安迪就是这样一个敞开大门的心理医生。他们习惯到这里来，像回到家一样。这里的这个人从不会否定他们——"好的，好的，很棒，哦，真漂亮。"他们感觉受到了很好的对待，感觉自己被接受了。我毫不怀疑这避免了一些人的自杀行为——有些人自杀了……同样，当安迪把他们置于摄像机前，他们感到自己可以做到，并且成为自己，认为这是他们能够做出贡献的地方，现在我在做着我的事。

评论家琳恩·提尔曼[2]同样感到这种交换是双向的。在她以《A》为主题所写的一篇名为《最后的话语是安迪·沃霍尔》的论文中，她将两种观点放在一起衡量：一种是对操纵的指控，另一种则认为沃霍尔为那

---

1 乔纳斯·梅卡斯（Jonas Mekas），美国电影人、诗人、艺术家，常被誉为"美国新浪潮电影之父"。

2 琳恩·提尔曼（Lynne Tillmann），美国作家、短篇小说家、文化评论家。

些缺乏安全感、不快乐的人提供了"某些东西——工作，或者是一种在那一刻以为自己至关重要的感觉，再不然就是一种填满时间的方式。打开磁带录音机，你在被记录，你的声音在被倾听，而这就是历史"。

然而，这并不仅仅是个贡献的问题。如果说包括《A》在内的所有沃霍尔作品都与人们对"价值"的既定概念相对立，如果说它们驳斥了感想和严肃的态度，那么它们同时也处在一个建立的过程中，赋予那些离经叛道的、不被重视的人以身份和关注。这些人在文化中一向被视而不见，可能是因为他们隐伏在黑暗中，也可能是因为他们隐没在由过度熟悉所造成的盲点中。

《A》竭尽全力想要展现的是，一段真诚的坦白其实并不比一段谈论20毫克的安非他命混合物或发霉了的可口可乐的对话更具价值，它同时也展示了人们实际所说的话语和他们说出这些话的方式所具有的重要性，甚至是美感：这是伟大的、含混的、不合逻辑的、无休无止的、没有终结的、平淡无奇的日常事物。这就是沃霍尔所喜爱的，也是他所看重的。正如"大名比利"在《A》的最后一句话当中大喊道的那样："走出垃圾堆，进入那本书。"这句话总结了所有对驱逐所做出的混乱不堪的努力。这本书就是那个容器，所有转瞬即逝的和琐屑无用的东西都会在其中得到认可与保存。

· · ·

当然，所有这些都建立在你的话语从一开始就是被需要的这一假设之上。1967年的春天，在录制《A》的最后一年里，一个女人拿着一个她自己写的剧本来见安迪。他同意与她见面，因为剧本的标题引起了他的兴趣——《撅起你的屁股》（*Up Your Ass*），可接着他又胆怯起来，为里面所暗示的色情内容而担忧。他认为那个女人或许是个卧底警察，想要让他落入圈套。恰恰相反，她是一个跟政府的关系远得不能再远的局外人，即便是在"工厂"里上演五光十色的怪胎秀，都显得不正常。

和沃霍尔一样，瓦莱丽·索拉纳斯[1]，这个曾朝他开过一枪的女人，也被历史吞噬了，被简化为一个单纯的动作。她就是那个疯狂的女人、失败的暗杀者，太过愤怒，精神不正常，不值得被关注。然而，她所拥有的特质却称得上是杰出而具有预见性的，同时也是残暴的、疯狂的。有关她和安迪之间关系的故事都与话语有关——它们有多少价值，以及要是它们没有价值，又会发生什么。在她饱受争议的作品《人渣宣言》（S.C.U.M Manifesto）[2]中，她从结构而非感情的角度思考了孤立的问题，把它看作一个尤其对女性产生影响的社会问题。索拉纳斯试图通过语言去建立联系，把人团结在一起，虽然这一尝试以悲剧而告终，然而这非但没有减轻她和沃霍尔共同体会到的疏离感，反而加剧了这种感觉。

瓦莱丽·索拉纳斯的早年生活就跟你脑海中想的一样，只是真实情况更加悲惨。在她混乱的童年里，她被亲戚们踢来踢去。她是一个尖刻的、叛逆的女孩，尖锐得像把刀一样，尖锐得可能把你割伤。她被她的酒保父亲虐待，年纪还小时就开始频繁地性交。在她15岁时，她生下了第一个孩子，这个孩子被她当作妹妹养大。16岁时，她生下第二个孩子，孩子的父亲是个刚从朝鲜战场上回来的海员，他的朋友们收养了这个孩子。在校时，她是个公开的女同性恋，遭到排挤和欺凌。后来，她

---

1 瓦莱丽·索拉纳斯（Valerie Solanas），美国激进女性主义者，以其名为《人渣宣言》的作品和试图谋杀安迪·沃霍尔的举动而闻名。

2 《人渣宣言》的标题中，"S.C.U.M"，即英文单词"scum"（人渣），其实是该宣言中声称要建立的"剃男人协会"（Society for Cutting Up Men）的缩写。

到马里兰大学读书，主修心理学，在学生报纸上发表诙谐、刻薄的早期女权主义的专栏。

那时的她是什么样的？愤怒，偶尔表现出暴力倾向，非常贫穷，坚定、孤立，她的生活中有着令人窒息的期待、有限的选择、让人厌恶的伪善和残忍的双重标准，因此她变得十分激进。和被动地对抗着被人排挤的命运的沃霍尔不同，索拉纳斯想要主动改变这一状况，她要把东西砸烂，而不是重新装饰和安置。

在中断了一阵子研究生学业后，她彻底退出了教育系统，靠搭便车在国内四处游荡。1960 年，她开始写《撅起你的屁股》。第二年，她搬到了纽约，辗转在供膳寄宿处和福利旅店里。我在上文中说过，霍珀和沃霍尔都一度很穷，但索拉纳斯所处的边缘世界却是他们都从未体会过的：乞讨、卖淫、做女招待。从不休息，从不偏离自己的目标。

20 世纪 60 年代中期，她开始着手创作将要成为《人渣宣言》的东西。"人渣"（或译为"渣滓"）这个词对她产生了吸引力。渣滓，即不重要的东西，或是不纯的杂质；人渣，即低端的、恶劣的、没有价值的一个或一群人。像沃霍尔一样，她也被多余的、遭受忽视和贬低的、毫无价值的东西所吸引。他们都喜欢将事物彻底颠覆，也都是同性恋，而且针对那些被文化珍视的东西，他们都是充满想象力的倾覆者。而在《人渣宣言》里，索拉纳斯对"人渣"的定义恰恰是沃霍尔喜欢的类型，至少当他在摄影机前时是那样说的："这群女性强悍、牢靠、自信、下流、暴力、自私、独立、骄傲、爱冒险、无拘无束、自大，她们认定自己适合统治这个宇宙，自由地徜徉在这个'社会'的边界，并且时刻准备着前往它所能提供的更遥远的地方。"

《人渣宣言》瓦解了父权制社会中不正常的地方——用索拉纳斯自己的话来说，即男人们不正常的地方。它提出了一些极端的解决方式，这或许是用了斯威夫特[1]在《一个微小的建议》（*A Modest Proposal*）中写"爱尔兰的穷人也许可以把孩子卖给富人当食物"时所使用的那种讽刺的写作手法，但或许也不是。这本书写得既疯狂又惊骇，同样也极富洞见，给人带来怪异的愉悦感。在第一句话里它就高喊着要推翻政府，废除货币制度，建立全面的自动化（当涉及机器的解放性或伪解放性时，瓦莱丽与沃霍尔有着同样的预见性）以及颠覆男性的统治。在文中接下来的 45 页里，它一路抨击着社会运作的方式，狂吼着男人们要为暴力、工作、无聊、偏见、道德体系、孤立、政府、战争甚至死亡负责。

如今看来，这份宣言的极端程度依然令人震惊。对于它所处的时代而言，它在政治上太过超前，以至于几乎呈现出难以阅读的陌生，像是用一种陌生的、变形的、断裂的语言写就的，自寂静中爆发出来，将自己喷溅到页面上。在索拉纳斯写作《人渣宣言》的时候，第二波女性主义浪潮才刚刚崭露头角。贝蒂·弗里丹[2]的那本论述充分、详尽合理的《女性的奥秘》（*The Feminist Mystique*）出版于 1963 年。1964 年，民权法案[3]禁止了因种族或性别所产生的雇佣歧视，此外，第一个女性避难所开始启用。然而，人们对女性所遭受的暴力和经济剥削才刚刚产生了认知，这距离索拉纳斯所提倡的系统的、狂暴的、激进的剧变仍然相去甚远。她写道："人渣是与整个体系、法律和政府的概念相对抗的。

---

1 乔纳森·斯威夫特（Jonathan Swift），英国作家、政论家、讽刺文学大师，以著名的《格列佛游记》和《一只桶的故事》等作品闻名于世。

2 贝蒂·弗里丹（Betty Friedan），她在 1963 年出版的著作《女性的奥秘》描绘了女性在工业社会中的生活状态和所扮演的角色，尤其是全职家庭主妇这一沉闷而备受禁锢的角色。

3 民权法案（Civil Rights Act），1964 年美国国会通过民权法案，结束了近 300 年的种族隔离政策，规定对黑人、少数民族与妇女的歧视性行为为非法。

人渣力求摧毁这个系统，而非从中获得某种权利。"

作为一个局外人和传统观念的抨击者，她所处的并非一个轻松自如的位置。"瓦莱丽·索拉纳斯是个孤独的人，"艾薇塔·罗纳尔[1]在她对《人渣宣言》的介绍中写道，"她没有追随者。就每一个事件而言，她都来得过晚或过早。"除了罗纳尔，还有其他人也认为《人渣宣言》是一份生于孤独且因孤独而存在的文本。《射杀安迪·沃霍尔》（I Shot Andy Warhol）的编剧、导演玛丽·哈伦认为："那是一个颇具天赋的头脑在孤独中运作的产物，与学术体系毫无瓜葛，但同样也无须对其效忠——孤身一人，因而不亏欠任何人任何东西。"布里安娜·法斯[2]在2014年的《女性主义杂志》（Feminist Press）上为索拉纳斯撰写了一篇了不起的传记，这篇传记重塑了她的形象，认为"《人渣宣言》是风趣、聪慧的，无疑也是激烈的，但它同样也是孤独的。孤独总是牵绊着瓦莱丽，无论她如何征募、联结、攻击和煽动"。

然而，这并不意味着索拉纳斯渴望孤独。事实上，孤独是她怪罪男人们的其中一件事情：他们把女人从彼此身边拉开，把她们拖到郊区，去组成只以他们自己为中心的家庭小圈子。《人渣宣言》强烈地反对这种社会原子化行为[3]。它不仅仅是一篇孤独的文章，还是一篇试图找到孤独的诱因并将其解决的文章。而在一个没有男人的世界之上，它还表达了一个更深层的梦想，借由对"社会"这个词的定义揭示出来："一个真正的社会由个体而非单纯的物种成员或伴侣组成。这些个体尊重彼此

1　艾薇塔·罗纳尔（Avital Ronell），美国哲学家，纽约大学教授。

2　布里安娜·法斯（Breanne Fahs），美国亚利桑那州立大学教授。

3　社会原子化是指由于人类社会最重要的社会联结机制"中间组织"（intermediate group）的解体或缺失而产生的个体孤独、无序互动的状态和道德解组、人际疏离、社会失范的社会危机。社会原子化往往产生于剧烈的社会变迁时期。

的独立性和隐私，同时在精神上和情感上彼此相连，是与他人产生联系的、为实现共同的目标而相互合作的自由的灵魂。"对此我深表赞同。

1967 年 8 月初，瓦莱丽完成了《人渣宣言》，开始狂热地宣扬它的存在。她用油印机复制了两千份《人渣宣言》，亲自在街头售卖，卖给女人收一美元，卖给男人收两美元。她派发了传单，组织了论坛，在《乡村之声》（Village Voice）[1] 上刊登了广告，还制作了招募志同道合者的海报。

其中一份海报的收件人是安迪·沃霍尔。8 月 1 日，瓦莱丽给他寄了三张海报，两张给"工厂"，还有一张写着"给你晚上压在枕头下面"。这是一份送给同盟军而非敌人的礼物。那年春天早些时候，他们见过一次面，当时她正在试着让《撅起你的屁股》登上舞台。那时，她已经设法跟几十个制作人和出版商见过面了，但他们都拒绝了这个剧本，其中一些人对剧本中的色情内容感到颇为不安（剧本相当淫猥，着重描写了一个叫邦戈伊的冷酷女同性恋者的冒险行为）。

瓦莱丽并未在"工厂"流连，也没有融入他们当中，她会带着目的前来，寻找放大她的声音和推广她的作品的机会。她专注、热切，用她自己的话来说，"非常严肃"。那个春天，她偶尔会到"麦克斯的肯萨斯城"[2] 后面的房间里来，坐在沃霍尔的桌边，对异装癖[3]们打量她的眼神视而不见。她是个语速很快的人，是个有进取心的活跃分子。沃霍尔喜欢这一点，经常会录下他们在电话里的交谈，而且显然还剽窃了她的一些说辞，将它们用在后来的电影里。

1　美国知名文化艺术类周刊。

2　位于纽约城的一家夜总会俱乐部，也是沃霍尔和他的拥趸最喜欢的聚会地点。

3　指男扮女装的男同性恋者。

他们的对话很轻快，经常显得可笑。法斯在她的传记里提到，在其中一次交谈时，索拉纳斯问："安迪，你会从心底里把自己当作'人渣协会'的男性后备军的领头人吗？你能真正意识到这个角色的重要意义吧？"安迪说："那是什么？有那么重要吗？"索拉纳斯回答："是的，没错。"她假装是中情局的人员，询问他的性生活情况，并且像"糖梅仙子"一样对他的沉默和少言寡语提出质询。

> 瓦莱丽："你为什么不喜欢回答问题？"
>
> 安迪："我真的从来都没什么可说的……"
>
> 瓦莱丽："安迪！有人跟你说过你太过古板了吗？"
>
> 安迪："我不古板。"
>
> 瓦莱丽："你怎么就不古板了呢？"
>
> 安迪："那就是个过时的词。"
>
> 瓦莱丽："你就是个过时的家伙，真的。我是说，你没意识到，因为你真是那样的。"

在6月的时候，她给了他一本装订好的《撅起你的屁股》。他对制作这出戏很感兴趣，事实上，他们的对话已经进展到了讨论演出场地和两场连演[1]的可能性的地步。但在那个夏天，沃霍尔弄丢了那个本子，也有可能是将它故意丢弃了。作为道歉，也是为了让她别再找他麻烦，他让瓦莱丽在他的影片《我，一个男人》（I, a Man）里扮演了一个角色。在影片里，她拒绝表现出大部分"超级巨星"（无论男女）所展现出的

1　即英语中的 double-bill，也称"双片连放"，剧场（或影院）以这种方式将两场演出（或电影）捆绑售卖，且通常票价仅为一场演出（或电影）的票价。观众在看完第一场后即可立即接着看第二场。

那种柔弱婉约的女性特质，相反，她扮演了一个具有强烈的反性别意味的雌雄同体的形象，笨拙、神经质，展现出一种可笑的目空一切的样子。

沃霍尔并非瓦莱丽在那年夏天里唯一追逐的出版商或出资人。到了8月底，就在《我，一个男人》首映的几天后，她跟奥林匹亚出版社的一个臭名远扬的低劣出版商——莫里斯·吉罗迪亚签订了一份价值500美元的小说合同。一俟合同签订完毕，她就开始感到焦躁。这份合同是否意味着她不小心把《撅起你的屁股》和《人渣宣言》的权利都赋予了那个人？到底是谁拥有了她的话语？她把自己的话语拱手让出了吗？还有更糟的可能，它们被人从她这里偷走了吗？

与吉罗迪亚签署的合同带给瓦莱丽的焦虑让沃霍尔对她感到同情，他甚至免费安排自己的律师为她查看了那份合同。他们一致认为这份合同没有问题，它的措辞含混不清，而且绝没有什么法律约束力，但他们的确认丝毫没能减轻她日益增长的焦虑。对瓦莱丽而言，重要的是话语，这是在她与这个世界之间晃荡着的绳索。话语是一股力量的来源，是产生联系的最佳途径，是一种用她自己的言语重塑社会的方式。那种她可能丧失了对自己的写作的控制的想法足以将她击垮。这将她一把推入了偏执妄想的隔离囚室，在那里，她不可避免地将自己全副武装起来，在自己的周围设置重重阻障，以抵抗来自外界的侵犯与攻击。

但正如古话所说的，就算你的确有妄想症，也并不意味着真的没有人想害你。索拉纳斯认为自己在每一处都能看到压迫，认为社会就是一个致力于驱逐和排挤女性的体系，这并不意味着她就是个疯子（也许有人还记得，同样是在1967年，也就是《人渣宣言》首度出版的那年，乔·霍珀把她的毕生作品捐给了惠特尼美术馆，而后者后来销毁了这些作品）。瓦莱丽不断增长的孤独和疏离感并不仅是源自精神上的疾病，也是因为她在试图说出某些被社会普遍否认的东西。

在随后的一年里，索拉纳斯和沃霍尔的关系恶化了。她想让他排演《人渣宣言》，或是以此为剧本拍摄一部电影的企图变得越发强烈、绝望与疯狂。因为没钱付房租，她被切尔西酒店踢了出来，在全国到处游荡，无家可归，身无分文。在路上，她给他寄去充满恨意的信件。在其中一封信里，她叫他"癞蛤蟆"；在另一封里，她则写道："爹地，要是我乖乖的，你会让乔纳斯·梅卡斯写点儿关于我的东西吗？你会让我在你的某部狗屁电影里演上一幕吗？哦，谢谢你，谢谢你。"可以想象，这并非沃霍尔通常习惯的口吻或态度。

1968 年夏天，事情变得白热化了。瓦莱丽回到了纽约，她的妄想症比以往更严重了。她开始不断地往安迪家打电话，他身边的人几乎都不知道这个电话号码，更别提打给他了。终于，他不再接听她的电话（在《A》里有一条被反复提到的线索，即建立某种准则的必要性，这样一来所有打到"工厂"的电话都能得到审查，从而避免不速之客来献殷勤）。

1968 年 6 月 3 日，星期一，瓦莱丽去一个朋友的公寓里拿了一个背包，然后去拜访了两名制作人，李·斯特拉斯伯格[1]和玛戈·费登[2]。斯特拉斯伯格外出了，但瓦莱丽在费登的公寓里待了四个小时。她们就她的作品展开了详尽的探讨，在这场令人筋疲力尽的谈话的最后，她问玛戈是否愿意执导她的剧本。面对玛戈的拒绝，她掏出了一把枪。在玛戈对她进行了一番苦苦的劝说之后，她离开了，并且声称要去枪杀安迪·沃霍尔。

她在午饭刚结束时抵达了"工厂"，带着一只棕色纸袋，里面装着

1　李·斯特拉斯伯格（Lee Strasberg），美国演员、导演、表演教师。

2　玛戈·费登（Margo Feiden），美国艺术商，百老汇制作人、导演、编剧。

两把手枪、一盒高洁丝护垫以及她的地址簿。这里是新的"工厂",一间位于联合广场西部区域最北边的33号六楼里的挑高套间。那年春天,旧的"银色工厂"被拆毁了。随着地点的迁移,人员也开始更替,瘾君子和异装癖们逐渐被圆滑的、西装革履的男士们取代。从现在起,这些更有商业头脑的合伙人将护送沃霍尔前往更有利可图的未来。

瓦莱丽到的时候沃霍尔出去了,于是她在外面闲晃了一会儿,为了确认自己没有错过他,至少搭乘了七次电梯。终于,他在5点15分出现了,在外面的街上同时遇到了瓦莱丽和他当时的男朋友杰德·约翰逊。他们三个人一起搭电梯到了楼上。在他的那本关于20世纪60年代的回忆录《波普主义》里,沃霍尔回忆说,尽管那天很热,但是瓦莱丽涂了唇膏,穿着一件厚外套,还前后踮着脚,一跳一跳的。

楼上的人们在工作,其中就有沃霍尔的合作者保罗·莫里塞[1]和他的商业经理弗雷德·休斯。安迪坐到他的写字台前接了个电话,这个电话是薇娃,也就是苏珊·波顿利[2]打来的,她在肯尼斯美发沙龙染了头发。在他们聊天的过程中,瓦莱丽拔出那把口径为0.32英寸的伯莱塔手枪,开了两枪。除了安迪,没有人看到这两枪是谁打的。他试着趴到写字台下面去,可她站到他身上,又开了一枪,这次近距离地击中了他。血迅速浸透了他的T恤,溅到了白色的电话绳上。"我感到了极大的、极大的痛楚,"事后他回忆道,"就像一枚炸弹在我体内爆炸了。"接着,索拉纳斯朝艺术评论家马里奥·阿玛雅[3]开了一枪,这一枪擦伤了他的皮

---

1 保罗·莫里塞(Paul Morrissey),美国电影导演,曾与沃霍尔合作。

2 苏珊·波顿利(Susan Bottomley),美国女演员、作家,前沃霍尔"超级明星"的一员,曾演出多部他的影片,薇娃是他给她起的昵称。

3 马里奥·阿玛雅(Mario Amaya),美国艺术评论家、美术馆馆长、杂志编辑、策展人。

肤。她正要朝哀求着她的弗雷德·休斯开枪，这时电梯门开了，她被说服走了进去。"电梯来了，瓦莱丽。去搭电梯吧。"

这时的沃霍尔瘫在地上那一摊他自己的血里。他一直在说自己没法呼吸。"大名比利"朝他弯下身去，颤抖着、哀叹着。沃霍尔以为他在笑，于是自己也笑了起来。"别笑啦，哦，别让我笑啦。"他说。可"大名比利"其实是在哭。子弹从侧面打进了安迪的腹部，穿透了他的双肺、食道、胆囊、肝脏、肠道和脾脏，在他的右侧腹部留下一道开裂的创口。他的肺穿了孔，他在挣扎着呼吸空气。

人们花了很长时间才把他弄出去。一切都在拖延，一切都在拖后腿。担架没法装进电梯里，于是人们不得不将他抬着走下六层陡峭的楼梯，这段旅程太过痛苦，以致他失去了知觉。马里奥给救护车司机塞了十五美元的小费，后者才把警报器打开。等到沃霍尔终于进了手术室，不管怎么说，他们似乎都来得太晚了。他和马里奥都清楚地听见了医生的低语："没机会了。""你们不知道这是谁吗？"马里奥尖叫道，"这是安迪·沃霍尔，他可有名了，他还很有钱。他能付得起手术费，看在老天的分儿上，干点儿什么。"

也许是受到名望和财富的鼓舞，医生们真的决定施行手术，但当他们打开安迪的胸腔时，他的心脏停止了跳动。尽管他们设法复苏了他的心脏，但是沃霍尔还是在医学的定义上死去了一分半钟。他被在所有聚集在他身边的艺术家当中最受忽视的那一个夺去了生命——他后来声称，这是一段他永远无法完全确定自己是否已经从中归来的旅途。

• • •

人们总是误解瓦莱丽。当她被逮捕时（她在时代广场向一个交警自首了，那时安迪大约在做脾脏摘除手术），她对围在第十三区警察局门口的大批记者说，在她的《人渣宣言》里可以找到她向安迪·沃霍尔开枪的原因。"读读我的宣言，"她坚持道，"它会告诉你我是谁。"显然没人那样做，因为当她出现在第二天早晨的《每日新闻》的头版时，她被赋予了一个错误的身份。那个著名的头条写道："女演员朝安迪·沃霍尔开枪。"她气坏了，要求报社撤回这条报道。当天的晚报刊登的版本中包含了她的更正："我是个作家，不是女演员。"

把故事掌握在她自己的手中对瓦莱丽来说变得越来越难，这一点让人很悲伤，因为她宣称自己之所以会朝沃霍尔开枪，是因为他过多地干涉了她的生活。如今，她不得不与全套国家机器对抗。三年里，她辗转在法庭、精神病院和监狱之间，其中就有马特宛州立医院，这家医院出了名的肮脏、冷酷，专门收治精神异常的罪犯（同一时期，伊迪·塞奇威克也是那里的病人）。此外，她还进过贝尔维尤精神病院（在那里，瓦莱丽的子宫被移除了）和女子拘留所。

在女性主义者中，她的案子成了一起知名案例，但她很快又跟那些蜂拥前来为她辩护的女性起了纠纷。她不想让任何人替她发言或是借鉴她的想法，同时也没有停止对沃霍尔的攻击。在她入狱期间，她不断地给他写信，其中一些信的口吻带着威胁和强迫的意味，另一些则表现出安抚，甚至是亲密的味道。1968 年冬天，在她短暂地重获自由的期间，她又重新展开了她的电话攻势。在《波普主义》里，沃霍尔回忆起在圣诞夜接到她的电话的情景：听到她的声音时，他几乎昏了过去。"她威胁道要'再干一次……'，"他说，"我最可怕的噩梦成了真。"

然而，她又回到了监狱里。当她再次现身时，她变得更安静、顺服了。一个人如果被关在性侵和肉体伤害都很普遍的地方，被迫每天仅靠一片面包和一杯浑浊的咖啡存活下来，还时常被锁进没有家具和照明的牢房里当作惩罚，就会变成那个样子。

回到纽约后，瓦莱丽的大部分时间都用来寻求温饱和住的地方。那段时间里，认识她的人证实了她所遭遇的来自各种社群和女性团体的排斥，这些人都小心地提防着她那好斗的性格和野蛮的言语。街上的陌生人都绕着她走。在咖啡馆里，她常常被人吐口水，还被赶出去，这并不是因为人们认出她是刺杀沃霍尔的犯罪嫌疑人，而是因为她散发出一种与众不同的气息，无声地显露着一种被驱逐、被厌弃，甚至是被玷污的迹象。她在格林威治村里四处游荡，凄惨的、瘦骨嶙峋的身影被裹在一层又一层的冬日衣物里。她仍然坚信人们在窃取她的话语，只不过现在她认定一个无线电发射机被藏进了她的子宫。

索拉纳斯下半生的孤独境况是由多重因素造成的，其中最明显，也是最常被提及的原因是，她逐渐失去了对真实可触的现实的把握。臆想症本身就是一种隔绝，是一种不信任和退缩的反应，但它也能给人带来污名，就像在监狱里待过一样。人们会认出这些明显的、不正常的印记。人们会绕开在街上喃喃自语的人，冲有前科的人发出嘘声，就算不对他们施加暴力也免不了会孤立他们。我想说的是，孤独所遵循的恶性循环并非一个单独发生的事件，而更像是一种个体与他们置身其中的社会之间的相互作用，倘若这些个体本身就是社会不公的尖锐批评者，这个过程或许会变得更糟。

尽管如此，在20世纪70年代的某个时期，瓦莱丽的生活还是好转了。她开始恋爱（碰巧，对象是一个男人），还在东三街上找到了一间公寓。后来，我意识到她的大楼就在我的公寓楼后面，那样的话，她一定也花了很多时间，聆听至圣救赎主教堂几乎不间断的钟声。她在一家女权主义杂志社找到了工作，享受着与人合作的工作关系。她度过了一段稳定的，甚至是愉悦的时光，直到1977年，她终于成功地自行出版了《人渣宣言》。这是一场彻底的失败，她打了一场完完全全的、悲惨的败仗。在她一生的经历中，正是这场失败最终破灭了她与他人建立关系的能力——并非监禁，并非枪击，而是这场最终不容置疑地证明了她无法用话语的方式去建立联系的失败。

自那时起，她的臆想症压垮了她。她认为她的敌人在试图通过她的床单与她对话。她放弃了自己的公寓，还有那段恋爱关系，又一次无家可归。在她生命中最后的几年里，她仍然保持着同一种固有的、强烈的恐惧，这种来自过去的恐惧如今显得越发地讽刺：她的话语将会被偷走。最终，这种臆想将她与她生命中的每一个人都隔绝开来。她拒绝说话，用密码写作，嘟囔或哼唱，尽量避免张开嘴巴。最终，她彻底地离开了纽约，向西游荡。1988 年 4 月，她在旧金山的一家福利酒店的 420 号房里死于肺炎。三天后，当管理员意识到她的房租付得迟了时，她的尸体才被人发现，上面已经爬满了蛆。

这差不多是最孤独的死法了。这是一个彻底从语言的世界里仓皇出逃的人的死亡。她切断了友谊和爱情的纽带，同样也割裂了在社会秩序里将每个人联结起来，并令他们各得其所的诸多细小的言语中的联系。索拉纳斯将她的希望付诸言语，深信它能改变这个世界。深究到底，或许这样想会更好、更安全、更抚慰人心：话语是一种媒介，而她所拥有的语言方面的财富过于丰厚，过于受欢迎，以至于她不敢再参与其中，宁肯接受那种"自己只是在表达上失败了"的想法，即她是无法被理解的。正如维特根斯坦最大的恐惧一样，或者更糟，她不得不说的东西根本就没人想听。

然而，枪击加深的并不仅仅是瓦莱丽的疏离感。躺在医院里输液并被移除了脾脏和部分右肺的安迪相当肯定自己已经死了，如今的他占据着一方梦的天地，停驻在界域之间的一条走廊里。第三天，他在医院的电视上听说罗伯特·肯尼迪被枪杀了，新闻的更替把他从头版上拉了下来。

本来就对与人产生联系心生警醒，对化身为神祇的好处感到不甚确定的他，如今不得不应对自己严重受创的肉体残骸。他的腹部被割开了好几道，他的余生都将要穿着手术腹带（这些腹带让他感觉自己被"粘在了一起"，在提及自己的假发时，他也用过这个说法，可见他多么深切地依赖于外界的物体去感知完整和黏着）。他感到筋疲力尽，承受着尖锐的肉体上的痛楚，以及放在今天会被诊断为创伤后应激障碍[1]的症状，伴随着一波又一波的强烈的焦虑和恐慌。

他表现出的反应是退缩和麻木，躲进自己的内心世界。在枪击发生两周后的一次采访中，他再次重复了对"糖梅仙子"说过的话："去在意别人实在是太难了……我不想再跟别人的生活有瓜葛了……我不想跟人变得过分亲密……我不喜欢碰触东西……这就是为什么我的作品会离我自己如此遥远。"

他太虚弱了，不得不在家待了几个月，由他的母亲来照顾。等他终于回到"工厂"时，已经是秋天了。能回来的感觉很不错，只是他不太清楚自己在那里该做什么。他躲在自己的办公室里，不画画，也不拍电影。过去的工作中，他唯一仍然享受的就是录音，但如今连那也成了问题。枪击发生后，他开始害怕被过去的那些人包围，他们的对话曾让他感到如此精彩而富有吸引力。"我从未如此详细地向任何人吐露过这一点，"他在《波普主义》里写道，"那就是：我担心要是没了这群疯狂的、嗑了药的人在我身边，喋喋不休地说着那些没有意义的话，做着他们那些疯狂的事，我就会丧失我的创造力。不管怎么说，从 1964 年开始，他们就是我全部的灵感来源，我不知道要是没了他们，我是否还能

1　指个体经历、目睹或遭遇到一个或多个涉及自身或他人的实际死亡，或受到死亡的威胁，或严重受伤，或躯体完整性受到威胁所导致的个体延迟出现和持续存在的精神障碍。

成功。"

听着他过去录制的磁带被转录成文字的声音，是唯一还能为他带来慰藉的事。安迪发现所有机器的声音都让他安心，比如快门和闪光灯，以及电话铃和门铃发出的声音，但他最喜欢的还是打字机的咔嗒声，伴着那些隐隐约约的说话声被释放到空气里，这些声音终于从他们危险的身体中被解放了出来。那年秋天，"工厂"的打字员们在为《A》工作着，因此沃霍尔得以坐在他的办公室里，被他的腹带粘在一起，听着奥汀和"出租车"狂躁的闲聊，那些他深爱着的、来自过去的声音所发出的咒骂飘荡在房间里。

和《人渣宣言》一样，无论是从销量还是口碑上讲，《A》的出版都算不上成功。尽管如此，听着这些磁带不断地转动的声音，沃霍尔终于捕捉到了他的下一个创意。他要办一本杂志，完全由人们和彼此交谈的内容组成。他给它取名为《访谈》（*Interview*）。这本杂志一直存活到了今天，是一曲人类话语的交响乐，创造它的人恰切地知道言语会让人付出多少代价，以及它们可能会产生何种后果：它们能开启一颗心灵，却同样能让它停止跳动。

在爱着他的时候

万圣节。不知道为什么，那一天过得十分糟糕。7点，我从手头上有一搭没一搭的事务里回过神来，在眼睛周围涂上黑色的眼影，穿上一条满是黑色小亮片儿的黑裙子，喝了一杯波本威士忌，走入外面的夜色中，前去参加西村的游行。在冰冷的、烟雾迷蒙的黑暗中，我经过了一片巨大的赤褐色砂石建筑，它们的前廊和门槛上堆满了乱糟糟的装饰品：南瓜、头骨，以及用线纺制成的白色蜘蛛网。我以为站在人群里会让我感到振奋，可事实并非如此。看着那天晚上拍的照片，我感觉当时我在寻找的是一种模糊的感觉，也就是随着节庆或沉醉的氛围而坍塌了的界限。我拍的所有照片都是模糊的，都是一连串令人目眩的、明亮的物体在空间中相互碰撞。巨型骨架、撑在杆子上的巨型眼球、一打闪光灯泡、一件发光的银色西装。一辆平板货车嘎嘎作响地开上第六大道，载着一群舞动着的僵尸，这些僵尸伴着迈克尔·杰克逊的《战栗》齐整地扭动、抽搐着。

整个晚上我都被一种筋疲力尽的感觉缠绕着。我感到自己太过显眼，在所有成群结队的人和欢快、微醺的朋友圈子里，我显得那么不自然。我感到一阵苦涩的悔意，懊恼自己没在"派对城"[1]买个猫脸或蜘蛛侠样式的面具。我想成为一名无名氏，穿过这座城市而不被任何人注意

1　美国专为万圣节派对、主题派对、生日派对等活动提供服装和道具的连锁店。

到，并非彻底地隐形，而是被掩蔽起来，让我的这张痛苦、焦躁、太过明显地诉说着一切的脸从人们的视野中隐去，从而放下包袱，不再需要假装漫不经心，甚至是充满吸引力。

面具和孤独之间有着何种联系？最明显的答案是它们都提供了避免暴露、避免被观看的慰藉——在德语中，这种解脱被描述为"化装舞会上的行动自由"[1]，即面具所带来的自由。拒绝审视其实就是在躲避可能会发生的回绝，尽管这同样也令人失去了被接纳的机会，以及爱的慰藉。正因如此，面具才显得如此悲伤，同时又如此神秘、邪恶、令人不安。想想《歌剧魅影》[2]或《铁面人》[3]，还有迈克尔·杰克逊，就他的例子而言，那张半掩在黑色或白色的手术口罩下的精雕细琢的面容回避着问题的实质，即他到底是毁容的受害人，还是这一切的始作俑者。

面具放大了皮肤作为一道屏障或一面墙的功能，充当着分隔、独特与距离的标志。它们是带有保护性质的，没错，但一张戴了面具的脸也会令人感到害怕。在那后面隐藏的是什么？是某种怪异的东西，可怕到让人难以忍受的地步。人们借由我们的面貌认识我们，我们的脸表露了我们的意图，透露出我们的情绪起伏。所有以蒙面杀手为主题的恐怖电影，例如《得州电锯杀人狂》《沉默的羔羊》和《万圣节》，运用的都是一种无脸的恐怖。这是一种因无法哀求对方，无法以我们所说的面对面的、凡人对凡人的方式去交谈而产生的恐惧。

这些电影同样清楚地表达了我们的文化对孤独的看法，即它是畸形

1　原文为德语单词"Maskenfreiheit"。

2　音乐剧大师安德鲁·劳埃德·韦伯的代表作之一，改编自法国作家勒鲁的同名歌德式爱情小说，其中的男主角因相貌丑陋而始终戴着面具。

3　由兰道尔·华莱士导演，莱昂纳多·迪卡普里奥主演的影片，改编自大仲马的小说《布拉热洛纳子爵》，其中路易十四的孪生兄弟被戴上铁面具关进监狱。

的、非人的，而且能够制造出怪物般的恐惧感。在这些情况下，戴上面具标志着对人类状态的明确拒绝，预示着即将对社会进行发泄性的报复。（《史酷比》[1]则以更轻松的形式周而复始地传递着同样的讯息：当坏蛋脸上的食尸鬼面具被拽下来以后，露出的是孤独的看门人的脸。这个坏脾气的独处者无法容忍那些成群结队的、阳光得叫人没法忍受的孩子。）

面具也回避了有关公共自我的问题：人们的公共自我是一种固定的、一成不变的礼貌与顺从，而真实的欲望在其后翻滚、扭曲。维持住表面的样子，假装成某个你不是的人，住在柜子里[2]：这些诫命催生了某种不被了解、遭人忽视的腐坏感。此外，当然还有作为非法行为或异常行为遮掩物的面具，以及被迫露出本来的面目，被迫待在一个蒙面暴徒的周围，就像电影《异教徒》[3]里村民们戴在头上的恐怖的农场里的动物首级，或是《战栗》里的僵尸军团。在我还小的时候，我觉得这支歌的录影带恐怖得没法观看。

上述的诸多思绪都是从一个我见过的最为恐怖的、与面具有关的画面中渗透出来的。20世纪80年代，创作它的艺术家住的地方距离我在东二街的公寓仅有一个街区。那是一张黑白照片，一个男人站在时代广场地铁站的第七大道出口的外面。他穿着一件无袖的牛仔外套，一件白色的T恤，戴着一张法国诗人阿尔蒂尔·兰波[4]的纸面具，即《彩图集》的封面上那张著名的肖像画的真人尺寸复印版。在他身后，一个留着非

1　美国系列动画，自1969年起播放至今，以四个青少年和一条名叫史酷比的狗为主角。

2　英语中有不少与柜子相关的俚语含有隐藏秘密的意思。

3　英国恐怖电影，讲述苏格兰警官豪伊到小岛上寻找一个失踪的女孩的故事。

4　阿尔蒂尔·兰波（Arthur Rimbaud），法国诗人，早期象征主义诗人的代表之一，开启了超现实主义诗歌流派。

洲式发型的家伙正在乱穿马路。他身上的白衬衫飞舞着，下身穿了一条黑色的喇叭裤。快门摁下时他的动作只做了一半，一只脚还在空中。两侧的路上都成排地停放着过时的大汽车，街边都是电影院。《太空城》[1]正在新阿姆斯特丹影院上映，《鬼哭神嚎》[2]在哈利斯影院，而在兰波的脑袋的上方，胜利影院的招牌用大写的黑体字警示着："X 级"[3]。

这张照片摄于 1979 年，当时的纽约正在经历一次周期性的衰退。兰波站在这座城市的污秽的中心：堕落街[4]。这是 42 号街在第六大道和第八大道之间的延伸区域的旧称。事实上，他就站在 11 年前瓦莱丽·索拉纳斯被逮捕的地方。那时候的街道看上去依然狂乱，但 20 世纪 70 年代的纽约其实已经处在破产的边缘，而时代广场则被暴力和犯罪席卷，成了妓女、毒贩、抢匪和皮条客熙攘的天堂。艺术影院（霍珀曾在《纽约电影院》里描绘过的同样的地方，在那幅著名的作品里，一名身穿制服的招待员没精打采地倚在墙上）被改造成了色情影院和游行区，随着时日的推移，这项靠眉来眼去和性感的形象来维系的古老营生变得越发露骨，也越发明目张胆。

对于兰波这个被罪恶和不洁吸引的人，这个自由、放荡地挥洒着自身的才华，像一颗彗星般划过 19 世纪的巴黎的人，还有比这里更好的地方吗？他在那儿看起来就像在家一般自在，纸做的脸上没有一丝表情，排水沟在他的脚边闪着微光。在这个名为《阿尔蒂尔·兰波在纽约》的一系列照片的其他几张里，他注射海洛因，搭地铁，在床上自慰，在餐厅里吃饭，在屠宰场的尸体旁边摆姿势，在哈德孙码头的遗迹

1　1979 年的邦德系列影片。

2　此处指的是本片的 1979 年版。

3　X 级影片是法国电影分级中的一个级别，是"18 岁以下青年不准进入"的代称。

4　20 世纪 70—80 年代，纽约的色情行业在此蓬勃发展，曼哈顿因此变成了风月之城。

中游荡，张开双臂靠在一面墙上，上面喷绘着"马塞尔·杜尚的沉默被高估了"的字样。

无论他穿过的人群有多庞大，兰波总是独自一人，与他周围的人格格不入。有时他在寻求的是性，或者说他是想要出卖自己。他无精打采地站在港务局汽车总站外面，街头娼妓们在那里展示着自己赖以为生的肉体。偶尔，他甚至会有同伴，那是两个像他一样站在夜色中的男人，他们大笑着，无家可归。他们的臂膀环绕过彼此的肩头，其中一个人拿着一把玩具手枪，一只着火的垃圾桶在他们脚边燃烧。尽管如此，面具依然将他标记为一个不同的人：一个漫游者或是窥视者，不能也不愿展露他的真实样貌。

大卫·沃纳洛维奇独力构思、设计和摄制了整个兰波系列作品，彼时的他还是一个寂寂无闻的 24 岁的纽约客，但只要再过几年，他就将成为东村艺术领域里的明星之一，与那些和他身处同一时代的艺术家（比如让 - 米歇尔·巴斯奎特、凯斯·哈林[1]、南·戈尔丁和琪琪·史密斯[2]）比肩。他的作品包括绘画、装置、摄影、音乐、电影、书籍和表演，全都探寻着有关联结和孤独的问题。他的创作尤其关注了"个体如何才能在一个敌对的社会，一个或许宁愿置他们于死地也不容忍他们的存在的社会中生存下去"。这些作品中充满了他对多样性的大力推崇，因为他敏锐地意识到，一个同质化的世界是无比隔绝的。

这些"兰波系列"中的影像经常会被误认为是沃纳洛维奇的自拍像，但事实上，他一直担任着摄影师的角色，让许多朋友和爱人去扮演

1　凯斯·哈林（Keith Haring），美国 20 世纪 80 年代街头绘画艺术家和社会运动者。

2　琪琪·史密斯（Kiki Smith），生于德国纽伦堡，她的生活和后来的艺术创作都是在美国进行的。20 世纪 80 年代初开始涉足艺术，除雕塑、版画和装置艺术外，她还尝试了影像、表演、珠宝和服装设计等艺术形式。

那个戴面具的人。尽管如此，这个系列的作品却是极度私人化的，只不过借由一种复杂的形式被表现了出来。兰波的这个形象就如同艺术家的一个替身或代理人，大卫将它嵌入那些对他而言十分重要的地方，那些他曾去过的，或是依然对他产生影响的地方。他在多年后的一次访问里谈到这个项目和它的缘起时说："我会周期性地意识到自己陷入了绝望的状态，在那些时刻，我会感觉自己需要去做些特定的事情……我让兰波走过一条我曾从中经过的模糊的时间线——我在童年时期曾消磨过时间的地方，曾让我挨过饿、受过冻的地方，或是在某种程度上让我沉溺于其中而难以抽身离去的地方。"

谈及这些绝望的处境时，他并非在开玩笑。暴力就像一把熊熊燃烧的火，将他的童年烧得只剩下一个空空如也的外壳，留下了它的印痕。沃纳洛维奇的人生经历显然就是一则关于面具的故事：你为什么需要面具？你为什么不信任它们？它们为什么会变成生存的必需品，而同时又是有害的、令人难以忍受的东西？

沃纳洛维奇于1954年9月14日出生在新泽西的红岸。他最早的记忆里完全没有人类的踪迹，有的只是爬行在沙子里的马蹄蟹，这样的景象填满了他梦一般的、杂乱拼贴而成的胶片。他母亲多洛雷丝非常年轻，他的父亲艾德是个商船水手，同时也是个性情暴烈的酒鬼。这段婚姻几乎从一开始就陷入了困境。在大卫两岁时，艾德和多洛雷丝离了婚。有一阵子，大卫和他的哥哥和姐姐（他有一个哥哥、一个姐姐）被寄养在一个供膳寄宿处。在那里，他们遭到了肉体上的虐待：挨打、罚站，或是在夜里被叫醒，然后被强制要求洗冷水澡。他们的母亲拥有他们的监护权，但在大卫四岁左右的时候，父亲把他们接走了，丢给照管养鸡场的叔叔和婶婶，之后又把他们接到新泽西的郊区去和他的新妻子一起住。后来大卫把那里描述成"由修剪齐整的草坪构成的世界"。在那里，针对女性、同性恋和孩子的生理和心理上的暴力行为是被默许的，不会产生任何反响。

他在自己的回忆录《刀锋边缘》(Close to the Knives)中写道："在我家，你不能笑，不能表现出无聊的样子，也不能参与任何表露出独立迹象的活动。"艾德每次出海都要离家几个星期，而当他在家的时候，他就用恐怖的手段虐待孩子们。他用狗皮带和窄木条殴打大卫。有一次，大卫还看到他在走廊里猛扇他姐姐耳光，直到棕色的血从她的耳朵里流了出来，而看到这一幕的邻居们只是打理着他们的花园，修剪着他们的草坪。

恐惧污染了一切。他记得自己曾和从山坡上开下来经过他家门前的卡车比谁先让开，还记得在临近圣诞节的时候，他和哥哥、姐姐被丢在了一家购物中心里。他们拿着一个放了两只乌龟的外卖盒，在雪地里走了好几英里才回到家。他经常一整天都躲在树林里，寻找虫子和蛇，即便是在长大成人后，他还依然乐此不疲。

20世纪60年代初，他被送往天主教学校，而在那段时间里，他的父亲变得越发残暴，越发难以控制。有一次，他杀了大卫的宠物兔子并把它煮了，然后告诉孩子们这是纽约特选长牛排。还有一次，他毒打了大卫一顿，之后又要求他自慰。在大卫表示拒绝后，他放弃了这个想法，但还是继续殴打他。那些日子里，大卫的噩梦中不断出现潮汐和龙卷风的景象。但一个相对更好的梦境也始终会定期前来造访睡梦中的大卫。在那个梦中，他顺着一条泥土路往一个池塘走去。他会跃入池塘里，在水下游泳。他会潜入水底的一个洞穴，进到越来越深处，他的肺好像在燃烧，就在他再也坚持不下去的时候，他会进入一个密室，里头满是在黑暗中闪闪发光的钟乳石和石笋。

20世纪60年代中期，沃纳洛维奇家的孩子们在一本曼哈顿的电话簿里找到了母亲的名字：多洛雷丝·瓦亚娜。他们偷溜出去看她，跟她在当代艺术博物馆里度过几个小时。正是在那里，游荡在不同的展厅之间的大卫下定决心要成为一名艺术家。后来，他们获准更频繁地去探望母亲，但紧接着艾德突然莫名其妙地决定他受够了这些他曾奋力争取来的孩子，于是就把他们三个都丢给了多洛雷丝。那本该是种解脱，可她那位于"地狱厨房"[1]的公寓太小了，而且她也不习惯扮演母亲的角色，尤其是面对三个如今已经变得麻烦重重的孩子。她甚至不喜欢他们叫她"妈妈"，尽管她是个温暖的、善于表达的人，但孩子们很快就发现她同样喜欢操纵别人，而且她的脾气难以捉摸，性情也不稳定。

纽约城，这里飘散着狗屎和腐烂的垃圾的味道。电影院里的老鼠吃着你的爆米花。突然间，性变得无处不在。男人们不断地试图跟大卫搭讪，还要给他钱。他做过一个梦，梦见自己在一条溪流里，赤裸着身体朝水里射精，在那之后，他同意了其中一个家伙的要求，跟那个人去了他在中央公园的公寓，不过，他坚持两人要分开各自搭乘公交车过去。他和母亲的一个朋友的儿子发生了关系，然后疯狂地想要杀掉他。他几乎陷入了歇斯底里的痛苦，害怕他的家人会发现这件事并把他送去精神病院。在那里，他肯定要接受电击疗法。别人能从他的脸上看出他干了什么（或者更糟，看出他其实很喜欢这样）吗？那并非一个发现自己性取向的好时机，当时距离那场催生了同性恋解放运动的"石墙暴乱"[2]还有一两年的时间。他去了当地的图书馆，试着查找"男同性恋"的意

1　地狱厨房（Hell's Kitchen），又名克林顿（Clinton），俗称西中城（Midtown West），是位于曼哈顿的一个社区。

2　又称"石墙事件"，1969年6月27日星期五发生在纽约的一系列同性恋者和警察间的暴力冲突，骚乱始于石墙旅馆外，格林威治村的同性恋住所。这是同性恋维权历史上一个标志性的事件，它引发了美国同性恋群体维权的行动，并扩展到世界范围内。一个强大的同性恋维权组织"同性恋解放阵线"成立。

思。那里的相关信息都是些局限的、被曲解的、令人沮丧的释义，是一连串冗长的对娘娘腔、性倒错、自我伤害和自杀的描述。

在他 15 岁时，他会定期到时代广场上去招揽那些 10 美元的生意。他爱那个地方的能量，尽管他几乎每次去都会被人推来搡去，或是被人偷了钱包。这里有城市的喧嚣，有来自霓虹灯和电气灯的侵袭，还有由不同职业和身份的人组成的激荡的人群：水手、游客、警察、妓女、骗子和毒贩。他游荡在这些人之中，感到心驰神往。他是一个瘦弱的男孩，长着大大的牙齿，戴着眼镜，身上有着明显的肋骨的轮廓。同时，他又被另一些更安静、更内向的追求所吸引。他喜欢画画，喜欢一个人去电影院，或是在自然历史博物馆的立体布景周围转悠。那里弥漫着尘封的味道，长长的走道上人迹罕至。

那些日子里，他养成了一个古怪的习惯：他会用手指攀附在卧室的窗框上，整个人悬荡在第八大道上方七层楼高的地方。他这样做或许是为了测试身体的极限，又或许是要将自己置于危险之中，以此来凌驾那些糟糕的情绪，给自己一系列在自我掌控中的惊吓，"测试一下我怎么能控制这件事，我能有多少控制力，我有多少力量"。自杀的念头在他的心里盘旋不去，他想着自杀，也想着从宠物店里把蛇偷出来带到公园里去放生。有时他会搭公交车到新泽西去，穿戴整齐地涉进水里，那是他唯一的一次洗衣服的经历（据他后来回忆，那时候他的牛仔裤太脏了，俯下身去的时候都能看到脸的倒影）。他感到自己周围一切有序的构造都在分崩离析，包括学校、家庭、亲情，支撑它们的基架倒塌了下来。

在他 17 岁左右，事态严重到了无以复加的地步，他要么是被赶出了"地狱厨房"的公寓，要么就是彻底从那里跑了出来。在经历了日益紧张的关系和不断升级的争吵后，多洛雷丝已经赶走了他的哥哥和姐姐。现在大卫也落得孤身一人，自由落体到了外面的社会，就像在他之前的瓦莱丽·索拉纳斯一度经历过的那样，被迫降落到那个狡猾、危险的街头的世界。

时间变得模糊起来，不断地变化着它的样貌，不再以同样的方式显现出意义。由于几乎总在挨饿，他最终落得瘦弱不堪、肮脏憔悴，以致他再也挑不到一个体面的买家，只好转投那些会痛打他一顿或是偷他东西的人。他成了一具行走的骨架，任凭随便哪个邪恶的卑鄙小人摆布。他营养不良到了极其严重的地步，致使他的牙龈在他每次抽烟的时候都浸满了血。在辛西娅·卡尔写的沃纳洛维奇传记《雄心壮志》(*Fire in the Belly*) 中，有一段文字讲述了他最终独自一人住在医院里的情形，腐坏的牙齿令他痛苦不堪。在那之前，他说服了多洛雷丝把她的医疗补助卡借给他。"你用完后把卡从门下面塞进来。"她说。她会到巴巴多斯去度假。

那些天里，他从未有过充足的睡眠。有时他会在一幢大楼的屋顶上度过一整夜，蜷缩着靠在暖气通风口上，早晨醒来时，他的身上满是烟尘，眼睛、嘴巴和鼻子上都盖满了令人窒息的黑色粉尘。这就是那个几个月以前还在日记里写到自己有多害怕独自度过一个夜晚的男孩。他偷衣服，从宠物店里偷爬行动物，住在未建成的房子里，或是跟哈德孙河边上的一群异装癖者待在一起，和他们一起辗转在不同的福利酒店和低劣的公寓里，睡在锅炉房或是弃置的汽车里。有时他会被给他钱的男人强奸或是下药，但另一些人对他还是挺不错的，尤其是一个叫席德的律师。他常常会带他回家，给他吃的，像对待一个正常的、惹人怜爱的人一般对待他。

终于，在 1973 年，他设法迫使自己离开了街头。他的姐姐在自己的公寓里为他提供了一张床，他努力让自己慢慢地重新过上了一种相对正常的生活：不管怎么说，他至少不再露宿街头了，尽管他还不太能确保自己有稳定的工作和收入。事实上，大卫的男友汤姆·拉芬巴特在《兰波在纽约》一书的一篇序言里回忆起他们第一次见面时的情景，那时的大卫已是一名成功的艺术家，但他没有一张真正的床，似乎仅靠咖啡和香烟维系着生命。"我尽我所能地改变了这一状况，"他补充道，"但大卫本质上是个孤独的人。尽管他认识很多人，但他偏好与他们一对一地产生联系。每个人认识的大卫都有些许不同。"

谁也无法轻易摆脱那样的童年，精神上的包袱是不可避免的，过去的重担总会产生有害的影响，必须以某种方式去掩盖、背负这种影响，要不就得设法解决它所带来的问题。首先，所有那些虐待和忽视都留下了它们的印记，让他感到无用、羞耻和暴怒，让他感到自己异于常人，在某种程度上低人一等或被打上了标记。他尤其感到愤怒，并且产生了一种深藏在愤怒之下的，或许永远无法消除的不受待见的感觉。

就像那还不够糟似的，他还忍受着曾在街头浪迹过的羞耻感，担心人们会发现他曾是个男妓，并以此来评判他。他意识到，在整个20岁初期，自己都饱受难以开口的困扰，无法在言语上承认自己曾经历过的一切和那段过往。多年后，在一段被录了下来的谈话中，他对自己的朋友凯斯·戴维斯说："我绝不可能将它们与我在任何地方的任何一个派对上的一间都是人的房间里的任何人联系起来，想到我的肩上背负着这些过往，我可以坐在那里，看着人们，意识到我并没有与他们的判断标准相似的价值体系。"在《刀锋边缘》里，他又再次谈及类似的话题："当被人群包围时，我几乎没法开口说话。工作、派对或是聚会时发生的对话中，没有一刻能够让我袒露我曾看到过的东西。"

而与性有关的那种旧时的焦虑又加剧了他的被隔绝感，以及被如此决绝地与他的过往割裂开来所带来的感受。在他长大的这个世界里，人们认为他渴求对自己的身体做的那些事是恶心的、可悲的、不正常的、疯狂的，这令他痛苦不堪。20世纪70年代中期，他短暂地离开了曼哈顿一阵，在旧金山适时地出柜了。首次作为一个公开身份的同性恋男人生活着的他立即感到了前所未有的快乐、自由和健康。同时，他也强烈地感到了对他不利的敌意，处处都潜藏着人们对一个喜欢男人并且对此毫无愧意的男人所产生的憎恶。"我的同性恋倾向，"他在一篇名为《日期栏》的生平综述中写道，"是一个将我从病态的社会中缓慢分离开来的楔子。"

在《刀锋边缘》里，他回忆起童年时听到其他孩子对另一个孩子大喊"同性恋"时的感受，"那喊声立刻在我心里激起了共鸣，那种即刻的孤独感，以及那面其他人都无法看见的、呼吸着的玻璃墙"。在阅读这句话时，我意识到他的叙述唤起了我心底里的对自己生活中某些场景的回忆。事实上，这些句子让我想起自己的孤独状态，即我的异于常人的感觉的确切根源。酗酒、恐同、郊区、天主教会。人们离开，人们喝了太多的酒，人们失去控制。我从未有过任何与大卫那充斥着暴力的童年时代相似的经历，但我知道感觉不安全，走过那些混乱的、令人害怕的景象是种什么样的感受，我也知道必须找到一个方式去应对内心充溢的恐惧和愤怒是什么感觉。我的母亲是个深藏不露的同性恋者。她在20世纪80年代出了柜。最终，我们逃跑了，离开了我从出生起就一直居住的村子，在南岸到处迁徙。与此同时，她的伴侣的酗酒问题也变得越来越严重。

那是28条[1]的年代，大不列颠的法律神化了对同性恋的恐惧和憎恶，

1　1988年，英国保守党政府将要求"学校必须教授传统道德价值感"的"28条"作为修正案列入英国《1988年地方政府法案》(*Local Government Act 1988*)，要求不得"有意提倡同性恋"。

而那些一向对同性恋者抱有偏见的人的态度就更不用说了。那时，教师们如果提倡学生"接受同性恋为一种伪家庭关系"，将会违反法律。我总会发现异性恋社会中呈现出的孤立的倾向和潜在的危险。当我读到《刀锋边缘》里的那句话时，我清楚地回忆起过去在学校时曾体会过的那种恶心的感觉，其他孩子谈论"同性恋"和"基佬"时那可恨、愚蠢的样子更加坐实了我本就敏锐的身为一个外来者的格格不入的感受，也点燃了我的怒火。而那并不仅是因为我的母亲。我还记得自己那时的样子——消瘦、苍白，打扮得像个男孩，完全无力应对在一个女校所需的社交需求。那时，我自己的性取向和我对性别的概念与我面前可选的所有选择都无望地背道而驰。倘若要给我下个定义，我是个同性恋男孩，待在错误的地方，住在错误的身体里，过着错误的生活。

后来，从女校毕业后，我彻底辍了学，住在抗议基地里，私闯海滨城市里半弃置的大楼。我还记得自己曾睡在一间满是瘾君子的房间里，后院里结结实实地堆着三米高的垃圾。为何要把自己置于不安全的境地？因为你体内有种东西从根本上让你感到自己毫无价值。你要如何挣脱出来，重获当一个另类的权利？在大卫的街头生活中，他记得最清楚的回忆之一是周期性狂怒的夜晚。在那些夜晚，他和另外一个被饥饿和沮丧压垮的伙计会走上近乎曼哈顿岛那么长的距离，砸烂他们经过的每一个电话亭的玻璃。有时，通过现实世界里的某些举动，你能改变精神的空间和情绪的图景。我猜，从某种程度上而言，艺术就有这样的魔力，而沃纳洛维奇在之后不久开始创作的、近似魔法般的艺术当然也是如此，这时的他正在逐渐从破坏走向创造。

就是在这样的境况下，《兰波》系列从那些它与之抗争的问题中诞生了。1979 年夏天，大卫开始用一台他从一个朋友那里借来的 35 毫米照相机拍照。此前，情绪阴郁的他曾试验着进行拍摄，尝试创作一组能够见证他曾生活在其中的世界，见证那些他仍然无法诉诸言语的经验的作品。他开始试着去理解，艺术或许可以成为一种为他提供见证的方式，去揭示"我总是被迫将其隐藏起来的东西"。他想要拍下在某种程度上能够讲述真相，并且能够证实某些人存在的影像，这些人要么是为历史所摒弃，要么是被剥夺了权利，被剔除在记录之外。

以成人的面目回到他曾经常去的地方，并将兰波嵌入他的童年里的场景，让他面无表情地站在涂漆的栏杆边上（少时的大卫曾倚靠过的同一个地方），等着那些上了年纪的男人来购买他那消瘦、邋遢的身体，这种做法里蕴含着某种十分有力的东西。另一个自我？这是一个性感的、毫无生气的模拟物，因历经磨砺而变得坚硬。那是一个他能够进入的形象吗（就像他后来在日记里所写到的："我想要创造一个有朝一日我能成为的迷思"）？还是一种回溯性地保护那个曾经的自己，保护那个愚笨、脆弱的小男孩的方式？人们很难想象他的兰波被强奸，或是被强迫做出任何违背他意愿的事。

无论出于哪种动机，他都在用相机照亮一个地下的世界，将光投注进这座城市里被掩蔽的、见不得光的地方，一个苦苦挣扎着的孩子能挣到钱或是讨口饭吃的地方。拍摄一张相片是一种占有行为，一种让事物变得可见，同时又将它冻结在同一位置上，将它凝滞在时间里的途径。但这些照片所散发的情绪，这种从画面上一波波地翻滚而下，从兰波那神秘的、面无表情的形象中流露出来的孤独感又有什么含义呢？在我看来，它们所见证的并不仅仅是一种生活的方式，也是一种感到自己异于常人，被与周遭的世界割裂开来，难以吐露自己的真实感受所带来的体会：简言之，为一张面具所禁锢，又因这张面具而自由。

我对着这些作品看得越久，就越感到它们与写于那个时期的大卫的日记里探索的情感相符："我发现大多数时候自己都独自走在街上，独自待在家里，渐渐地陷入一种鲜有交流的状态，所有这些都出于我想要对生活和生存保留自己的见解。"它们传递了一种孤独的感受，一种对发生联系、越出自我牢狱的渴求与对隐藏、走开和消失的意欲之间的冲突。正如汤姆·拉芬巴特在《兰波》一书的序言中所写的："尽管兰波的面具呈现的是一张空白的、毫无变化的脸，但它似乎总在观看、吸收所见的事物和经验。然而，直到最后，它都还是孤独的。"

· · ·

我短暂地回了趟英格兰，当我从那里回来以后，我开始频繁地造访菲尔斯图书馆里的沃纳洛维奇档案馆。它被设置在纽约大学的那座巨大的博斯特图书馆里，就在位于华盛顿广场的霍珀的旧工作室的对面。这段路恰好是一段适合散步的距离，我每天都会挑选一条不同的路径，在东村里四处走动，偶尔逛过隐藏在东二街上的小墓地，有时则徘徊在拉玛玛剧院和乔氏酒吧的外面，读它们海报上的字。现在是冬天了，天空的颜色是明亮的蓝，酒窖外放着一桶桶紫铜色的菊花。

到了图书馆，我会出示自己的通行证，搭电梯上三楼，把那些不能带进去的笔都寄存到储物柜里，借支铅笔，填写一张申请卡。一区，期刊。七区，音像。九区，照片。十三区，物品。一周又一周，我在所有这一切之间跋涉着，打开几十个装着大卫喜欢的万圣节面具和便宜的玩具的箱子。一个红色的塑料牛仔、一辆锡制救护车、一个恶魔娃娃、一个弗兰肯斯坦模型。我浏览着他的日记，有时会翻出旧的菜单和菜谱，还会观看模糊的夏日假期家庭录影带：大卫在湖里游泳，不断地把脸潜到水下，波光粼粼的水面在他的胸口碎裂。

夜里，在回家的路上经过植物工厂或是百老汇的恩典堂时，我的脑海里会充盈着很久以前曾在另一个人的内心窥镜里浮现过的画面。一个男人在一个废弃的码头注射海洛因，摇晃着失去了意识，如同圣母怜子像一般柔弱、可爱，口吐白沫。关于做爱的梦。关于马的梦。关于垂死的狼蛛的梦。关于蛇的梦。

沃纳洛维奇一生中的大多数时间都在试着逃离这样或那样的孤独的拘禁，寻找一条从自我的牢狱中逃脱的路径。他做了两件事，选择了两条逃跑的路线，二者都与身体有关，而且都很危险。艺术和性：拍照的行为和做爱的行为。性在大卫的作品里无处不在，这也是赋予他的生活以活力的动力之一。在那些他觉得需要被书写和描绘出来的东西里，在那些他认为需要从那种在孩提时期就将他困住的寂静中被释放出来的东西里，性占据了中心的位置。同时，这种行为本身也是一种触碰自身以外的世界，透过秘密的、禁忌的身体语言去表达他的感受的方式，或许也是最好的方式。就如同艺术创作让他能够表达私人的感受，解开由失语所发出的令人动弹不得的魔咒，性同样也是一种产生联结的方式，让他能够把深藏在心底的、难以言说的东西表露出来。

20 世纪 70 年代末至 80 年代初，也就是在他制作兰波影像的同一个时期，他总在外面到处游荡，寻找被某些人称为"随便发生的性关系"的东西，即匿名的、以陌生人为对象的性行为。但大卫几乎总是称它为"做爱"，而他也的确是这么看待这种行为的。他在日记里记下了所有的露水情缘。后来，在他出版了的作品里，他还用生动的图像描绘了这些经历当中的细节——醒目、直白到如电击一般令人激动的程度。他还记录了自己的反应，将自己微妙的情绪变化制成了图表，比如渴望或是令人瘫痪的恐惧。

几乎每晚他都会外出散步，沿着布鲁克林的步行街一路往下，或是越过被弃置的西侧高地前往切尔西码头，多年来，那里一直都能引起他的性欲和具有创意的想象力。码头沿着哈德孙河由克里斯托弗街一直延伸到十四街，自从 20 世纪 60 年代船运业衰败以来，这里就一直破败至今。随着商业轮船的运输业务被转移到了布鲁克林和新泽西，切尔西码头的大多数栈桥都歇业了，至少有三座还能明显看到曾经遭受过火灾的痕迹。到了 20 世纪 70 年代中期，面对这片广袤、破败的建筑，这座城市既无力维护它们，也负担不起将它们拆除的费用。其中一些栈桥被无家可归的人占用了，他们在旧的大货仓和行李大厅里搭起帐篷，而另一些栈桥则被男同性恋们当作游弋的场所。那是一片衰败的景象，透着一股被一群享乐主义的异见者重新夺回的破败的庄重感。

大卫以一种独特的方式，混合了柔情与残忍的情绪重述了他在那里看到的和做过的事。一方面，那地方是个户外妓院，散发着明显的屎尿气味，常有人在那里被谋杀。有一次，他还在那里撞见过一个大叫着的男人。血不断地从这个人的脸上涌出来，他说一个穿海军蓝的防风夹克的陌生人在一个空房间里对他动了刀子。另一方面，那是一个没有禁忌的世界，那些因性取向在其他地方曾遭受强烈敌意的人能在这里找到全然自由的邂逅，而且在瓦砾与碎石间，这里偶尔还会迸发出意料之外的亲密时刻。

在他的日记里，他描述了自己在夜里或暴风雨天潜进布扎风格[1]的出发大厅里的场景。这些大厅像足球场一样宽广，墙壁遭到过火焰的侵袭，地板和天花板上都是孔洞，你能透过它们看到河水的流动，有时河水是银色的，有时则是有毒般的泥土的棕色。他会带着一本笔记本坐在

---

1 Beaux-Arts，巴黎美术学院体系，也称布扎体系，建筑界的教育体系之一，大约在路易十四时期形成。

码头的末端，双脚垂悬在哈德孙河上方，看着雨水降下，广告牌上巨大的麦斯威尔咖啡杯将用霓虹灯做成的猩红色的咖啡滴倾倒在新泽西海岸上。有时一个男人会过来与他同行，或者，他会跟着一个人穿过走廊，走上楼梯，进入地上长满了草或堆着一盒盒的被弃置的纸张的房间里，在那里能闻见从河里升起的咸味。"太单纯了，"他写道，"在一间满是陌生人的房间里的夜色，仿佛在电影中一般蜿蜒的走廊，从黑暗蜕入光明时那破碎的身体，缓缓地消失在远方的飞机引擎声。"

在码头游荡的日子里，大卫很少会重复碰到同一个男人，尽管有时他会刻意地寻找他们。他几乎是与一个想象中的人陷入了爱河，从一种口音或一个单词里唤起的某个神秘的存在。这就是漫游带来的部分乐趣所在，既允许他得到性的交往，同时又能保持独立，维持一定程度上的控制。在城市里，你可以孤身一人，可以从"由两个相向而行的人擦肩而过时的孤寂所创造出的自我隔绝"的方式中品味到快感，因为你知道在有些地方，人与人之间几乎一定会发生身体上的联系。

在码头上发生的事情的公共属性本身就是一剂针对秘密与羞耻的解药。他试着赋予人们一定程度的隐私，但显然发生在那里的事情是窥视与暴露间的双向交互，这也是那个地方提供的多元乐趣中的一部分。同时，这个场景唤起了他作为档案管理员的本能，促使他去记录，用文字记下他看到的东西，将那些就算在那时看着都像是一个转瞬即逝的、不可能实现的乌托邦的景象留存下来。他拍照，让照相机悬在他的髋部，还带着一把剃刀以防被人袭击。不管怎么说，一切都来得那么快，他拍下一连串的影像，造成了感官上的美妙的、纷乱的冲击。两个男人正在做爱，他们那么用力，以至于其中一个人双膝跪地。一张翻过来的沙发，散落的办公室家具，每一层阶梯上的地毯都浸满了水。亲吻一个有着漂亮白牙的法国男人，接着整夜不睡，用颜料和黏土制作一只黑黄色的火蜥蜴，一只守护的野兽。

艺术和性，这两样东西联结在了一起。有时他会拿上一罐喷漆，将他想象中的旧日景象潦草地喷在斑驳的墙面上：零星的梦一般的短语，有些是他说的，有些是从他仰慕的艺术家那里借鉴来的。为了向博伊斯[1]致敬，他会写下"马塞尔·杜尚的沉默被高估了"，接着再喷绘一张兰波的脸，在一面玻璃上勾勒出大致的轮廓。还有用线条画出的墨西哥人斗狗的场景，以及一幅遭到枪击的无头身体的绘画。通常他会在兰波的相片的背景里加入自己的涂鸦，构建出他的层层存在，将自己题写进那片空间的架构里。

他绝非唯一受到码头残迹启发的人。几乎在十年前就开始有艺术家到这里来了，他们被房间的巨大面积所吸引，而且在这里他们可以享有不受监视和管控的创作自由。20世纪70年代初，这里发生过一系列先锋艺术事件，被散发着诡异魅力的黑白相片记录下来。其中一幅照片中，一个男人倒吊在货物装卸入口，靠一根系在他脚上的绳子悬荡着。他在一大堆垃圾上方摇摆着，一棵圣诞树从垃圾堆里截了出来：一副天启塔罗牌里的倒吊人[2]。正是这位艺术家，戈登·马塔-克拉克[3]，筹划了码头上最有雄心的艺术干预。在《一天的终结》(Day's End)里，他和一组助手用链锯和喷灯在52号码头的地板、墙壁和天花板上切割出巨大的几何形状，让一束粗亮的光柱透过切口照进去，将那里转变成一个被马塔-克拉克描述为"一座太阳和水的神殿"的地方。这一建造过程既没有征求他人的意见，也不曾获得任何许可。

1　约瑟夫·博伊斯(Joseph Beuys)，德国著名艺术家，主要创作形式是雕塑。

2　倒吊人(The Hanged Man)，塔罗牌中的第十二张牌。

3　戈登·马塔-克拉克(Gordon Matta-Clark)，美国艺术家，因其20世纪70年代的建筑作品而著名。

男同性恋们在码头游弋的那些岁月还被几十个摄影师记录了下来，他们当中有些是业余摄影爱好者，有些则是专业的摄影师，其中包括阿尔文·巴尔特洛普[1]、弗兰克·汉隆[2]、里奥纳德·芬克[3]、艾伦·坦南鲍姆[4]、斯坦利·斯特拉[5]、亚瑟·特雷斯[6]，还有将会成为大卫的生命中最稳固，也是最重要的人——彼得·胡加尔。他们带着自己的照相机，为后代捕捉着眼前的景象：码头上赤裸的日光浴人群；如同巨大的洞穴般的房间，破碎的窗户和损坏的大梁；半裸的男人们在阴影里相互拥抱。

还有一些人选择了绘画。围绕着 46 号码头游荡，探索着这个散发着臭气的迷宫的时候，大卫遇上了涂鸦艺术家塔瓦。这位原名为格斯塔夫·冯·威尔的艺术家当时正在创作他的那些巨大（比实际尺寸要大得多）的阴茎形象当中的一个。这样的作品被不断地创作出来，守卫并见证着在它们下方拥抱在一起的躯体。戴着太阳镜的半人半羊牧神操着一个蓄着胡子、四肢着地的男人。有着赤裸的、肌肉发达的躯干和巨大的阳具的形象被大卫称为女像柱[7]。这些象征着性欲自由、放荡和愉悦的形象粗粝得令人震惊，尽管大卫后来指出，真正让人震惊的是在这个时代

1　阿尔文·巴尔特洛普（Alvin Baltrop），美国摄影师，大量地记录了 20 世纪 70—80 年代纽约西区码头的同性恋生活。

2　弗兰克·汉隆（Frank Hanlon），美国摄影师。

3　里奥纳德·芬克（Leonard Fink），美国业余摄影爱好者，用 25 年时间记录纽约的同性恋人群的生活。

4　艾伦·坦南鲍姆（Allen Tannenbaum），美国摄影师。

5　斯坦利·斯特拉（Stanley Stellar），美国摄影师。

6　亚瑟·特雷斯（Arthur Tress），美国摄影师，其作品以超现实主义和对人类的展示而闻名。

7　女像柱起源于公元前 6 世纪的埃及和希腊，是一种做柱子用的雕像。

即将落幕的时刻，在这个暴力的、充斥着各种图像的衰亡的世纪里，性欲和人体竟然是禁忌的主题。

· · ·

阅读大卫的日记就像是在水下潜没了很长一段时间后浮上来呼吸一口空气。这一过程中没有抚触的替代物，也没有爱的替代品，但阅读别人为发现和接受自己的欲望而付出的努力实在是太过动人，以至于有时我发现自己在阅读的同时颤抖着。那年冬天，码头在我的心里拥有了它们自己的生命力。我翻遍了所有我能找到的记录，码头的空间、不顾后果的相遇，以及在此得以发挥的自由和创造力都深深地吸引了我。对于一个努力想要与人发生关系的人来说，它们似乎是一个理想的世界，因为它们将私密、匿名和自我表达的可能性与伸手去触碰、去寻找一具身体、被触摸、让你的行为被见证的能力糅杂在一起。这是这座城市本身所呈现的乌托邦式的、无政府状态的、性感的一面，但它也是不洁的，是放纵而非克制的，当然，也是同性恋而非异性恋的。

我知道这只是事情理想化的一面，而非真相的全部。我读过大量的报道，这些报道证实了当时的码头区域有多危险，以及要是你看上去不属于那里或不知道暗语的话，那里的人们又会表现出多大的抗拒和残暴，更不用说在艾滋病席卷了这片力比多[1]的天堂后降临到这里的阴郁后果。尽管如此，在熠熠生辉的一夫一妻制这个大工厂之外，在那种彼此需要怀抱和依偎，并且像诺亚方舟上的动物们一样成双成对地走进一个

1　力比多（libido），即性力。由精神分析大师弗洛伊德提出。这里的性不是指生殖意义上的性，而是泛指一切身体器官的快感。

永恒的、与世隔绝的容器的压力之外，[1] 码头曾经的景象为我的心灵提供了一片漫游之地。正如索拉纳斯曾苦涩地说道："我们的社会并非一个公共体，而不过是一个个孤立的家庭单位的合集。"

我再也不想要那些东西了，即使我曾经真的渴望过它们。我不清楚自己真的想要什么，但或许我需要的是一个对欲望空间的延展，对我以为可能或可以接受的认知的延展。这就是阅读那些关于码头的资料所带来的感受：这种感觉就像是在梦里的你推动了一座熟悉的房子里的一面熟悉的墙，它打开了，通往一个就在那里但你却从不知道的花园或水塘。从那些梦里醒来时，我的全身总会涌动着快乐，就跟我在阅读跟码头有关的叙述时一样，好像每次我一想到它们，就会让几乎每具充满性欲的身体都在承受着的羞愧感消退几分。

在阅读沃纳洛维奇的同时，我还读了一些别的东西，其中一本书是《光在水中的移动》（*The Motion of Light in Water*）[2]。这本书是由科幻小说家、社会评论家塞穆尔·德莱尼写就的一部激进的、坦诚的回忆录，讲述了他在 20 世纪 60 年代的下东城的生活。在这本书里，他记叙了自己在滨水区度过的夜晚："这个地方浸透了力比多，我没法向一个不知道那种情况的人描述它。任何色情电影工作者，无论是同性恋还是异性恋，都曾试着刻画出一种类似的青景（现在轮到同性恋了，现在轮到异性恋了），但都失败了，因为他们努力想要展现的东西是狂野的、被弃置的、失控的，而在真实的类似的境况中，三十五个、五十个、一百个全然陌生的人却展现出超常的有序性和高度的社会性，他们非常

1　诺亚方舟是《圣经·创世记》中的故事，一艘根据上帝的指示而建造的大船，其目的是为了让诺亚与他的家人，以及世界上的各种陆上生物能够躲避一场上帝因故而造的大洪水灾难，所有的动物都是成双配对的。

2　科幻小说家塞穆尔·德莱尼（Samuel Delary）的自传，讲述自己作为一个非洲裔同性恋美国人的成长经历。

专注、安静，就算不能称之为一个共同体，最起码也是建立在某种管理之上的。"

在他后来的一本名为《时代广场红，时代广场蓝》(*Times Square Red，Times Square Blue*) 的书里，他再度提及这个关于社会的想法，并提出了更多的细节。《时代广场红，时代广场蓝》既是一部回忆录，也是一段慷慨的论词，"来"这个词在其中起着至关重要的作用。它以编年史的体例记录下了德莱尼在时代广场上，尤其是在 42 街的色情影院里的经历，这些影院就像出现在兰波相片背景里的那家彰显着"X"的标记的影院差不多。在超过三十年的时间里，德莱尼每天都会到这些电影院去，跟不同的陌生人发生性关系。这些人当中，有的成了他至为熟悉的人，尽管他们的关系几乎不会延伸到电影院以外的地方。

德莱尼写作的时间是在 20 世纪 90 年代末，也就是在时代广场由日渐破败的市区被改造为良好的中产阶级居住区以后。事实上，考虑到其中一位主要投资者的身份，毫不夸张地说，它被迪士尼化了。这也就是说，德莱尼在文字中颂扬和哀悼的是那些早已被摧毁的东西。他深刻且老练地认为，已经逝去的不仅是一个能让你爽翻的地方，也是一个与人产生联系，尤其是跨越阶级和种族联系的地点。这是一个使亲密得以实现的地点，尽管那种亲密是转瞬即逝的，它发生在大量的不同的公民之间。这些人有的富裕，有的贫穷，有的无家可归，有的精神状态并不稳定，但他们都从大众的性爱的慰藉中得到了抚慰。

他的笔触与其说是怀旧的，倒不如说是乌托邦式的：这是一个对一座抹了润滑剂的、交流的城市的幻象，其间短暂的、欢愉的相遇不断供养着那些平日里喋喋不休的、偶尔烦闷的，对抚触、陪伴、嬉戏、性欲和生理释放的需求。此外，这些发生在座位、包厢和乐池里的互动还创造了一种衍生品，社会学家深信这就是将大都市黏结在一起的微弱的纽带。尽管，说句实话，他们倾向于认定这些联结来自与店主和地铁职员的重复碰面，而非那些可能每三年帮你手淫一次的友好的陌生人。

至于这些地方是否真的减轻了孤独感，这座城市本身为此提供了答案。在写到 20 世纪 90 年代的有计划性的倒闭时，德莱尼不免感到遗憾地观察到："就我个人而言，发生在时代广场上的一切在某种程度上让我的生活变得更寂寞和孤独了。我跟十几个男人交谈过，很多时候，他们会到那片区域去释放自己的性欲，就像我会去释放我的性欲一样。对他们来说同样如此，我们需要与人交往。"

我们确实需要。但在这片乌托邦里存有一个小小的瑕疵，至少在我看来是这样的。在这些电影院和码头的语境下，公民意味着男性，而非女性。有一次，德莱尼确实带了个女性朋友跟他一起去大都会[1]。这个小个子的西班牙裔女人白天在办公室里做临时工，夜里就在格林威治村的夜总会里弹吉他唱歌。安娜对这里的情况感到好奇，于是在一个下午，她跟德莱尼一起来了。她穿着男孩子气的衣服，但这没能阻止一个男孩在她经过的时候低声叨着"怪人"，而且经理还咒骂她是个妓女。那次造访没出什么岔子，在包厢里的行为还普遍比较轻松随和，但这则逸事读来比任何其他地方用绘画记录的邂逅都更令人不安。笼罩在其上的隐约可见却又未被言明的是本有可能发生的威胁：潜在的暴力，以及似乎再合理不过的强奸行为，以及女性形态所诱发的厌恶、物化和欲望的特殊混合物，这在性的语境下尤为明显。

老天，我真是厌倦了拖着一具女人的身体（或者说得更确切一些，所有附着在其上的东西）到处乱晃。玛吉·内尔森最近出版了一部令人惊艳的著作——《残酷的艺术》（*The Art of Cruelty*），其中有一段被

1　大都会歌剧院是纽约的一个具有领导地位的世界级歌剧院。大都会歌剧院的前身是19 世纪后半叶位于百老汇第 39 号大街与第 40 号大街之间的一座剧院。

我用笔画了出来并做了批注，它无比准确地解释了我被码头的世界吸引的原因，这令我感到惊叹。"理所应当地，"她写道，"并非所有的'物体属性'都被创造成相互平等的状态，我们充分体验过不被当作物品来对待的生活，才能认识到其中的差异。"在括号里，她又补充道："这或许可以部分解释为什么男同性恋色情作品中的性爱不会制造出异性恋色情作品中所具有的那种焦虑感：因为男性，或者说至少是白人男性，不像女性那样与物化有着历史性的联系，他们的性爱不会即时面临着因成为令人痛苦的累赘而被终止的威胁。"

有时你想要被干掉，我是说向身体投降，屈服于它的饥渴和它对接触的需求，但那并不意味着你就必然想要被做成血淋淋的或是煮熟的肉端上桌。而在其他时刻，就像沃纳洛维奇的兰波一样，你想要漫游，想要任意穿行而不被看见，想要拣选你喜爱的城市景象。这就是我会在万圣节游行中如此沉醉于一张面具的原因：我不想成为那个可能被注视或是遭到拒绝和轻视的物体。

那年冬天，我总是在散步，一路沿着哈德孙河向上，在修复的码头遗迹中探寻着，走过修剪好的草坪，经过那些推着婴儿车的光鲜靓丽的伴侣。到处都能发现些微过往的残留物。一组木头桩基像靠枕里的大头针一样从白蜡色的水里戳出来。两根倒下的石柱上雕刻着翅膀。纤细的树木从石头和瓦砾里长了出来，锁上的大门上画满了一层又一层的涂鸦，一张海报上写着几个悲伤的字：科斯特曾在这里。

游荡的过程中，我始终试着想象一个能够与《兰波在纽约》相对应的女人的身影：一个闲适地游荡在城市里的女性形象，借用瓦莱丽·索拉纳斯的说法，自由且不被束缚（索拉纳斯也有着她自己在码头世界里的过去，她经历了整个过程，然后以她标志性的愤恨的口吻写道："人渣到处游荡……他们看遍了一切，每一点，每一滴。那些交缠的景象，女同性恋的景象，他们占据了整座堤坝，在每一座船坞和码头下都有他们的身影。男同的码头，女同的码头……你得经历过很多性爱，才会走到抵制性爱的地步"）。

彼时，我尚未见过艺术家艾米丽·罗伊斯登[1]那具有讽刺意味的照片，这些照片拍摄的是她自己重新演绎的兰波形象，她的脸上盖着一张大卫·沃纳洛维奇的纸面具。相反，那时我在看的是葛丽泰·嘉宝[2]的照片，在那些坚韧的、梦一般的影像里，她穿着男人的鞋子和风衣在城市里大步流星地走着，不理会任何人的看法，全然沉浸在自己的世界里。在《大饭店》[3]里，嘉宝用那句著名的台词说她想要一个人待着，然而嘉宝小姐真正渴望的其实是不被打扰地一个人待着，这是一个截然不同的角度：不被打扰、不被观看、不被骚扰。她渴求的是隐私，是不被注意的游荡体验。太阳镜、挡在脸上的报纸，甚至还有那一连串的别名——简·史密斯、格西·贝尔格、琼·格斯塔夫森、哈里特·布朗，都是她用来避免被人认出和发现的方式，是将她从声名的重担下解放出来的面具。

1941 年，36 岁的嘉宝宣布息影，在此后近五十年的退休生活里，大部分时间她都住在东 54 街钟楼大厦的一间公寓里。这间公寓距离"银色工厂"不远，尽管它比起后者要宜人得多。每天她都会去散两次步：这种长距离的悠闲漫步会将她带到现代艺术博物馆或是华尔道夫酒店。散步的时候，她穿着棕色、巧克力色或奶油色的羊皮暇步士鞋。有一

1　艾米丽·罗伊斯登（Emily Roysdon），纽约艺术家，以装置和摄影艺术见长。

2　葛丽泰·嘉宝（Greta Garbo），生于瑞典斯德哥尔摩，美国女演员，曾三次获得奥斯卡最佳女演员提名。美国电影学会将其评为百年来最伟大的女演员第五名。

3　由爱德芒德·古尔丁执导，葛丽泰·嘉宝、约翰·巴里摩尔等主演的一部剧情电影。影片以柏林的一家豪华大饭店为人生舞台，表现五个主要角色在一天中的离奇遭遇。

次，我在网络拍卖上偶然见到过这些鞋子。她通常会一直走到华盛顿广场再折返，那是一段六英里的环形路线。途中，她会驻足凝视书店和熟食店的橱窗，漫无目的地走着。走路并非一种方式，而是一个目标，一项理想的自给自足的日常消遣。

"当我不再工作时，我更倾向于进行别的活动，很多别的活动，"她曾说，"比起坐在影院里看着一幅动起来的画面，我宁肯到外面走走。散步是我最大的乐趣。"还有一次，她说："通常我会跟着我前面的那个人走。在这儿，我要是不走路，我会活不下去的。我没法24小时都待在公寓里。我要到外面去，看看其他人。"

这就是纽约，这里的人们倾向于忽视她，尽管安迪·沃霍尔确实在他1985年的日记里承认自己曾在街上与她擦肩而过，并且没能抵制住诱惑地尾随了她一阵，还偷偷摸摸地拍了几张照片。她戴着深色的眼镜，穿着一件大外套，这是她标志性的穿戴风格。她走进一家折扣店，跟柜台旁边的女店员谈了谈电视。"这完全就是她会做的事，"沃霍尔记录道，"于是我开始用相机拍她，直到我觉得她要生气了才停下来，然后我就走去了市中心。"接着他笑了起来，感慨地加了一句，"我也是一个人，跟她一样。"

网上到处都是她在城里漫步的照片。嘉宝拿着一把伞。嘉宝穿着驼色的便裤。嘉宝穿着一件外套，双手背在身后。嘉宝在第三大道上缓缓地走着，平静地穿行在出租车之间。1955年的一期《生活》杂志里有一张她的照片占据了一整页的位置，这张照片拍的是正在过马路的她孤身一人站在四条车流中。她的身影构成了一个奇妙的立体派的形象，她的头和身体被完全裹进了一件黑色的有帽子的海豹皮大衣里。人们只能看见她的双脚，两条纤细的腿杆在模糊失焦的靴子里。她不屑地从镜头前转开，她的注意力被大街尽头的一团薄雾似的光球所吸引，周围的大楼像是溶解在了那团光芒里。"孤独的一种形式。"这篇以这样一句话为标题的文章写道:"最近的某个下午,嘉宝穿过她在纽约的住所附近的第一大道。"

这是一幅意味着谢绝的画面,透露着彻底的沉着。但这些照片都是从哪儿来的?它们大多都是嘉宝的跟踪者——狗仔记者泰德·莱森拍摄的。1979 年至 1990 年,他在她的公寓大楼外潜伏了 11 年之久。在接受一次采访时他解释说,他会躲起来,而她会从前门出来,环顾四周。有一次,她很肯定周围没有别人,于是放松下来。接着,他偷偷地跟了上去,从一个门口躲到另一个门口,准备好要打破她独处的幽静。

在其中一些照片里,你能看出来,她意识到了他的存在,突然抽出一张纸巾掩住自己的嘴,破坏了他照片的价值。人们称呼这些照片为抓拍[1],这个单词一度意味着纯粹、美好与真诚,不掺一丝恶意。她去世前的最后一张照片也是莱森抢拍到的。他透过将她送去医院的车的车窗拍下了这张照片。照片中,她银色的长发垂下来包裹着肩头,一只血管凸起的手盖着脸的下半部分。她透过浅色的玻璃看着他,不安的表情里混杂了恐惧、轻蔑和听之任之的放弃态度。按理说,她的眼神具备了砸烂镜头的力量。

在两次不同的采访中,莱森把自己的行为解释为一种爱的举动。"那是我表达自己的方式,我以一种奇怪的形式来表达我对嘉宝小姐的尊敬和仰慕之情。对我来说,那是一种压倒性的力量,一种让我情不自禁的东西。它发展成了一种强迫性的症状。"1990 年,他向哥伦比亚广播公司的宗毓华[2]说了这样的话。1992 年,他又对为嘉宝写传记的作者

1　原文为 candid,含有趁人不备时拍下的照片的意思。

2　宗毓华(Connie Chung),美国知名亚裔女主播,也是坐上美国主流电视网晚间新闻主播位置的第一位亚裔美国人和第二位女性。

巴里·帕里斯[1] 补充道:"我非常仰慕和爱她。要是我给她造成了任何痛苦,我很抱歉,可我觉得我为她,也为后人做了点事。我花了生命中的十年跟她在一起。在克拉雷斯·布尔[2]之后,我是另一个'拍摄嘉宝的男人'。"

我并不想就欲望进行道德评判,倘若它呈现为窥视狂或其他形态。我不想就人们被什么东西所取悦或他们在私人生活里所做的事情进行道德说教,只要它不曾对他人造成伤害就行。那即是说,莱森的照片所呈现的凝视是使人丧失人性的,无论它是被投射出来还是被抑制下去,这是一种极度的、未曾摆脱男权主义的性爱的凝视。

所有女性都是这种凝视的对象,无论这种凝视是被投射了出去还是被克制了下来,她们都会受制于它。我是由一对女同性恋抚养长大的,从未被灌输过任何教条,但最近我开始感到这种凝视对我产生的近乎恐怖的力量。倘若我要逐条详述自己的孤独,将它的每个组成部分分门别类,那么我就必须承认,其中至少有一部分是与围绕着外貌而生的焦虑相关,也就是说在外貌上被认定缺乏足够的吸引力。而在那之下更深层的是逐渐清晰起来的认知,我意识到自己除了从未彻底摆脱过人们对性别的期待以外,在我被归入的性别框架里,我也从未感到过真正的自在。

这是因为那个框架太过狭小,并且对女性有着荒谬可笑的期待吗?还是我没法融入其中?怪人。那些对女性特质的要求一直都让我觉得不舒服。我总是觉得自己更像个男孩,一个同性恋男孩。我所占据的性别位置处于男性和女性的二元化之间的某个地带,既不属于某一边,也不

1　巴里·帕里斯(Barry Paris),美国知名传记作家、记者。

2　克拉雷斯·布尔(Clarence Bull),在"好莱坞黄金年代"为电影制片厂工作的肖像摄影师,拍摄了大量好莱坞明星的静态照。

同时属于两个阵营。我是一名跨性别者，我开始意识到这一点，这并不意味着我在从一种类型转变为另一种类型，而是我占据着中间的某个空间，某个并不存在的地方，只是，我的确在那里。

那年冬天，我反复地观看希区柯克的《迷魂记》[1]。那是一部处处与面具、女性特质和性欲有关的电影。如果说阅读关于码头的材料拓展了我对性别可能性的意识，那么观看《迷魂记》就是一种不断向自己警示传统性别角色危险性的方式。它的主题是物化，它催生孤独的方式掘出了一个危险的深渊，放大而非缩小了人与人之间的距离。这个深渊其实也就是詹姆斯·斯图尔特扮演的警探斯考蒂·弗格森跌入的那个裂口。他为了追求一个女人而让自己陷入尴尬的境地，而那个女人即便在活着的时候都像是一个解不开的谜团，一个不在场的人，而非一个活生生的、会流汗的存在。

影片中最令人不安的部分发生在斯考蒂崩溃之后，在那之前，他的爱人玛德琳娜刚刚自杀。游荡在旧金山陡峭的街道上时，他碰巧撞见了朱迪，这个丰满的、穿着一件黄绿色毛衣的褐发女郎与他逝去的爱人有着些微相似之处，尽管她既不像玛德琳娜一样有着冷若冰霜的傲慢和消极被动的态度，也不像她犹如一个紧张性精神病患者一般从生活中抽身而出。

他把这个俗气、肉感、粗俗的姑娘带到拉森霍夫百货商店，按照《窈窕淑女》[2]和《风月俏佳人》[3]中的女性形象对她进行了一次令人不快

---

1 希区柯克拍摄于1958年的影片，讲述警官斯考蒂在一次行动中从高处失足掉下，虽然最终身体完全复原，却患上了恐高症，因而只好辞职当起了私家侦探，最终陷入了一起离奇的家庭案件。2007年该片入选美国电影学会评出的"百年百佳影片"。

2 奥黛丽·赫本与雷克斯·哈里森1964年主演的美国剧情歌舞片。

3 理查·基尔与茱莉亚·罗伯茨1990年主演的美国电影。

的改造，让她试穿了一套又一套衣服，直到他找到了玛德琳娜那套毫无瑕疵的烟灰色套装的复制品。"斯考蒂，你在干什么？"朱迪说，"你在为我寻找她穿过的那套衣服。你想要我打扮成她的样子……不，我不会答应的！"她跑向房间的角落，站在那儿，像个在接受惩罚的孩子。她低下头，双手紧握在背后，她把脸转向墙。"不，我什么衣服也不想要，我什么都不想要，我只想从这儿出去。"她呜咽道。而他拽过她的胳膊，说："朱迪，为我这么做。"我一遍又一遍地看着这一幕，想要摆脱它对我产生的影响。在这一幕里，一个女人被迫参与到无休止的、痛苦的、并非两相情愿的女性形象的选美活动中去，被迫面对她被物化的处境，这个事实可能会也可能不会为人们所接受，却能够引起他们的注意。

在下一个场景中，镜头转换到了一家鞋店里，朱迪变得面无表情。她不再是她自己了，而是从她被围困的身体里抽离了出去。后来，斯考蒂把她丢在一家发廊，自己则回到她住的酒店里，心不在焉地看着一张报纸，处于一种烦闷的、不耐烦的状态。她沿着一条走廊向他走来，头发已经染成了浅金色，但她的头发仍然垂落在肩膀上。"应该往后梳过去，在后面固定住，"他狂怒地说，"我告诉过他们的，我告诉过你的。"她又一次试着制止他，然后她投降了，走进浴室去完成她的变形记的最后一步。

斯考蒂走到窗边。一面霓虹招牌的灯光透过网眼纱帘从窗外倾泻进来，将这个房间浸润在冰冷的绿色里。这是霍珀的颜色，是都市疏离的颜色，它对人类的联结抱有敌意，甚至或许对人类的生命都有所抵触。接着，化身为玛德琳娜的朱迪从浴室走了出来，向他走近，一个复制品的完美的复制品。他们接了吻，摄像机围绕着他们滑行，她像是昏厥般地向后倒去，直到最后，他仿佛是在拥抱一具没有生命的躯体，而这一幕正预示了即将发生的情节。

　　那个拥抱是我见过的最为孤独的行为之一，尽管很难判定他们二人谁的情况更糟。是那个只能爱上一张全息照片、一个幻影的男人，还是那个只有打扮成其他人才能被爱的女人？她所扮演的是某个几乎不存在的人，某个从我们看到她的第一眼起就在向着死亡而去的人。别再管什么性爱了，这是在跟尸体做爱，物化行为已经被推到即将超出合理范围的极致。

· · ·

　　有的对待人体的方式要好一些。我找到的其中一剂最好的解药是摄影师南·戈尔丁的作品，她的创作是对希区柯克的恋尸癖和莱森偷摄下的一个美丽的陌生人的相片的矫正，她也是大卫·沃纳洛维奇最亲密的朋友之一。在她给朋友和爱人拍摄的人像照里，身体、性向和性别之间的边界似乎被神奇地消解了。这一点在《性依赖叙事曲》（*The Ballad of Sexual Dependency*，以下简称《叙事曲》）一书中尤为明显。她对这本书的修订始于 20 世纪 70 年代，当时她居住在波士顿，一直持续到 1978 年她搬到纽约城后。

　　这些图像呈现出近乎令人痛苦的亲密性。"对我而言，按下快门的瞬间并非在构建一种距离，而是自我明晰和产生情感联结的时刻。"戈尔丁在由孔径出版社出版的《叙事曲》的序言中写道，"世上流行着一种观念，即摄影师是天生的偷窥者，是最后一个被邀请去参加派对的人。可我没有擅自闯入，这就是我的派对。这是我的家人，我的历史。"

　　这里所表达的旁观者与参与者之间的区别颇为引人注目。戈尔丁的作品展现的是被恋慕的人类的身体，其中有些是她打十几岁起就认识的人，她对他们抱着一种发自内心的温柔。她的很多相片记录的都是衰败的景象，如狂放的、喝得醉醺醺的派对场面，毒品、巴洛克的服饰。其他作品的氛围则更加安宁与柔和。两个在接吻的男人，一个躺在浴缸里并且浸泡在乳白色的水中的男孩，一只女人的手搭在一个男人赤裸的背上，一对躺在床上的情侣，他们的身下铺着条纹床单，两人身上穿的白色花边女睡衣更衬出她们的皮肤的苍白。

戈尔丁的作品里充斥着裸体的形象，有些带着瘀青，有些挂着汗珠，这些皮肤都白得近乎透明，因为这些身体的主人总在夜间活动。沉睡的身体，做爱的身体，拥抱的身体，疏远的身体，憔悴的身体，因为嗑嗨了而弯折的身体。她的拍摄对象都只有名字，他们往往都半裸着，正在脱去或是穿上衣服，对着镜子洗脸或者化妆。让她的镜头为之着迷的都是处在过渡和转变中的人，他们在一件事与另一件事之间流转，用口红、睫毛、金属亮片和大量刮松的头发去改变和重塑自己。

戈尔丁曾明确地说过，她并不相信通过一张单一的肖像照就能够揭露一个人的内在，相反，她的目标是要捕捉随着时间变化而产生的一系列个性的转变。她的对象会经历不同的情绪，穿不同的服装，交往不同的爱人，陷入不同的沉醉的阶段。忘却被掩盖的自我和真实的自我之间那笨拙的对比。相反，自我是流动的，呈现为一再往复的转变。她的很多拍摄对象（尤其是在早期的作品中）都是些异装癖者。她捕捉着那些漂亮男孩的转化过程，看着他们把自己变成她称之为"第三性"的类型，在她看来，"那比其他两种性别中的任一种都更有意义"。性欲也同样是流动的，是一个关于联结而更甚于分类的问题。在这个非二元化的领域内，对外表的玩弄成为一种解脱，这种对外表的改换并不会自动让《迷魂记》中那种有害的自我毁灭成为一种必然的行为，而是会将它转变为一种发现和表达的举动。

那并不意味着这些肖像照规避了对失败的亲密关系的展示：它们表现了那些不严重的、暂时性的问题，矛盾的时刻，或是未曾获得释放的约束。《叙事曲》的主题显然就是性关系。作为一个系列的作品，它跨越了联结与孤立的两极，捕捉着人们逐渐走近彼此和分开的过程；他们随着爱情并不稳定的潮水而摇曳。有些场景（包括《孤单的男孩们》《狂野的女人们不会闷闷不乐》和《卡丝塔女伶》）展现着处于孤独和渴望的状态中的个体，他们斜靠在床上，或者凝望着窗外，恰似霍珀笔下的那些经典形象，都是些囿于匮乏和封闭状态中的人。那幅优美的《迪特与郁金香》（Dieter with the Tulips）展现了粉状的灰色光线，纤薄的、有斑纹的花朵，还有他柔软的面部。强硬的莎伦把手伸进蓝色牛仔裤的束腰带里，她的下巴上黏着一小块石膏。还有那张躺在三张双人床中间的布莱恩，他身处一间位于1982年的墨西哥梅里达的肮脏、昏暗、几乎没有家具的旅馆房间里。

其他作品则跃向截然相反的一面，展现着人们交往甚至是集会的景象。在纽约的一间公寓的地板上，一个赤裸的男孩和一个近乎全裸的女孩躺在一张有污渍的床垫上接吻，他们的躯体紧贴着彼此，瘦长的腿相互交缠着，一只纤细的脚向上拢起，露出一只肮脏的脚底。还有穿着紫色的踝靴和红褐色袜子的南本人，她裸露着苍白的腿，跨坐在她爱人的胸膛上，他的双手轻轻抚摸着半透明的黑色女衬裤的边缘。抚触的可爱，交往的匆忙，简单的拥抱带来的快感，就像火岛沙滩上的布鲁斯和弗兰奇·克里斯坐在一条散布着星星图案的毛巾上所展现的那样。

然而，假若性是孤独的一剂解药，它本身也是疏离的一个来源，足以招致在《迷魂记》中将斯考蒂击倒的那种危险的力量。占有欲、嫉妒、执迷，难以忍受拒绝、矛盾的情绪或失去。《叙事曲》中最著名的一幅作品是戈尔丁的自拍照，摄于她当时的男友殴打她之后。她被打得很惨，几乎就要瞎了。她的脸上有一些瘀青，有的地方肿了起来，眼睛周围被打破了，皮肤变成了紫红色。她的右眼清澈，左眼却充着血，显出跟她抹了唇膏的嘴唇一样的猩红色。凝视着相机的她无论在谁看来都是一个遭到损害的个体，她在展现自己，记录着她自己的记忆，她将自己添加进入类肢体间上演的事件的档案里时的样子，并不如观察别人时那般情愿。

这是一种想要展现一切真实发生的事情的欲望，无论它们有多令人震惊，这种欲望根植于她的童年经历。她第一次见到沃纳洛维奇的时候，两人都住在东村，和他一样，戈尔丁也是在郊区长大的，从小就生活在一片沉默和否认的氛围中。在她11岁时，她18岁的姐姐在华盛顿市外的一处铁路上卧轨自杀了。"我见证了她的性欲和对它的压抑在她被毁灭的过程中所扮演的角色，"她写道，"因为在20世纪60年代，愤怒的、表现出性欲的女性是令人害怕的，她们处在可接受的行为的范围以外，让人感到别人难以对她们加以控制。"

和沃纳洛维奇一样，她把摄影当作一种抵抗的方式。2012年，在其中一版《叙事曲》的后记里，她声称："在我还是个小女孩时，我就决定为自己的生活和经历留下一份记录，没人能够重写或否认它。"仅仅拍下这些照片还不够，它们还必须被看见，被再度呈现给那些拍摄对象。有一次，偏偏是在Twitter上，我偶然看到一份手写的复印传单，印着她为《叙事曲》组织的一次限时幻灯片展览的广告，那是该系列最初的一次展览，发生在5月的某个夜晚，晚上10点，在8BC，那是一家开业于1983年的俱乐部，位于一间旧农舍的地下室里，当时的东村几乎被弃置了，一幢又一幢楼被焚毁，或被改建为打靶场。

1990年，《访谈》刊登了一篇戈尔丁与沃纳洛维奇之间的对谈，它与20年前安迪·沃霍尔最早在创办这本杂志时曾设想过的艺术家间的那种交流一样，涉猎广泛、亲密无间。开始的时候，他们坐在下东区的一家咖啡馆里，开玩笑地讨论着自己的枪乌贼肉的尺寸大小，接着他们惊讶地发现两人的生日只差一天。他们谈起自己的作品，探讨了愤怒、暴力、性欲和他们都想要留下一份记录的愿望。

《刀锋边缘》直到最近才得以出版，在他们的对话接近尾声时，戈尔丁问大卫，他最希望透过自己的作品实现什么。"我想要让某个人感到不那么孤独。对我而言，那是最有意义的事。"他说，"我认为这本书部分的意义就在于呈现多年来伴随着我成长而来的，深信自己来自另一个星球的痛苦。"过了一会儿，他又补充道："我们都能对彼此产生影响，只要我们对彼此足够敞开心扉，好让彼此感到不那么孤独就行。"

这段话恰切地总结了我对他的作品的感受。事实证明，恰恰是他那粗粝又脆弱的表达方式，为我自身的孤独感提供了如此大的慰藉：他甘愿承认自己的失败和忧伤，任由自己被触摸，承认自己的欲望、愤怒、痛苦，从情感上感到自己还活着。他的自我暴露本身就是孤独的一剂解药，当某人认定自己的感受或欲望是独特的、羞耻的时，他的举动就消融了由此而生的不同感。

他所有的文字总在不同的素材间来回游移，有些极度黑暗，充满了混乱，但其中总是奇特地为容纳光明、动人、奇妙保留的空间。他占据着一处开阔明朗之地，其自身焕发着美好的光彩，尽管他偶尔也曾怀疑自己是否只能重塑他曾见过的不堪。

同样，还有他自己的孤独感，他对那些与众不同的、立足于规范以外的人的信奉和兴趣。"我眼里的自己要不就是寂寂无闻的，要不就是看起来很古怪的，"他曾这样写道，"在这个世界上，在那些难以适应这个社会的人中间，或是在那些在普遍社会结构意义上不具备吸引力的人中间，存在着一条未曾言明的纽带。"他记录了上百次性行为，可能还不止于此，它们都见证着一种罕见的温柔。这种温柔被投向人类的躯体及他们的欲望，他们的特异之处，以及他们想要去做的事上。唯独在涉及高压统治或残酷的行为时，他才会表现出明显的敌意。

倘若要我从《刀锋边缘》里选择一段最打动我的话，我会选下面这段，它讲述的是大卫在码头上的一次邂逅。

> 在爱着他的时候，我看到男人们鼓励彼此放下戒备。在爱着他的时候，我看到小城的劳工们挖掘着其他男人终其一生要去填补的凹洞。在爱着他的时候，我看到石头建筑移动的影像，看到监狱里的一只手把窗台上的雪扒拉进去。在爱着他的时候，我看到宏伟的房屋拔地而起，它们很快又将滑入等候着的、躁动不安的海洋。我看到他将我从内心生活的静谧中释放出来。

我爱那段描述，尤其是最后那句话。我看到他将我从内心生活的静谧中释放出来。那就是理想的性爱，难道不是吗？你将借由身体本身，从身体的囚笼中被释放出来，你的身体终于成了被渴慕的对象，终于有人理解了它那独特的语言。

不真实的国度

　　租房子住，生活在其他人的物品中间是一种挺有意思的行为，有人曾在这里构筑过一个家，而今早已离开。我的床在一个平台上，上去的时候要爬三级非常陡的台阶，下来的时候又必须像个水手一样，倒退着往下行。屋子的尽头有一扇用木板围上的窗户，通往一个通风井，音乐和对话声会时不时地透过那扇窗飘进来，长久地萦绕在我耳边。我就像是卢克·桑特[1]在《低等生活》（此书是一段对旧时纽约魔咒般的记叙）里描述过的那种傻乎乎的房客一样。多年来，人们在那些房间里来了又去，留下唇膏和护手霜的罐子。厨房的碗柜里满是吃了一半的格兰诺拉麦片和瑜伽茶包，好几个月都没人给植物浇水，也没人擦去搁板上的灰尘。

　　白天的时候，我几乎不会在大楼里撞见任何人，可到了晚上，我会听见一扇扇门被打开、关上，人们在离我的床不过一两米的地方往来经过。住在隔壁的男人是个打碟手，一波波的贝斯声有的时候会不分日夜地穿透墙壁奔涌进来，噪声在我的胸腔里振荡。凌晨两三点，热气蒸腾着升上管道，发出当啷的声响。有时，就在破晓前，我会被消防车的警笛声吵醒，它们正要从东二街的消防局出发，这个消防局在"9·11事件"中失去了六名队员。

1　卢克·桑特（Luc Sante），美国作家、评论家。

我感觉一切都是可穿透的、被淤塞的，就像一间没有锁的房间，或是定期会被海水淹没的洞穴。我睡得很浅，经常爬起来查收电子邮件，接着就漫无目的地躺卧在沙发上，看着太平梯上方的天空从一片漆黑转为深蓝色，还有转角处的摩根大通银行。再过去几户有一个通灵人的门面，天气晴朗的下午，她会敲着玻璃窗叫我进去，无论我多么坚决地摇头都没有用。不要不好的消息，不要任何关于未来的启示，谢了。我不想知道自己会不会遇见谁，也不想知道未来有什么在等着我。

因为病痛或丧亲，精神疾病或持续不断的、难以忍受的悲伤和羞怯的重担，因为不知道该如何将自己强行嵌入这个世界，人们最终都会消隐在城市里，从视野中消失，退缩进自己的公寓里，而见证这一切的发生变得越来越容易。我已经尝到了其中的一丁点儿滋味，但要是一辈子都得像这样生活，在其他人的生活和他们喧闹的亲密关系里占据着不被看见的盲点，那究竟会变成什么样？

如果说有人是在那样的境况中进行创作的，这个人就是亨利·达戈，这位芝加哥看门人在去世后收获了全世界最知名的域外艺术家之一的名声。域外艺术家是一个用来描述那些处于社会边缘的艺术家的新造词，他们从未受过艺术或艺术史方面的教育，仅靠天分进行着自己的创作。

1892年，达戈出生在芝加哥的贫民窟，他无疑是生活在社会边缘的人。他4岁时，母亲生下妹妹没几天便死于产褥热，而妹妹也立刻被人收养了。他的父亲是个跛子。在他8岁时，他先是被送到一家天主教男孩之家去，接着又被遣送到专供智力发育迟缓的孩子生活的伊利诺伊收容所。在那里，他接到了可怕的消息，人们说他的父亲死了。17岁时他逃跑了，到市里的天主教医院找了份工作，在这个不稳定的避难所里，他把近60年的时间都花在卷绷带和清扫地板上。

1932 年，达戈在韦伯斯特街 851 号的一个供膳寄宿处的二楼租了个单间，这里属于城市里的破败的一处，是工人阶级的地盘。他在那里一直住到 1972 年，之后他病得太厉害了，没法照顾自己，只好不情愿地去了圣奥古斯丁天主教会医院，巧合的是，他的父亲也是在那里去世的。他搬出去后，他的房东内森·勒纳决定清扫房里累积了四十年的垃圾。他雇了个杂工，还叫来另一位名叫大卫·博格伦德的租客，让他帮他把成堆的旧报纸、旧鞋子、破眼镜和空瓶子拖出去，这都是一个潜心于废品收集的人的囤积物。

在清扫过程中的某个时刻，博格伦德开始找到一些画作，它们散发着近乎超自然的光辉：这些优美的、令人困惑的水彩画上画着裸体的小女孩，她们的身上都长着阴茎。她们在变幻起伏的景色里玩耍着，有些背景包含着迷人的、童话般的元素：长着脸的云朵，在天空中嬉戏的有翅生物。另一些则是经过精心设计的、描绘了大规模的痛苦景象的彩色画面，还有精心描绘的猩红色血池。博格伦德把这些画拿给勒纳看，后者是个艺术家，他立刻意识到了这些作品的价值。

之后的几个月里，他们发现了大量的作品，包括超过 300 幅绘画和上千页的手写内容。其中的大部分情节都发生在一个有延续性的异世界里，一个不真实的国度，达戈在那个世界里所投注的活力和热情远超过了芝加哥这座他日常居住的城市。很多人都过着一种有局限的生活，但达戈的内心世界所呈现出来的报偿性的广度和丰富性还是令人感到震惊。他是在 1910 年和 1912 年间的某个时刻开始写作有关"国度"的内容的，那时他已经从收容所逃了出来，但没人知道他就此考虑了多长时间，或是在心里构思了多长时间。《薇薇安女孩们的故事，在据称为不真实的国度里，因儿童奴役反抗而起的格兰德科 – 安格里尼亚的战争风暴》(*The Story of Vivian Girls, in What is Known as the Realms of the Unreal, of the Glandeco-Angelinian War Storm, Caused by the Child Slave Rebellion*）最终长达 15145 页，使其成为迄今为止存在的小说中篇幅最长的作品。

一如这个冗长的标题所预示，《不真实的国度》描绘了一次血腥内战的进程。战争发生在一个虚构的星球上，我们自己的地球就像一颗卫星一样围绕着它运行。和那场对应的美国内战一样，这场战争也是因奴隶制度而起的，具体来说，这是一场针对儿童的奴役。事实上，儿童所扮演的角色是这部作品里最引人注目的要素之一。当盛装的成年男人各据一方战斗时，七个幼女姐妹担当起了与邪恶的格兰丁利尼亚人对抗的精神领袖，而他们的诸多暴行的受害人都是些小女孩，她们通常都赤身裸体，展露着身上的男性生殖器官。

薇薇安女孩们拥有无穷的适应力。就像漫画里的女英雄一样，她们能承受任何程度的暴力，也能从每一次危险中逃脱。但其他孩子就没那么幸运了。无论是文字还是图画都生动地表明，"国度"是一个无止境的残酷之地，在铺满了巨大的浓艳花朵的花园里，赤裸的小女孩们被扼死，被钉在十字架上折磨致死，被开膛破肚，而这都不过是些例行公事，行刑的是那些穿着制服的男人。正是他作品中的这个元素后来为他招致了性虐待狂和恋童癖的指控。

那些年里，达戈还写过一部篇幅超长的小说，《疯狂的屋子：在芝加哥的进一步冒险》（*Crazy House: Further Adventures in Chicago*），这部小说同样也是一部自传和大量的日记。然而，尽管他有着如此惊人的创造力，他却显然从没想过要试着把它展示给其他人，去宣传或者谈及自己的作品，而始终将它们收纳在三间小小的寄宿房间里。如此一来，人们或许不难理解为什么当博格伦德前往圣奥古斯丁医院，去询问达戈关于韦伯斯特街的惊人的发现时，达戈会拒绝谈论它。他留下一句谜一样的话，"已经太迟了"，并要求他们把这些作品销毁。后来，他驳回了自己的话，说可以把它们留给勒纳保管。

无论如何，1973年4月13日，81岁的达戈去世时，他对于自己留下的这些东西，这些他在那么多年里如此费心创造的艺术品未置一词。由于达戈没有任何尚在人世的亲戚，勒纳和他的妻子担负起了在艺术世界鼓吹、宣扬、协调并提升达戈地位的角色，将他日益增值的画作卖给私人收藏家、画廊和博物馆。

很少有哪位艺术家的作品是在这样的情况下成批进入公众视野的，它们与创作者的联系被如此决绝地切断，而当其中的内容既令人感到不安，又让人无法对其做出阐释的时候，问题就变得尤为严重。达戈去世后的40年里，艺术史学家、学者、博物馆馆长、心理学家和记者们围绕他的创作意图和角色，慷慨激昂地阐述着各自的理论。这些观点毫无相似之处，但大体而言，它们都认同达戈是一个无可比拟的域外艺术家，一个未曾受过专业的指导和训练的、被忽视的、孤独的人，并且几乎可以肯定他患有某种精神方面的疾病。他作品中极端的暴力和一览无余的身体的本态，不可避免地招致了各种骇人听闻的解读。多年来，他已在身后被诊断患有自闭症和精神分裂症，而他的第一位传记作家约翰·麦克格雷格则毫不掩饰地指出，他的想法与一个恋童癖者或连环杀手无异，而这类指控在后来的日子里从未消失过。

在我看来，达戈生命中的这第二幕与第一幕中的孤独重合了：人们剥夺了他的尊严，盖过或淹没了他在极其艰难的处境中设法发出的声音。他创作的东西将其他人对孤独的恐惧和幻想转移开去，也避开了孤独潜在的病理学的一面。事实上，不少关于他的书籍和文章似乎都将重点投注在了我们的文化焦虑感上，围绕着孤独在心理上产生的后果进行探讨，而忽视了这位艺术家也是一个真实的、会呼吸的大活人。

事实上，这样的解读方法令我感到尤为焦虑，我渐渐沉迷于一个念头，那就是我想要了解和阅读达戈自己未出版的回忆录《我的一生》（*The History of My Life*）。其中的某些章节曾在其他场合刊登过，但它从未以完整的面貌出现过。这是另一种形式的静默，尤其是在围绕他的生平已经出版了如此多的文字的情况下。

做了一番功课后，我发现这份手稿就在纽约，和达戈的其他文字作品及很多画作收藏在一起，属于美国民俗博物馆在20世纪90年代购自勒纳夫妇的收藏品中的一部分。我给馆长写了信，询问我能否前去拜访，她同意了，许诺给我一周时间（那已经是最大限度的特许了）去阅读他的手稿，阅读那些他曾真实使用过的、用来记录他在这世上痕迹的文字。

· · ·

档案馆位于一幢靠近曼哈顿桥的巨大办公楼的三层，要走过一丛闪亮的白色走廊的迷宫才能到达那个房间。这里还兼做暂时不展出物件的储藏室，因而我坐的书桌被一个忧郁的木头动物园给包围了，这些木质动物都被裹在白色的单布里，其中包括一头大象和一只长颈鹿。达戈的回忆录被存放在一本棕色的皮质活页夹里，这个活页夹的边角处都破损了，里面塞满了脏兮兮的蓝条纸。起先是一页又一页摘自《圣经》的句子。最后，在第39页上，出现了"《我的一生》亨利·约瑟夫·达戈（达戈利亚斯）著，写于1968年"的字样。当时他已经退休了，手头有大把的时间亟待消磨。

并非每个人的写作风格都是独特的、立即就能分辨出来的，但达戈的文字就是这样。他的文字精确，带有学究气、幽默，晦涩且非常枯燥。他在回忆录的开头写道："4 月 12 日，1892 年，我从未确切得知那是一个星期中的哪一天，因为从没有人告诉过我，而我也从未去寻求过这方面的信息。"这个句子最怪异的地方在于开头处似乎少了几个字，因此阅读的人只能推测这是达戈的出生日期。这无疑是一处意外的遗落，但它也起到了警示读者的作用，提醒他们将要进入的是一段不连贯的叙述。

达戈对其童年初期的叙述比我想象的更为温和，部分是因为他略去了母亲的死，转而将重点放在他与父亲的关系上。他们的确很穷，而且亨利确实肩负着沉重的责任，当双亲病重时，这样的责任总会不可避免地落到孩子们身上，但他们的生活并非全无乐趣。"我父亲是个裁缝，也是个善良、随和的男人。""哦，他能煮出多棒的咖啡啊。因为他的腿不方便，我会去买食物、咖啡、牛奶，还有其他补给物，我也会去做其他杂事。"

他对童年的回忆耐人寻味。从来没有"我们"这个概念，也从没有作为欢乐人群中的一员的感觉。相反，读者从中得到的是他作为一个外来者的印象，面对那些比他更弱小的人，他先是表现得像是个攻击者，接着又成了个保护者。在他看来，之所以会产生这种攻击行为，是因为他没有兄弟，又因为收养而失去了妹妹。"我从未了解过她，也没见过她，更不知道她的名字。要是我知道的话，我会把它写下来，而不是去推其他孩子，有次我还顶着弗兰西斯·吉洛的名字愚蠢地用指尖蘸着煤灰弹进一个小女孩的眼里。"

这一幕透露了很多信息，还有一次，他描述说自己表现得像个"刻薄鬼"，把一个两岁大的孩子推到地上，让她哭了起来。这一幕引发了人们的争论，他们认为达戈是个悲观主义者，要不就是个疯子。可谁在小时候不曾对同胞或陌生人施加过某种暴力行为呢？你只需要到游乐场坐上半个小时，就能看到很多儿童在行为上表现得有多暴力。

后来，一个转机出现了。他开始体验到对孩子们的一种深层的柔情，而那种感觉将会伴随他一生。"那时孩子们成了对我来说最重要的存在，甚至比这个世界还要重要。我会溺爱他们。在那时候，任何稍微大一点儿的男孩，甚至是成人都会去骚扰或伤害他们。"就是这样的言论引发了达戈是恋童癖的怀疑，尽管他显然把自己看作施虐者的反面形象，一个自任的保护者，守卫着纯真，随时留意着孩子们脆弱的、受到伤害的可能性。

这些污秽的纸页上描述的那个男孩的形象是聪颖而顽固的，他难以容忍不合情理的成人世界的构造。他在思想上早熟，知道那种被用来教导自己的机械方式的失败之处，并且有一次曾向一名老师解释文明的历史是如何存在分歧并互相矛盾的。尽管达戈是个早慧的孩子，可他在学校并不受欢迎，按他自己的说法，那是因为他会用鼻子、嘴巴和喉咙发出奇怪的噪声。

他本指望自己的滑稽行为能逗乐他的同学们，但情况恰恰相反，他们感到气恼，说他是个疯子、低能儿，有时还会试着痛打他一顿。他还有另一个古怪的习惯，那就是用他的左手做出抖落的姿势，"假装那是在下雪"。看到这个动作的人都以为他疯了，而他说要是他能意识到他们这么说的原因，并且考虑到那些说他是疯子的指责很快会给他带来的可怕的后果，他就不会在公开场合那么做了。

当时，他父亲已经把他交给一个名为"我们女士之家"的教会里的修女照看，那是一个让他深恶痛绝的地方，于是他逃跑了，但他要是能先想想"到哪个别的地方能被照顾"就好了。他只有 8 岁，除了会买东西和跑腿以外，他只是一个知道自己需要成年人保护的孩子。他的父亲和教母都来探望过他，但似乎没有让他回家的可能。

在教会的最后一年里，他因为自己的怪异行为被带去看了好几次医生，后者最终告诉他，他的心脏不在正确的位置上。"它应该在哪儿？"他讽刺地写道，"在我的肚子里？可我也没有得到任何药物或医学治疗。"相反，在11月的一个阴郁的日子里，他被推搡着赶出了芝加哥，坐着火车去了某个被他称为专门收治智力低下儿童的处所。几十年后，他依旧为此感到愤怒。"我是个迟钝的孩子。可我知道的事情远胜于那地方发生的一切。"

在最新出版的达戈传记《亨利·达戈，被丢弃的男孩》(*Henry Darger, Throwaway Boy*) 中，作者吉姆·埃利奇提出了一系列有力的真实证据，其中包括一桩案件，证明了那个收容所里骇人听闻的境况：孩子们被强奸、窒息和挨打，那都是家常便饭，死去的同住者的身体部位被用于解剖学讲座，一个男孩阉割了他自己，一个小女孩被烫死了。

达戈自己的讲述中丝毫没有提到这些恐怖的过往。"有时情况挺不错的，有时则不然。"他说，"最终我还是喜欢上了那个地方。"当然，这并不意味着他不曾受过虐待。这份言简意赅的叙述或许是克己主义别无选择的表现，或是因暴力而导致的麻木，因害怕和羞愧而导致的疏离和静默。但或许又不是那样，针对这些缺失的描述的说法太多了。人们太过强烈地想要填满亨利故事中的空缺。那是一个残暴的地方，而他在那里，那些事情也都是事实，是有限的已知的事实。

在这里，我必须就时间说上几句。如大卫·沃纳洛维奇对自己童年的回忆一般，达戈记叙中的时间概念也通常是模糊的、不确定的。他的行文中有很多类似的句子，"我不记得跟父亲生活在一起时具体的年份了"，或是"我记得我在收容所待了7年"。这种间或的不确定性是过多的迁徙和过少的解释带来的后果，与缺少悉心照料的家长也有关系。本该由他们向孩子讲述他们的经历，帮助他们对自己的过往、自己的住所做出判断，从而建立起孩子们的记忆。就亨利而言，没有人帮助他记住自己的身世，没有回忆的介质，也没有对自己过往的掌控。在他所栖身的世界里，事情突如其来、毫无预警地发生在一个人的身上，这大大地削弱了生活在其中的人对"未来是可预判的"这一点的信念。

举例来说，当他"稍微大了一点儿，可能是在10岁出头的时候"，亨利被告知他的父亲去世了，现在他要彻底听从这个机构的摆布，再也没有一个家庭了，也没有家人了。"但我没有哭，也没有流泪。"他写道，他仿佛就是牧羊人的手杖，"我陷入了某种沉痛，那感觉如此糟糕，你或许能感受到，而我却不能。要是我能有所感觉的话，我可能会好过一些。有好几周我都陷在那种情绪里，并且因为那样，我自然而然地呈现出一种不堪入目的状态，导致每个人都避开我，他们太害怕了……在悲痛的早期阶段里，我几乎什么都没吃，对任何人都不友好。"接连不断的失去导致了他不断地向自己的内心世界退却进去。

就像时间一样，家也是一个扑朔迷离的主题。在人们称之为"精神病院"的那个地方度过的暑假里，大一点儿的男孩们会被要求到一个国营农庄去工作。亨利喜欢劳动，但他讨厌离开收容所。"比起农庄，我更喜欢那里，可是我又喜欢在农庄里工作。但是收容所就是我的家。""可是"和"但是"，这是他将那些相互矛盾的念头联结起来的方式。

事实上，尽管他喜欢农庄里的饭食，热爱在田野里工作，深信管理农庄的那家人是非常好的人，他还是尝试逃跑了几次。第一次尝试逃脱时，他被农庄里的牛仔逮住了，后者把他的手用绳子拴上，让他一路跟在马后面跑了回来。在虞琳敏精彩的达戈纪录片里，这一幕被生动地重现出来。很难想象有什么可以用比这更为冷酷的呈现方式去展现你生命中的弱势时刻，呈现你被更强悍的力量鞭挞和拖拽着向前的状态。

但他并未因此而受挫，又再次尝试逃跑，扒上了一辆开往芝加哥的货运火车。在一场骇人的暴风雨后，他没了勇气，向警方自首了。"促使我逃跑的是什么？"他在回忆录里自问自答，"这是我对被收容所送走的抗议，我想要待在那里，基于某种原因，那里就是我的家。"

· · ·

我习惯在午餐休息时一路走到滨水区，坐在河边。在人行大道上有一座旋转木马，那是一样真正美好的事物，用餐时，我能听到孩子们坐在栗色、黑色和赤褐色的涂漆木马上转得头晕目眩的尖叫声。坐在那里的时候，达戈关于收容所的那句话牢牢地占据了我的脑海，让我感到不安。

"对我来说那就是家。"这句话切中了孤独研究中的一个中心问题：依恋理论。依恋理论是由英国精神分析学家约翰·鲍尔比[1]和发展心理学家玛丽·爱因斯沃斯[2]在20世纪50—60年代建立并发展的。该理论提出，孩童需要在幼儿期和童年初期与一名照看者形成稳固的情感纽带，这个过程将会对他们之后的情感和社会发展有所助益，而倘若这种依附关系被破坏，或是没有得到足够的发展，则可能会造成持久的影响。

这听上去似乎像常识一样简单，但在达戈的童年时代，从精神分析学家到医院医生，各类健康看护提供者都抱有一种共识，似乎孩子们所需的全部照料就是无菌的环境和稳定的食物供给。当时的权威观点认为，温柔和身体表达的爱意会在很大程度上妨害成长，甚至有可能毁掉

1　约翰·鲍尔比（John Bowlby），英国精神分析学家。

2　玛丽·爱因斯沃斯（Mary Aainsworth），美国心理学家。

一个孩子。

在现代人听来，这种说法似乎荒唐可笑，但驱使它的却是一种真诚的、帮助儿童生存下去的愿望。19世纪的儿童死亡率曾达到一个骇人的高度，尤其是在医院和孤儿院这类机构里。一俟人们了解了细菌传播的问题后，通过减少肢体接触、将床榻移开和尽可能限制孩子与父母、工作人员及其他病患的互动来保持卫生，就成了备受青睐的照料儿童的做法。尽管此举确实有效减少了疾病的传播，但人们将要经过几十年才能正确理解它所导致的意想不到的后果。

在此类新近构筑的无菌环境下，孩子们仍旧没能茁壮成长。他们的身体状况更健康了，可他们还是日益消瘦，尤其是那些婴儿。他们被隔绝开来，得不到抚触，经历着一波又一波的悲痛、愤怒和失望的发作，最终消极地屈从于他们的处境。这些孩子表现得拘谨、礼貌、冷漠，在情感上有所保留，他们的行为让他们很容易被忽视，使其进一步深陷在严重的、难以言表的孤独和疏离之中。

作为一项学科，当时的心理学也尚处于萌芽阶段，大部分从业人员不是拒绝正视这个问题，就是没法看出它的存在。毕竟那是行为心理学家B.F.斯金纳[1]的时代，他认为婴儿们应该被放在盒子里养大，避免受到母亲污染性存在的影响。在那一时期盛行的还有美国心理学会主席约翰·华生[2]的理论，该理论鼓吹应该在清洁卫生的营地里依据科学的准则抚养幼儿，远离溺爱的双亲带来的有害的影响。

尽管如此，在美国和欧洲的执业者中也有一些人（包括鲍尔比和爱

1　B.F.斯金纳（B.F.Skinner），美国行为主义心理学家，新行为主义的代表人物，操作性条件反射理论的奠基者。

2　约翰·华生（John Watson），美国心理学家、行为主义心理学的创始人。

因斯沃斯、雷诺·施皮兹[1]和哈利·哈洛[2])有一种强烈的直觉,认为这些在机构中长大的孩子所承受的是孤独的痛苦,而他们渴望的是爱,尤其是来自一个固定的、不变的看护人充满爱意的身体接触。他们开始在两地的医院和孤儿院开展研究,但这些研究都被摒弃了,因为它们的研究范围太小,太容易被曲解。直到哈利·哈洛在 20 世纪 50 年代末做了那个为人诟病的恒河猴的实验后,爱的问题才得以被正视。

任何看过哈洛的恒河猴照片的人都会意识到那是一个多么令人不安的实验。实验中,小猴子们紧抱着铁丝网做的模型,或是在单独的房间里挤成一团。该实验的落脚点介于科学的有效性和道德的憎恶感之间。对哈洛来说,改善人类儿童受到的对待才是至关重要的,在他看来,猴子们只不过是在一场更大的战役中受到了连带的伤害。和鲍尔比一样,他所要尝试证明的是情感和社会联系的重要性。他的不少发现都与当代孤独研究的结论相符,尤其是孤独会削弱社会交往的纯熟度,其自身也会诱发更严重的抗拒的情况。

1957 年,他在威斯康星大学展开了最早的一批依恋实验。他将幼儿期的恒河猴与母猴分开,为它们提供了一组替代品,一个是用铁丝网绕成的,一个则包裹着软布。在一半的笼子里,铁丝网母猴的胸口处安装着一个奶瓶,而在另一半笼子里,研究人员给软布母猴配上了同样的装置。根据当时的主流理论,幼猴本该选择提供食物的替代物,可实际上它们全都对软布母猴表现出了明显的倾向性,无论"她"是否能够提供牛奶,幼猴都会紧紧地依附在"她"身上,它们只会冲到铁丝母猴那里去吸几口奶,接着又立刻跑回软布母猴那里。

1　雷诺·施皮兹(Rene Spitz),奥地利裔美国心理学家。

2　哈利·哈洛(Harry Harlow),比较心理学家。

接着，哈洛评估了幼猴面对几种不同压力时的反应。他将另一组幼猴放在铁丝母猴或软布母猴身边，接着放进了一只吠叫的玩具狗和一只会敲鼓前行的发条熊。面对这些突然出现的可怕东西，相较于那些拥有更令人安心的软布母猴的实验对象，身边只有铁丝母猴的小猴子表现出了更大的恐惧。

这些结果与玛丽·爱因斯沃斯稍晚一些得到的实验结果相符。她在20世纪60年代初期研究了孩子们应对压力和恐惧的环境（也就是所谓的陌生情境方法）的能力是如何依据他们的依恋安全感而变化的。爱因斯沃斯得出了至今仍在使用的分类法，制定了安全型和非安全型依恋之间的界线，后者又被进一步划分为矛盾型和回避型依恋。一个处于矛盾型依恋关系中的孩子因母亲的不在场而感到压力，并透过一种混杂了愤怒、渴求接触和被动顺从的情绪来表达自己的感受；而一个处于回避型依恋关系中的孩子则会抑制自己的反应直到母亲回来，掩盖自己的悲伤和恐惧的紧张感。

这些实验共同揭示出婴儿需要一名依恋对象的强烈程度。然而，哈洛对他的工作仍然感到不满意，认为自己的实验结果还不够明确。在下一阶段的实验中，他设计了四个所谓的"怪物母亲"。每个替代品都有令人安心的软布身体，但它们也被分别安上了黄铜尖钉或空气鼓风机，使它们能够突然放电，或是猛烈地摇动，你甚至能听到小猴子的牙齿打架的声音。尽管幼猴们感到不适，但它们还是紧抱着这些母猴的替代品，愿意用痛楚去交换它们对情感的需求，得到某些柔软的、可以依附在其上的东西。

在阅读达戈笔下对收容所的爱的话语时，我不断想起这些怪物母亲的画面。哈洛实验严酷的真相揭示了孩子对依恋的需求远胜于他们自我保护的能力。那些饱受虐待的孩子恳求着要跟暴力的父母待在一起，这也同样明显地证实了这一点。"我说不清我是否真的为逃离那个国营农场感到抱歉，不过现在我明白了，傻瓜才会那么做。"达戈在他的回忆录里写道，"我在那儿的生活就像是在天堂里一样。你觉得要是我到了天堂，还会像个傻瓜一样逃跑吗？"在他自己的时代里，天堂竟然是一个孩子们时常挨打、被强奸和遭到虐待的地方。

然而，除了怪物母亲，哈洛的其他实验也能被用来阐释达戈生命中的一个关键方面。20世纪60年代末，在赢得国家科学奖章后，哈洛又重新把注意力转向了母性关怀的方面，试图研究在幼儿没有任何社交的环境中会发生什么样的情况。他逐渐意识到除了与母亲的依恋关系，还需要一系列不同的关系才能培养出一个在社交和情感方面都健全的孩子。他想要弄清楚社会交往在幼儿发展过程中扮演的角色，并观察强制施加的孤独体验会造成什么样的后果。

在第一轮骇人听闻的隔离实验中，他把新生的恒河幼猴放置在孤立的隔绝环境里，有些待了1个月，有些待了6个月，还有些则长达一整年。就算是被监禁时间最短的小猴子，在被放出来后也表现出了情感方面的不协调，而那些被圈禁了一整年的幼猴则无法去探索外界，也不能发展性关系，只能不断地表现出某种重复的行为模式。它们挤成一团、舔舐和紧抱着自己。它们要么表现出很强的攻击性，要么退缩在一旁。它们摇摆着，或不停地来回移动，吮吸自己的手指和脚趾，维持着固定不变的姿势，或不断地用手和手臂做出古怪的手势。这又一次让我想起了亨利：他也会强迫症般地发出噪声，不断地用左手做出重复的动作。

哈洛想看看，当这些之前处于隔绝状态的个体被引入一个群体的环境中后又会发生什么。其结果是灾难性的。一旦这些猴子被放置到与其他猴子共享的封闭环境中，它们总会不可避免地遭到欺凌，而某些猴子则会挑衅地接近体格较大的同类，哈洛称之为自杀性进犯行为。实际上，实验的结果太过糟糕，有些实验对象不得不被重新隔离起来，以免被其他猴子杀害。在哈洛的《人类的模式》（*The Human Model*）一书中，描述这些实验的一章的标题是"孤独的地狱"。

倘若这些现象只会出现在恒河猴身上就好了。然而，人类同样是社会生物，对于那些不能轻易融入群体的个体，他们也会表现出驱逐的倾向。那些缺乏社会适应性的人、那些没能得到关于爱的训练的人，他们不懂得如何去玩耍和融入，不懂得如何参与到其他群体中去，也不懂得如何在社会中安置自己，这些个体更容易遭到驱逐和排斥（看到这里，你也许会想起瓦莱丽·索拉纳斯，在她刚出狱的时候，街上的陌生人都会朝她吐口水）。对我而言，这是哈洛工作中最令人不安的一面：它揭示了一个现象，即在某个个体体验过孤独的处境后，无论是那个受到损害的个体还是健全的社会，都会协同一致地维持那种隔绝的状态。

更近一些的研究，尤其是针对被欺凌的孩子们的研究表明，社会所排斥的通常是那些被认定为太具攻击性或太焦虑和孤僻的对象。不幸的是，恰恰是因缺乏安全感或足够的依恋关系，或因为源自生命初期阶段的孤独状态，个体才会表现出焦虑和孤僻的倾向。这项研究结果的实际意义在于，那些在依恋方面经历过问题或困难的孩子比他们的同龄人更有可能遭到排斥，也更有可能形成孤独和孤僻的行为模式，而那可能会一直延续到他们成年以后。

这种模式同样也伴随了达戈的一生。他在童年时期曾承受过的缺失和匮乏恰是那些会对依恋关系产生损害的东西，并会造成长期的孤独。随之而来的就是毫无新意的、令人生畏的循环：过度警觉、日益加重的防卫意识和猜疑。在他的回忆录里，通篇都能让人察觉出这样的语气。他不断地回溯着与过去生命中那些人的不和，回忆着他们是如何欺骗他、让他失望的。"我恨那些对我非难的人，我本想干掉他们的，但我不敢。我从来都不是他们的朋友，我一直是他们的敌人，无论他们现在是死了还是活着。"这段话给人的印象是某个严重缺乏社会适应性的人写下的，一个总在被挑剔、被排斥或受到欺凌的人，一个被锁进自我打击的循环中的人，总是活在猜忌和不信任里，而他所经历的任何实质的社会孤立状态或人际关系的破损都会加重这个循环。

然而，精神分析学对孤独的解释忽略了一个方面，即由社会本身所施加并维持的驱逐行为，拒绝那些笨拙的、怪异的人的存在。这是孤独背后的另一个动因，为什么通常是那些最脆弱的、最需要与人交往的人会发现自己永远处在社会的边缘上，即使他们不曾被彻底推出界外。

· · ·

达戈回到芝加哥定居后，在市内的天主教医院找了份工作。看门人是个艰苦的、没有间歇的工作。漫长的工作日，没有假期，只有星期天下午休息——当然，在大萧条的那些年里，这是种再寻常不过的工作状态。他一直干了 54 年，中间曾短暂地被征去当兵，很快又因为他糟糕的视力被准许退伍。他的工作内容一直都是些低微的活计：给土豆削皮、在热得要命的厨房里洗罐子或刷碟子，在芝加哥极度炎热的夏天里，情况变得难以忍受，有一次他因为中暑衰竭而病了好几天。更糟的是把垃圾运走去焚烧的任务，这是一项繁重的工作，尤其在冬天，那时他经常饱受严重感冒的折磨。

在那些年里，一个"特别的朋友"让达戈得到了些许安慰，也让这些工作变得可以忍受，他名叫威利（达戈坚持这样拼写，尽管他本来的名字应该是威廉姆·施罗德），在圣约瑟夫和格兰特医院工作的那些年里，达戈每天晚上都会去拜访他。威利是城里的一个守夜人，达戈没说过他们是怎么认识的，但随着时间的推移，他们变得足够亲近，他认识了威利的全家人：姐姐和姐夫们，侄子和侄女们。他们一起创立了一个他们称之为"双子座社团"的秘密社团。这个社团致力于保护孩子们，达戈为这个社团创作了不少有趣的书面作品，这也驳斥了从没有人见过他的艺术创作的观点。

1956年，威利的母亲去世了，他卖掉了房子，和姐姐凯瑟琳娜一起搬去了圣安东尼奥，3年后他死于亚洲流感[1]。"5月5日（我忘了是哪一年），"达戈写道，"自那件事发生以来，我再没有其他人了。自那以后，我再也没有因为谁而大惊失色过。"（原文如此。）医院不让他休假去参加葬礼，后来，他再没打听到凯瑟琳娜的去向，尽管他认为她可能去了墨西哥。

在回忆录里读到关于威利过世那一节后的几天，我翻看了一本收藏信件的薄薄的文件夹——大部分是写给神父和邻居的便条，从中我发现了一封达戈写给凯瑟琳娜的信。日期上标着1959年6月1日，开头是一段合乎惯例的表达哀伤的致意。"我亲爱的朋友凯瑟琳娜小姐，当然（我）感觉很不好，非常令人痛心的消息，我亲爱的朋友比尔[2]，死于5月2日，我感觉自己像是迷失在了一片空旷之地。"

接下去的一长段文字讲述了一个没打通的电话，以及人们把他和他工作的厨房里的另一个亨利搞错了的事情。"你为什么不往我住的地方打电话？"他痛苦地问道，"那样我就会知道了，可能的话，你就能在葬礼上见到我了。"因为他休了病假，整整三天后，他才得知这件事。他为没能更早些写信而道歉，"因为他的死讯让我心绪不宁，受了惊扰。

1　亚洲流感是一种最初于1957年在中国爆发的流行性感冒，该病随后在同年传遍全世界，一直持续到1958年，因首发地为亚洲而得名。

2　比尔是达戈对威廉姆·施罗德的昵称。

他对我而言就像兄弟。现在对我来说再没有什么是重要的了，我将就此以我的方式度过我的一生。"他承诺将会做一场弥撒，还要求得到一张照片或别的东西来纪念威利。他表达了希望她能得到慰藉的愿望，并补充道："失去让人难以接受。对我而言，失去他无疑就是失去了我所有的全部，对此我很难承受。"

这封信上盖着"退还"的邮戳。凯瑟琳娜已经消失了。这段最后的人际关系结束后，达戈再没交过其他朋友。他的世界变得彻底地空无一人，或许这就是他那句奇特的"我将就此以我的方式度过我的一生"的意思。几年后，他在1963年的冬天从医院退休了，时年71岁。他腿上的疼痛变得越发严重，跛得更厉害了，间歇性发作的剧烈疼痛让他无法站立。还有体内的疼痛，以至于有时他会坐上几个小时，咒骂着神明。有人或许认为退休是件幸事，可他说自己痛恨"懒惰的生活"，痛恨没有工作去填满空虚的时日。他更频繁地去参加弥撒，长时间地在社区里游荡，搜寻可用的垃圾，尤其是线和男人的鞋子。

在外界看来他似乎变得愈加怪异、不合群。有很多关于这方面的证词，大多数都是从韦伯斯特街的其他住户那里收集来的。他躲在自己的房间里，人们能清楚地听见他在自言自语：无论是他记录在回忆录里的亵渎神明的咆哮，或是与生命中过去那些人的对话，他自己扮演着对话的双方，进行漫长的、愤愤不平的争论。

《我的一生》对了解达戈生命中的这段时期并没有过多的帮助，因为从这本共5084页的书的第206页起，它就从一本自传变成了一个极端冗长的、杂乱无章的故事，讲述一场名为"甜心派"的台风，以及它所造成的恐怖的破坏。他生命最后几年里的日记为他的退休生活提供了更具象的说明。这些日记记叙的都是些简洁、重复的事件，证实了他那从表面看来狭隘的、受限的生活轨迹。"4月12日，星期六。我的生日。

和星期五一样。记录过去。没发脾气。""1969 年 4 月 27 日，星期天。两场弥撒和圣餐。吃了热狗三明治。寒冷让我感到绝望。下午早早地上床了。""1969 年 4 月 30 日，星期三。还躺在床上，因为严重感冒。今天很冷，今晚又变得更糟。感冒痛苦地折磨着我。没有弥撒或圣餐。没有记录过去。"

也难怪圣文森特教区的托马斯神父不安地观察道："他比我想象的更无助。"这是一份记录着匮乏的文档，除了教会以外，其中再没提到过其他的朋友或社交活动。有时他的确会跟邻居们有些交往。在档案中收录的几封信里，他请大卫·博格伦德帮了几个小忙，包括让他帮忙拿把梯子，或是在圣诞节时送来"我最需要的东西"，一块象牙肥皂和一大管高露洁免刷剃须膏，为表达对这些礼物的谢意，他给大卫送去印着伤感诗句的卡片。博格伦德和他妻子还在亨利生病时看护过他，尽管他并未在自己的记叙里提到这件事。然而，除了这些邻里的介入，亨利鲜少与他人互动，他的内心被一股狂热的情绪占据着，尤其是愤怒。

最后一条日常记录发生在 1971 年的 12 月末。达戈有一阵没写过东西了，他患了一次严重的眼部感染，为此他需要接受一次手术，这妨碍了他的记录。在康复阶段他不敢外出，而是一直待在床上，忍受着他憎恶的懒散。这时的他听上去既可悲又惊恐。"我经历了一个糟糕的、一个非常糟糕的、完全不像圣诞节的日子。我这辈子从没过过一个像样的圣诞节。"之后他又补充道，"我很痛苦，但可幸的是我并没有复仇的念头。"然而，对于未来，他抱持着焦躁不安的怀疑。"只有上帝知道。今年是非常糟糕的一年。希望不会再有今年这样的情况。"最后一句话是"事情会变成什么样？"，接着是一道破折号。这是一种对悬停的表达，可能是对时间而言，也可能是在表示怀疑。

・・・

我在档案室里所坐的桌子面对着一排金属架子，上面堆着 114 个深浅不一的暗黄色和灰色的盒子。它们的样子很乏味，就是办公用的盒子的样子，是那种你会用来保存会议记录或账目的东西，但实际上它们装着的却是达戈秘密生活的证据，这就像这位艺术家本人一样，仅在生平记录里才附带提及自己是一个世界的缔造者。("更糟的是，现在我是名艺术家了，已经好多年了，我几乎没法站起来去画大幅作品的上端，因为我的膝盖的疼痛。")

作为一名艺术家，他完全是自学成才的。尽管他有着杰出的构图天分，在很小的时候就喜欢涂色，但他始终认定自己不会画画。很多艺术家都对徒手作画感到抵触或不舒服，坚持按自己在画布上画出的线条的样子去创作。有时这是想要避免决定论，用杜尚谈论一幅随机创作的作品的话来说："所有技巧中高于一切的意图就是忘记手的存在。"

这样的意图在沃霍尔的作品中再度重现，尽管在绘画方面有着神奇的天赋，他却始终想抹去人为创作的痕迹，转而偏向机器创作，尤其是想要那种丝网印刷过程中会产生的不确定的偶发结果。其他人只是单纯地怀疑自己的能力。每当大卫·沃纳洛维奇被问起他是如何成为一名艺术家的，他都会说，当自己还是个孩子时，他会临摹一些图片，例如海洋全景图，或是盘旋在外太空的行星的图像，然后把它们当作自己原创的作品，拿给学校里的孩子们看。最终有个小女孩质疑了他，坚持要他在她面前徒手作画。令他感到惊讶的是，他发现自己可以画出来，在那之后，他关于绘画的焦虑就消失了。

达戈在那方面的恐惧从未真正减轻过，但和沃霍尔一样，他确实设法找到了某种避开线条画的方法，他也从将现世以外的东西作为艺术创作的对象中寻得了乐趣。然而，他是怎么做到这一点的呢？他是如何在没有接受过训练的条件下一幅又一幅地创作，依靠仅有的有限资源，专注于一件艰难持久的作品的呢？档案室的管理员自己也是一名艺术家，他在拿取不同盒子的间歇，向我解释了达戈的创作生涯，后者以自己勤勉小心的方式磨炼并形成了一种创作的习惯。

他会从找到的图片着手，有时把它们粘在卡片上，或者巧妙地对它们加以改造，主要是在图片上作画，加上帽子或衣服，或是简单地刺穿图片上形象的眼睛。接着，他会开始拼贴，把图片从报纸和杂志上剪下来，把它们粘贴成更复杂的组合。这种手法的问题在于，其中的每张图片都只能用一次，也就是说他必须得去寻找越来越多的原材料，不是在医院里，就是去垃圾堆里翻找。这是种原材料的浪费，同样也令人沮丧，不得不放弃一张心爱的图片，将它运用到仅仅一幅画面、一个场景里。

就是在这时，他开始对图片进行描摹。在描摹的过程中，他能够将一个形象或物体从它过往的情境中释放出来，几十次乃至上百次地重复使用它，借由复写纸的帮助将它嵌入到一系列不同的场景中去。这是一种实惠的做法，一个俭省的过程，还让他以一种剪刀未曾实现的方式神奇地占有了这些图像，先是把它转移到复写纸上，接着再透过复写纸掺入到画作里。他最喜欢的形象是一个寂寞的、提着水桶的小女孩，她把一只手指含在了嘴里。一旦你注意到了她，就会发现她一而再、再而三地出现在达戈的作品里，组成一幅绝望的痛苦和孤寂的画面。此外还有科普特女孩[1]，她往往以带着号角的形象出现，或是变形为达戈称之为"布伦吉"的带翼生物中的一个，远离她最先被创造出来的

---

1 科普特（Coppertone）是美国第一大防晒品牌，其品牌形象为一个小女孩带着一条小狗。

那个世界。

这类原始图片有上千张，一个又一个活页夹中装满了从填色本、漫画、卡通、报纸、广告和杂志上剪下来的图片，它们见证着对大众文化的痴迷。这让我又一次想起沃霍尔，他将这类普通的物件储存起来，改头换面，这种创作方式将在未来被纳入波普艺术的领域，而达戈从未提到过这个名词，也很可能从未看到过相关的作品。

尽管存在不少关于他混乱、无序的行为的传言，但在处理这些原始材料，并将它们以主题确立归类时，达戈显然表现出了一丝不苟的缜密：云朵和女孩的布景，内战、男孩们、男人们、蝴蝶、灾难的图片——实际上，正是所有这些无甚交集的元素共同构成了"国度"的世界。他把它们成叠地收藏在肮脏的信封里，用他自己特殊的字体标注着里面的内容："植物和孩子的图片""要画下来的云彩""特殊的图片，撑着手杖弯腰的女孩图片，还有一个正要惊恐地跳开的女孩的图片""某个人的手指支在一个女孩的下巴上，可能会描下来，可能不会"。他会在这些所谓的"特殊图片"中的一些上进一步标注"只画一次"的字样，仿佛多次的复制会剥除或耗尽它们神秘的力量。

1944 年，当他发现他能把图片转成照片底片，再走上三个街区，拿到距北霍尔斯泰德街的药店去放大后，他的创作变得越发复杂起来。放大为他的作品增添了复杂性，允许他在规模和布景上做出不同的尝试，利用前景和后景构建出复杂的画面，创造出运动的、渐渐远去的层次感。

其中一只盒子里塞满了从暗房里拿回来的信封，每只信封里都保留着原始的图片、底片和放大后的照片。收据也被保留了下来，它们从表面看来都是些小面额的发票，五美元、四美元和三美元五美分。达戈的一生中，年薪从未超过三千美元，而在退休后的十年里，他一直靠社会保险金生活。没有什么比一个人的花钱方式更能彰显他们优先看重的事情，尤其是在他们没有多少钱的情况下。尽管达戈用热狗当午餐，恳求邻居们送他肥皂当礼物，可他却花钱放大了246幅孩子、云彩、花朵、士兵、龙卷风和火焰的照片，因而让他能够将真实的美好和灾难纳入他不真实的世界里。

在档案室埋头工作的所有那些时间里，我意识到身后有一幅裹在布单里的画作。它的尺寸很大，至少有3.7米长，因此很难揣测达戈是怎么保存它的，更别提他是怎么在他的斗室里对着它工作的。在档案馆的最后一天，我询问管理员是否能看看它，于是他拉开了遮蔽物，让我得以看了个够。

它是由多种不同的材料和手法绘成的，包括水彩、铅笔、碳描和拼贴。在一张粘起来的纯白色纸张上，有一个手写的标题："这一幕展现了在布伦吉们从天而降前，残忍的大屠杀仍在持续。她们是如何来得如此之快，然而，那些被绑在树上的，或是木板上的，还有那些从正要谋杀她们的坏蛋那里逃跑的，或是被拯救的，飞向了永恒的安宁。"

和达戈的很多作品一样，这幅画呈现的也是一派田园景象，画面的部分是点染成一片可爱、协调的绿色丛生的树林。画上有一棵棕榈树、一棵垂悬着巨型葡萄的树、一棵苹果树、一棵开着大朵白花的浅色的树。前景里是从一丛藏红花中向外蔓延开去的一大簇花朵，那些藏红花如同蛇头一般从画布的底边向上伸展。

所有的树上都长着怪异的水果。画中还有被绑在树上的女孩、被吊在树上的女孩、被绑在木板上被鞭子抽打的女孩和尖叫着逃跑的女孩，她们的后面跟着一支由穿制服的士兵和牛仔组成的军队，一个人骑在马背上，其他人则在灌木丛里横冲直撞。有些女孩裸着身子，尤其是那些在树上的，尽管她们中的大部分都穿着袜子和玛丽珍鞋[1]。她们的头发被编成整齐得不协调的发辫，还绑上了丝带。着色精美的蝴蝶在她们周围飞舞着，飘荡在一片广阔的、玫瑰粉色的天空中。

那个拿着桶的女孩站在画面的正后方，同样穿着粉色的衣物，手指含在嘴里。"我得阻止这一切，"她透过漫画里的那种对话框说道，"但是该怎么做呢？就凭我一个人？"她并非唯一在说话的人。这是一幅掺杂了不少言语的画作。"我们只能救走一小部分人。其他人会逃脱的。我们会向我们飞在天空中的朋友们发出信号。"一个赤裸着蜷缩在画面左侧远端的女孩说。"让我们冲向那些谋杀者。"她的朋友回应道。不远处有两个牛仔在争吵，叫嚷着"我告诉你，她是我的，我不会放弃"以及"你放手，你放不放。我才是那个要吊死她的人，不是你。你要吊死的人还在跑着呢。"他们争夺着对一根绳子的控制，绳子向画面上方延伸着消失了，可能是绑在了一根看不见的树枝上。在另一边有一个被吊着的女孩，浑身赤裸，只穿着蓝色的袜子和鞋子，她的舌头从她暗紫红色的脸上耷拉了下来。

我在这幅画前站了很长一段时间，就它的色彩和布局做了详细的笔记。他将每张脸和每具身体的一半涂成深粉色，以此创造出三维立体感。他还画入了实线来分隔浅色与暗色。三个赤裸的女孩，只穿了袜子和鞋子。女孩的喉咙在肘弯里折断，红色的头发，紫红色的脸。深紫色、接近黑色的、与袜子相配的裙子。她踢着腿，膝盖和手隐没在叶子或是花丛里。其中一个女孩穿着更明亮的黄色，发辫上绑着白色丝带。

我开始感到有点头晕。树上有一只松鼠和一簇悬垂的葡萄。专注于

1　对绑带鞋的美式称法，尤指那些低跟、圆面、脚踝搭扣绑带式的鞋子，鞋子上有一条带子的圆头包脚高跟鞋都被称为玛丽珍鞋（Mary Janes）。

细节，避开它精心构建的暴力场面，避开它在同一时间流域中同时邀请和拒绝人们对它做出阐释的形式，以此避免自己被这幅画的压倒性力量所左右。一名金发的士兵伸出两只肉乎乎的手，一手一个捏着两个女孩的喉咙。他的制服上绣着金色的纽扣，他瞪大的蓝眼睛空洞地盯视着中间的距离，与他的身体动作完全失去了联系。

在这幅画里，痛苦无处不在，尽管并非每个人都能意识到这一点。事实上，这是对三种凝视的深入探索：愤怒的凝视、同情的凝视，还有无关痛痒的凝视。这是一幅对于流露在不同的脸上的痛苦和恐惧的图解。很难分辨究竟哪一类更令人不安，是痛苦挣扎的女孩们，还是面无表情、生硬笨拙的男人们。他们不理解自己正在引发痛苦，又或者他们并不在乎；面对他们对另一具身体、另一个有知觉和感情的存在造成的痛苦，他们无法意识到这一点，也不能形成共鸣。这样导致的后果就是混乱，一片由肢体、嘴巴和头发组成的混乱情形，这种混乱发生在一个无动于衷的国度，那里是所有战争的温床。

那么多年来，达戈独自在他的房间里都干了些什么？你可能会偶尔画一次类似那样的东西，但你能否想象自己一遍又一遍地重复这件事，将你的生命供奉给对暴力和脆弱的解析，探索它们所有不同的呈现方式。从这些本来无论如何都不想被人看见的作品中，你能发掘到什么意义呢？迄今为止的几个月以来，我都在搜集人们对此不同的回应，以及他们所采纳的不同的角度。

有一种说法深植在我的脑海里。它来自约翰·麦克格雷格执笔的传记，这显然是一部经过多年的专注思考和调查才写就的著作。尽管如此，其中的某些阐述仍然让我觉得难以接受。他想要摒弃那种认为达戈是个有意识的艺术家的观点。他认为达戈根本不是个艺术家，而是某个在精神上存在缺陷的人，而创作是他所表现出来的一种症状，是一种强迫的行为，与他那古怪的、看似是在抛洒雪花的手势一样毫无意义。

麦克格雷格写道：

> 这一连串没有终结的言语和画面……产自他的头脑，与他的身体日复一日清出的排泄物一般，源自同样不可避免的力量。达戈的书写源自内心必需的急迫的冲动……他的视角绝不会自发地或是有自主意识地自由呈现为创造性的选择。他的书面和图像的创作都是一种怪异的、强烈不可抗拒的精神状态的直接且不可避免的表现，这种精神状态远非正常。我们在他写作的内容中所检测到的独特的个人风格无疑是精神病的产物，甚或是神经方面的缺陷，这些缺陷都表现为在他一生中始终存在的异常行为。

我很难将那样的说法与我看到的东西等同起来：一个又一个的文件夹见证着创作的决定、做出的选择和解决的难题。要是我从未读过任何大卫·沃纳洛维奇的文字，或许我还更有可能接受这种说法。但要是你熟悉沃纳洛维奇，熟悉暴力和虐待的问题，也熟悉贫穷和羞耻造成的毁灭性后果，达戈的故事就会显得不一样了。沃纳洛维奇是他的作品勇敢的、雄辩的拥护者，他对于自己本身、对于他的创作动机和意图所说的一切，同样适用于其他很多方面。最起码，他的这些话应当让人们对敏感脆弱的或是被社会排斥的艺术家的作品，产生关于媒介、阶级和权力的疑问。

当你就那一点想到达戈或索拉纳斯这类人时，你无法不想到社会在这些个体身上施加的伤害，无法不想到类似家庭、学校和政府这样的机构，在任意一个被孤立的人的经历里所扮演的角色。假设精神疾病能够完全地解释达戈的作品，那么这种观点不仅犯了事实上的错误，也是一种道德上的过失，一项不仅残酷而且会引发误导的举动。在他所有的作品里，其中一样最令人感到哀伤的，也是最能表露他内心世界的东西，是他为"国度"所写的儿童独立的宣言。他为这些儿童选定的权利包括"去玩耍，感到快乐，去做梦，以及在夜里正常睡眠的权利，接受教育的权利，从而使我们能够获得同等的机会，去发展所有存在于我们的头脑和心灵里的品质"。

在他自己的人生中，他曾被赋予过其中的哪些权利？令我印象最为深刻的是"受教育的权利"。它强调了他曾受到的野蛮、粗率的对待。要摧毁一个人，你无须诉诸"国度"里所描绘的那些写实的暴力，只须碾碎希望，挥霍梦想，浪费天分，拒绝训练和教养一个有才干的头脑，而是把一个人圈禁在一座由作品组成的牢狱里，没有赞赏，也没有前景或希望，并且肯定无法发展那些存在于他们的"头脑和心灵"里的品质。就此而言，达戈设法创造出了如此杰出的作品，在他的身后留下了清晰的踪迹，这是如此杰出的成就。

麦克格雷格在达戈的作品中，看到的是一种难以抑制的、具有性别特质的引发痛苦的欲望。他认为达戈是在那些扼住、吊起和屠杀无力反抗的裸体女孩的男人身上找到了认同感。与其相反，其他评论家则提出他是在强迫性地复制自己遭受虐待的创伤性场景。也许两者都是对的，因为很少有某个举动是由某种单一的动机而生的。同时，这类观点排除了一种可能，即达戈是在对暴力进行一种有意识的、充满勇气的探究：它的呈现方式是什么？谁是它的受害人和施加者？以及那些更宏大的问题：承受这些痛苦意味着什么？是否有人能够真的理解另一个人的内心世界的存在？

在我看来，它们都是由一个立意坚决的人画下的作品，这个人一遍又一遍地看向施加在这个世界上的不同形式的伤害。2001 年，人们开始第一次严肃地看待这种可能性。克劳斯·比森巴赫策划的巡回展览《战争的灾难》(*Disasters of War*) 将达戈的作品与查普曼兄弟[1]和戈雅[2]的画作一同带入了公众的视野。那次展览将他置于艺术史的语境中，并非作为一个疯狂的外来者，而是一个勤奋的践行者，对暴力进行着想象的记录，这一直都是艺术家关注的创作主题。

在达戈档案馆度过的那段时间里，我看到好几则关于儿童虐待案件的新闻，以及关于大屠杀和人们谋杀自己邻居的图片。所有这些都是"国度"的组成元素，通往残忍和野蛮暴行的道路似乎永远没有尽头。事实上，从某个角度来看，他的作品完全是由真实存在的事件而非想象出来的东西所构成的。这些事件来自新闻报道或广告，是我们所处的复杂社会里令人向往和令人厌恶的部分。我们的世界是由具有性别特征的小女孩和全副武装的男人们组成的，达戈不过是想把他们放到一起，任他们自由地相互作用。

· · ·

当你从更广义的社会因素层面去考虑时，就连达戈的这些囤积物也会呈现出不同的样貌。在档案馆的限时研究结束几周后，我短暂地去了一趟芝加哥，到韦伯斯特街上的"直觉：域外艺术博物馆"，去看一个达戈的故居的复制品。房间比我想象的更小，被拦在一根猩红色的警戒

1　指杰克·查普曼和迪诺斯·查普曼，他们毕业于皇家艺术学院，获美学硕士学位，此后开始共同创作。查普曼兄弟着迷于一种粗犷的风格，通过他们的作品对恐怖和卑贱的道德边缘进行了探索。

2　弗朗西斯科·戈雅 (Franciso de Goya)，西班牙画家，在思想和技法方面全面打破了 18 世纪传统的绘画传统，美术史家通常认为近代欧洲绘画是从戈雅开始的。

绳后面。在我踮着脚尖、伸长脖子往里张望时，我以为管理人员会在一旁监视我的行动，可我没想到他们所做的是取下了挂钩，把我一个人留在那儿。

里面很暗。一切东西上都蒙着一层薄薄的黑色粉末，可能是炭灰或尘土。墙壁被涂成一种油棕色，挂满了达戈的画作，包括很多手工上色的薇薇安女孩们的肖像画。房间里放着成堆的书和剪剩的杂志碎片，还有一盒盒的切割刀片、画笔、纽扣、铅笔刀和彩色铅笔。但真正引起我注意的是两样东西：一张放着大堆颜料和蜡笔的供儿童使用的桌子，还有一只装满了脏兮兮的棕色和银色线团的洗衣篮。

那些会囤积物品的人往往在社交方面较为内向。有时，囤积会导致孤独，而有时它又能减缓孤独的感受，成为一种自我安慰的方式。并非每个人都会对物品的陪伴产生感情，屈从于将它们进行保存并分类的欲望，是将它们当作屏障，或是在丢弃和保留之间犹豫不决。在一个关于自闭症的网页上，我偶然发现了针对这一主题的讨论，其间有人将这种欲望优美地概括为："是的，囤积物品对我来说是个相当大的困扰，可我并不确定我是否将这些物品拟人化了。我似乎确实形成了某种忠于它们的情感，并且很难把它们丢掉。"

达戈显然也经历了类似这样的体验，然而物质上的匮乏也是必须考虑到的因素：他之所以囤积物品，既是因为他需要节俭地使用这些原材料，也是因为他的肉身被困在了自己所居住的空间里。除了那层灰尘和那些显眼的薇薇安女孩们（她们的瞳孔都被剜去了）的画片，这里给人的感觉不像是一个神经不正常的人的房间。它就像是一个贫穷的、富有创造力的、有不少想法的人的房间。这个人必须完全依赖自己，知道自己不可能从其他任何人那里得到任何东西，必须靠自己把它们从那些被弃置的、城市的残迹中收集起来。

他把铅笔一直用到光秃秃的程度，利用注射器把笔身延长，竭力用完最后一英寸。他在老旧的巧克力盒子里储存橡皮筋，用胶布把它们修好，而不是随手扔掉。他把植物倒进盖子里做成颜料，保存了一大堆这样的颜料却未曾使用，这或许是在把它们当作一种丰裕的象征，一种表示拥有和富足的姿态。它们都被整齐地贴上了手写的标签，有些是传统的颜色——玫瑰红、东方土耳其玉、淡紫、中镉红，有些则标注着更私人化的，或是带有双关含义的名称——"暴风云朵紫"或"七种不是天堂深绿色的颜色"。

空间的问题同样具有重要意义。对达戈产生影响的那些病理学修辞同样适用于身为芝加哥摄影师和保姆的薇薇安·迈尔[1]。和他一样，她也独自进行着自己的创作，从未给其他人看过她的照片，甚至经常不把她的底片冲洗出来。七十多岁时，她被迫住进了医院，不再支付得起储存她财产的保管箱的费用。按照处理此类事件的惯例，其中的物品被拍卖了，落入至少两名理解这般规模和质量的街头摄影档案的价值的收藏家手中。她的 15000 幅摄影作品被逐渐冲洗出来，进行展览、出售，如同达戈的作品一样不断获得更高的价格。当你想到艺术家本人是如此贫穷时，这个现象不禁叫人反胃。人们拍摄了两部关于她的纪录片，通过采访那些她曾工作过的家庭拼凑起她的生活轨迹。

所有这些人都谈到了她囤积的东西，说她一辈子都喜欢收集些没什么用的小玩意儿。我始终有种感觉，他们的反应部分是跟金钱与社会地位相关的，涉及谁有权拥有财物，以及当他们拥有的东西超过了他们的身份和地位通常允许的数量后会发生什么的问题。我不知道你会怎么

---

1 薇薇安·迈尔（Vivian Maier），美国街头摄影师，在做保姆的业余时间里拍摄了大量照片，以纽约、芝加哥和洛杉矶的人物与风景为主要拍摄对象。她的作品一直未被人发掘过，直到 2007 年的一场拍卖会后，她的作品才开始进入公众视野。

样，但要是让我把我所有的一切都放进他人住所的一个小房间里，我看起来可能就像个爱藏东西的人。尽管极度的贫穷或富裕都无法让一个人免于对大量财产的渴望，但面对任何看似怪异或反常的行为都值得一问：人们的看法是否源自被跨越的阶级的界限，而根本与精神健全无关？

尽管如此，那种认为达戈从未因他的过去受到伤害，也并非外部世界某种侵害的对象的想法是愚蠢的。我在档案馆里翻到的一件最不寻常的物品是一本中等尺寸的笔记本，上面的标签是："预言，1911 年 6 月—1917 年 12 月"。它看着像是本账簿，竖排的粉色栏里用小小的、难以辨认的笔迹写满了字。一旦我解码了这些条目后，我意识到它所记录的是与上帝进行交易的尝试，他要求上帝让事情按照他的想法在真实的世界里发生，要不就威胁在"不真实的国度"里让暴力降临到基督所在的安格里尼亚一方。这些威胁大多与丢失的手稿和画作有关，在达戈想象的战争中，倘若它们不被归还给世界，"国度"就将会遭到可怕的损失的报复。不过，有时它们也与现实问题相关，你可能会认为它们与"国度"的世界全无关联。

格兰汉姆银行垮台了。损失了大量的储蓄，或遭到威胁说将要造成损失。不可避免的损失……倘若这些钱在 1919 年 1 月 1 日前未被归还，薇薇安女孩或基督的国度都将遭受惩罚。不会有慈悲。

或是：

上帝必须让我获得拥有财产的方法，以便我能领养孩子，又不至于陷入无力供养他们的危险，唯有那样基督徒们才能得到拯救。

現在剩下的唯一的机会就是无论在何种情况下都没有其他人跟我竞争——情况如此严重，以至于手稿的进度都延缓了。

这种威胁般的交易始于达戈丢失的一张新闻照片，它拍摄的是一个被谋杀的孩子，艾尔莎·帕洛贝克。意识到这次无疑是灾难性的损失后，达戈开始了他与上帝的战役。他的某些抗议是在芝加哥的真实世界里进行的，例如在整整4年中拒绝去参加弥撒。但他的大部分抗争都是在"国度"的平行世界里进行的。他往战争中邪恶的格兰德尼里安一方派去自己的化身，即类似亨利·约瑟夫·达戈将军这样的自我变体。更糟的时候，他会倾斜战斗的天平，让格兰德尼里安人赢得一场又一场战争，折磨并杀害数十万的儿童奴隶，再把她们的身体切成碎块，于是方圆几英里的地面上都散落着人体器官，留下一派地狱般的景象：心脏、肝脏、胃肠。

上帝在看着吗？他怎么能转开视线呢？但或许他根本不存在，或是早就死了——达戈曾让其中一个虔诚的薇薇安女孩将这个噩梦般的、亵渎神明的念头诉之于口，她想到要进入一个空荡荡的天堂，住进一个没有其他生命体存在的世界，这个凄凉的念头让她抽泣了起来。倘若没有上帝，那达戈就真的陷入了彻底的孤独。他犯下暴行，成为一个永不停歇的屠杀者，所有这些为获取神圣之眼注意而做的事情，都是为了证明至少还有一个存在关注着他，从而感到他的存在是有意义的。

要为这份材料寻得意义并不容易，不仅因为它极端的暴力，还由于它模糊了真实与虚构的世界之间的界限，二者的意义被合并或融合了起来。"国度"里的战争是一种既可以宣泄暴力冲动又不会伤害任何真实人类的方式吗？倘若真是如此，那么这份材料所指的就是一种安全的虚构，一个受到控制的地方。从另一个角度来看，这本书里的威胁是否揭露了他的一个真实的信念，即认为发生在"国度"里的事件应该被纳入宇宙这个整体，以及它们真的能够改变上帝的心意。

根据达戈在 1930 年写的一篇记录来看，后者似乎才是正确的判断。他在一张纸上用打字机记录了一份类似自我采访的东西，内容是为何他想要收养一个孩子的愿望一直没能实现，而他已经为此持续祈祷了 13 年。从他的提问中显然可以看出，他并未做出任何实际的行动以实现这一目标。相反，他试图通过自己在"国度"里的行为强迫上帝插手这件事。"他威胁说要是他的愿望没得到回应就要让基督徒输掉这场战争，那跟这件事有关吗？"他问自己，但仅有的回答是一个模糊难解的字母 C。

这种举动显然不是人们平时所认为的精神正常的人的举动。它暗示了一种客体关系[1]的破坏，暗示了做出这一举动的人无法理解世界正常的运作方式，难以切实地区分内在与外在的世界，无法分辨自我与他人、想象与真实之间的界限。但在我看来这是完全能够理解的：一些在自己的生活中如此软弱无力又被孤立至此的人会开始构建一个报偿性的世界，其中充满了强有力的形象，所有混乱、激烈的情感，例如悲恸和渴望，可怕的愤怒，都能在这个世界里得到足够的释放。

创造"国度"的行为有否可能是一种健康的冲动？一种抑制和控制内心混乱、潜在威胁的精神失衡的方法？我忍不住要去想达戈是如何结束这本记录了自己一生的历史的回忆录的。他用上千页的篇幅讲述了一场龙卷风造成的破坏，这些大段的文字记录的仅仅是大规模的破坏，被野蛮的力量砸成碎片的东西，以及散落到远方的碎片。

1　客体关系理论（objectrelation）是心理动力取向的人格发展理论，主张人类行为的动力源自寻求客体。客体关系理论是在精神分析的理论框架中探讨人际关系，客体关系理论的重要假定是，自我与他人的关系形态一旦建立，就会影响其日后的人际关系。

精神会破裂成碎片，这是精神分析学家梅兰妮·克莱因[1]的孤独理论的中心理念。克莱因经常被人误解或嘲笑，人们认为她太过拘泥于理论，主张那套好乳房和坏乳房的论调[2]，但在弗洛伊德的所有后继者中，她是最善于想象精神的黑暗世界的人。她善于想象其间相互抵触的冲动，以及偶尔破坏性的防御机制。1963 年，哈洛把猴子们锁进了隔离的房间，克莱因则发表了论文《论孤独感》(*On the Sense of Loneliness*)。在这篇文章中，她将自己关于自我发展的理论应用到对孤独的情况的分析中去，尤其是"无视外部环境的孤独的感受"。

克莱因认为孤独并非一种对外来爱意的渴求，它同样还是一种被她称为"一种无从得到满足的完美的内在状态"的完整性的体验。之所以不能得到满足，部分是因为它建立在失落的、美好的婴儿时期的满足体验上，那一时期的个体无须言语就能被理解，部分则是因为每个人的内心图景都总是由某种程度上对立的客体、破灭和失望的不完整的幻想所组成的。

在克莱因的自我发展模式里，幼儿的自我是由分裂的机制所统治的，这种机制将他们的冲动分为好的和坏的，并将它们投射向外部世界。这种分裂源自一种对安全感的渴求，避免好的自我受到具有破坏性的冲动的侵害。在理想的情况下，幼儿将逐渐形成一个完整的自我（"逐渐"是一个至关重要的词语：在克莱因成熟的理论中，永远没有可能实现一个完全的、永久的完整自我），但情况并不总是理想的，将对立的爱与恨的冲动重新统一起来的这一痛苦的过程，并不总能得以实

1　梅兰妮·克莱因（Melanie Klein），奥地利精神分析学家。

2　客体关系理论有一个基本假设：婴儿即使是在刚出生时，也会拥有一种积极的幻想生活。这些幻想是潜意识本我本能的精神象征。它不同于意识层面的幻想，克莱因称之为无意识幻想（unconscious phantasy），她认为初生婴儿具有潜意识的"好"和"坏"的印象。"好乳房"使婴儿感到沐浴在爱中，它为婴儿提供食物，并转化成爱，而"坏乳房"会使婴儿感到自己受到了虐待，它导致的饥饿感让婴儿对它充满破坏性的报复幻想。

现。一个软弱的或被损坏的自我无法成为整体，因为它过于害怕自己会被那些毁坏性的感受压垮，这些感受令那些珍贵的、被小心保存的好的客体受到被损坏或彻底消除的威胁。

陷入克莱因称之为偏执分裂心理位置[1]这一儿童发展中的一个正常阶段的幼儿，对这个世界的体验就是相互对立的碎片，并发现自身也同样呈现为碎片化的状态。在这种状态最极端的情况下会发生一种严重的混乱状态，类似人们在精神分裂症病人身上看到的情况，精神中必需的部分被丢失或被驱散了，而世上那些多余的、受轻视的部分则会嵌入到自我中去。

克莱因写道：

> 通常可以这样假设，孤独可以源自一种坚定的信念，即认为一个人并不属于某个人或群体。这种"不属于"可能被视为具有更深层的含义。无论自我的完整状态如何继续，它都不可能摆脱一种感受，即认为自我中的某些部分是不可企及的，因为它们被割裂了，无法再度获得。这些被割裂的部分中的某一些……被投射到了其他人身上，进一步加深了一个人无法完全掌控自我的感受，意识到一个人并不完全属于自己，或者，因而也不属于其他任何人。同样，那些失落的部分也带来了孤独的感受。

这里所说的孤独并不仅是因为渴望被他人所接受，还因为个体希望

---

1 克莱因认为，婴儿在 6 ~ 8 个月的生命中会出现两个主要发展阶段，成为"偏执—分裂心理位置"（paranoid-schizoid position）和"忧郁心理位置"（depressive position）。心理位置代表的是一些特殊的焦虑和防御机制，在婴儿出生后的第一年里不断重复出现。在偏执心理位置中，婴儿会被摧毁冲动和迫害焦虑主导。

成为完整的自我。它源自一种理解，即无论自我被埋藏得多深，或者受到多么严密的保护，它都已被击成碎片，其中的一些丢失了，散落到了这个世界上。但你要怎么把这些碎片重新收集起来呢？艺术不就是在这个时刻介入的吗？（是的，克莱因说。）尤其是拼贴的艺术，不断重复的工作，日复一日，年复一年，将破碎的、分离的图像联结起来？

那时，我一直在思考胶水作为一种原料是如何发挥作用的。它将易碎的机体维系在一起，避免了事物的丢失。它让人们可以描绘那些违禁的，或是难以获得的图像，就像大卫·沃纳洛维奇还是个孩子时用阿奇漫画[1]自制的色情图像一样。他会拿起一把剃刀，把嘉德的鼻子变成一根阴茎，或者搞些其他类似的把戏。后来，他用糨糊把墙上和东村广告牌上的废弃的超市广告粘到一起，再用喷漆往上喷印自己设计的模板图案，把他的视角黏附到城市的皮肤和它表面的外壳上。再后来，他越来越多地使用拼贴的创作手法，把不同种类的图片放到一起——地图的碎块、动物和花朵的图片、色情杂志上的场景、小块的文字、让·考克托[2]顶着光环的头像，从而构建出复杂、密集的作品，这也象征着他的艺术创作的成熟。

然而，拼贴也可能化身为危险的作品。在 20 世纪 60 年代的伦敦，编剧乔·奥顿和他的男友肯尼斯·哈利威尔开始偷窃图书馆里的书籍，给它们换上诡异的新封面：给约翰·贝杰曼[3]的诗歌集放上一个文身的男人，或是给《柯林斯玫瑰指南》（*Collins Guide to Roses*）放上一只在一朵花上做着鬼脸的斜着眼的猴子。因为这起美学上的罪行，他们被判

1　由美国阿奇漫画公司出版的同名畅销漫画，讲述少年阿奇和他的伙伴们的故事。

2　让·考克托（Jean Cocteau），法国作家、设计师、编剧、艺术家和电影人。

3　约翰·贝杰曼（John Betjeman），英国桂冠诗人，其诗歌经常倡导保护历史遗迹和建筑。

入狱 6 个月。

像沃纳洛维奇一样，他们理解胶水反叛的力量和它赋予人们的重构世界的方式。在他们位于伊斯林顿狭小的卧室兼起居室里，哈利威尔费力地在所有墙上都覆上了一层精心设计过的、复杂的拼贴，剪碎文艺复兴时期的艺术书籍，创造出超现实感的横饰带，在书架、书桌和煤气取暖器上方探出一张又一张脸孔。1967 年 8 月 9 日，就是在这间房间里，在孤独的狂乱和遭遗弃的恐惧中，他用一把锤子打死了奥顿，血迹溅上了贴满拼贴画的墙面，接着他喝下掺了安眠药的葡萄柚汁自杀了。

哈利威尔的行为恰恰揭示了克莱因指出的那些力量会呈现出多大的能量和破坏性，以及被它们真正压垮的后果，但它并未发生在亨利·达戈身上。他在现实中不曾伤害过另一个人。相反，他将自己的生命献给了绘画的创作，在这些作品里，善与恶的力量在同一片领域、同一个框架里得以相互靠近。这种化为一个整体，投入劳作、付出关爱的行为对他来说很重要。在克莱因的定义中，这是一种报偿性的冲动，一种在她看来结合了欢愉、感激、慷慨，甚或还有爱的过程。

在世界末日的开端

有时，你所需的一切就是获准去感受。有时，为了拒绝去感受所做出的努力，或是围绕着这种努力如荆棘般滋生的羞耻感会造成最大的痛苦。在那些我在纽约度过的最消沉的日子里，到视频网站上观看音乐视频几乎成了唯一能给我带来些许安慰的事情，我蜷缩在沙发上，戴着耳机，一遍又一遍地听着同样的歌声，寻摸其中流露的苦恼与哀伤。"安东尼与约翰逊"乐队[1]的不可思议的、叫人痛心的《一大把的爱》，比莉·哈乐黛的《异常的水果》，贾斯汀·薇薇安·邦德[2]的欢欣雀跃的《在最后》，阿瑟·罗素[3]唱着《爱回来》中动人的、宽容放纵的副歌，忧伤并非一项罪过。

就是在这期间，我第一次听到了克劳斯·诺米的声音，奇异的歌声。他和地球上的任何人都不尽相同，并且将身为异类这件事变成了一种艺术。他的嗓音是我所听到过的最了不起的嗓音之一，盘旋着攀上音域的高峰，一个向电子流行乐发起冲击的花腔男高音。你了解我吗？他唱道，现在你了解我了吗？他的外表和他的嗓音一样令人着迷：小个子，长着一张小精灵般的脸，精致的五官通过化妆后显得更为突出，皮

1　美国乐队，起初由安东尼一人表演，1995 年起以乐队形式开始演出。

2　贾斯汀·薇薇安·邦德（Justin Vivian Bond），美国歌手、作家、画家、表演艺术家。

3　阿瑟·罗素（Arthur Russel），美国大提琴演奏家、作曲家、歌手。

肤扑上了白色的粉底，前额的头发线条分明地从美人尖一直延展到擦鞋童般的鳍型鬓角处，嘴唇被黑色的唇彩勾画出鲜明的唇峰。他看起来不像是个男人或女人，而像是某个完全不同的物种。在他的表演里，他似乎是要发泄出一种全然的与众不同，一种"自成一个物种"的感觉。

我一遍又一遍地看他的音乐视频，一共有五支，20世纪80年代新浪潮的狂想展现着它们粗糙的神秘效果。在《雷击》这张风格亢奋的专辑封面上，他打扮成了一个太空时代的魏玛木偶，仿佛准备好了要去火星上的一家夜总会进行表演。还是那个了不起的假声歌手，还是同样异样而动人的人造痕迹，那张脸时而冷淡，时而神秘，时而邪恶，时而决绝，像是一个尝试着不同的人类情绪，看它们是否适合自己的机器人。在《简单的男人》里，他以一名私家侦探的身份潜行在城市里，接着又换上那套外星人的装束走进一个鸡尾酒派对，和打扮入时的女人们碰着杯，嘴里始终重复着一句"再也不会孤单一人"的歌词。

他是谁？他是什么？我发现他的真名是克劳斯·斯珀波。作为一名德国移民，他在迁到纽约城后成了闹市区的一颗明星。后来，在20世纪70年代末到80年代初，他还短暂地照亮过世界的舞台。"我也许是在尽可能地表现得像个异类，"他曾这样谈起自己与众不同的外表，"因为这强调了我要表达的一个观点。我的整个想法就是以一个绝对的外来者的身份去对待一切，那是唯一能够让我打破如此多的规则的办法。"

斯珀波是一名杰出的外来者，一个同性恋移民，哪怕是在东村这个充满传奇色彩的异类世界里，他也没能完全地融入进去。1944年1月，他出生在伊门施塔特[1]——一个靠近德国与列支敦士登交界处的地方。当

---

1 伊门施塔特（德语：Immenstadt）是德国巴伐利亚州的一座城市。

时，第二次世界大战带来的最后一次阵痛尚未散去。他听着玛利亚·卡拉斯和埃尔维斯（即"猫王"）的唱片学习歌唱。作为那个年代的一名花腔男高音，他在保守、封闭的歌剧界里无法占据一席之地。有一阵子，他在西柏林的德意志歌剧院里当引座员，接着，他于1972年搬到了纽约，与之前的沃霍尔一样，在圣马克街安顿了下来。

在另一段出自某法国电视的采访的网络视频片段里，他列举了自己曾做过的所有卑微的工作：洗碗，送货，送花，帮厨，切蔬菜。最后，他成了世贸中心的一名糕点师，做着他所擅长的烘焙工作。同时，他开始在市中心的俱乐部里表演他那与众不同的、结合了歌剧与流行电子风格的音乐。

我最喜欢的一段影片拍摄的是他在1978年第一次亮相于十五街的厄尔文广场时的场景。那是一个名为"新浪潮歌舞剧"的夜晚，他穿着一件透明的塑料斗篷出现在舞台上，眼睛四周画着翅膀，树立起一个性别不明的、科幻小说里的形象。他开口唱起了《我心花怒放》。这首歌选自圣桑的歌剧《参孙与达丽拉》，歌名可以直译为"我的心向你的声音敞开"。他的嗓音几乎是非人类的，音调上升得越来越高。箭矢带来死亡的速度，尚不及你的爱人飞进你臂弯的迅疾。

"见鬼。"有人叫道。观众中响起一阵稀稀拉拉的掌声和欢呼，接着是彻底的沉默，人们的注意力完全集中在了他的身上。他的眼神很空洞，与日本歌舞伎的那种戏剧化的出神的眼神一样（那种眼神能够驱除瘟疫，那种凝视，nirami[1]，能让看不见的东西显形）。歌声从他的体内倾泻而出。填满我，用狂喜填满我。接着是一连串的巨响，舞台上布满了烟雾。"回忆起当时的情景，我到现在还会起鸡皮疙瘩，"他的朋友与合

---

1 "盯"（nirami）是歌舞伎表演中的一种驱魔技艺之一。

作者乔伊·阿里亚斯回忆道，"就好像他来自一个不同的星球，而他的父母正在召唤他回家一样。烟雾散尽的时候，他不见了。"

诺米的事业自那一刻起进入了全盛期。起先，一群凑在一起的朋友操持着他的演出，他们合作写歌、拍视频、制作演出服，一同构建着诺米的世界和新浪潮的异类美学。1979 年 9 月 15 日，他和阿里亚斯以大卫·鲍伊的和音歌手的身份出现在电视节目《周六夜现场》上，两人都穿着蒂埃里·穆勒[1]长袍。那次精心策划的现场演出为他们带来了更多的观众和一次去美国巡演的机会。

诺米渴望成功，但他发现事情并不如他想象的那般令人满意。2004 年，安德鲁·霍恩拍摄了一部名为《诺米之歌》（*The Nomi Song*）的动人的纪录片，按照他的说法，这种外星人般的表演一部分是源于一种精致的、超现实的剧场敏感度，糅合了后朋克的风格与冷战唤起的对末世和外太空的迷恋，还有一部分则是源自一种身为怪异的他者的真实的感觉。他的朋友画家肯尼·沙夫在影片里说："每个人都是怪胎，而他是怪胎中的怪胎。但他同时又是个人类。我觉得他想要个男朋友，想要进入一段关系，更想要找到一个爱人。"他的经理人雷·约翰逊的说辞则更有力，在他看来，尽管他的演出票场场售罄，而且他还有数不尽的粉丝，可是很显然，"你是在看着世界上最孤独的人之一"。

20 世纪 80 年代，诺米的事业攀上了一个巅峰。他拿到了一份唱片合同，发行了两张唱片，《克劳斯·诺米》和《简单的男人》，二者都是和专业乐手一起录制的，他的老朋友们退隐到了一旁。《简单的男人》在法国创下逾百万张的销量。1982 年，他在欧洲进行了巡演，其终点

1　法国设计师蒂埃里·穆勒（Thierry Mugler）的个人同名品牌。

是在慕尼黑举办的埃伯哈德·舒尔纳尔[1]经典摇滚之夜，他在一支完整的管弦乐队的伴奏下为上千名观众进行了表演。

在那里，他又一次让你想起从墓穴里被召唤出来的形象。他踩着木偶般僵硬的步子走上舞台，穿着猩红色的紧身上衣，戴着白色的轮状皱领。他的腿很细，裹在黑色的袜子和黑色的高跟鞋里，他的脸色苍白得像个死人，就连他的手掌都白得不自然，他像是一个径直从詹姆斯二世[2]的宫廷里走来的令人不安的形象。他环视着四周的一切，如同一个梦游的人，一个看到鬼魂的人。他的眼睛从他的头颅里看向外面的世界。接着，他唱了起来，首先是普赛尔的《亚瑟王》（*King Arthur*）[3]中冰冷的天才所唱的咏叹调，这是一个幽灵被不情愿地召至人间时所唱的歌谣。在弦乐的伴奏下，他抬起了双手，他的嗓音颤抖着向上攀升，构成一曲混杂了冲突与协调的诡异乐调。

> 你是来自下界的什么样的力量？
>
> 将我从永恒的雪床中唤醒，
>
> 让我不情愿地、缓慢地醒来？
>
> 你难道看不见我有多僵硬？僵硬且极为衰老，
>
> 远远不能忍受这苦涩的寒冷，
>
> 几乎无法移动或呼吸？
>
> 让我，让我再一次被冰封进死亡里。

---

1 埃伯哈德·舒尔纳尔（Eberhard Schoener），德国音乐家、作曲家、指挥和编曲。

2 詹姆斯二世（James II），1685—1688 年间为英格兰、苏格兰和爱尔兰的国王，也是最后一位信仰天主教的英国国王。

3 亨利·普赛尔（Henry Purcell），巴洛克早期的英国作曲家，曾历任查理二世国王弦乐队的作曲师，威斯敏斯特教堂的管风琴师，是皇家教堂的三名管风琴师之一。

我不是第一个察觉到这些歌词所具有的寓言意味的人，也不会是第一个意识到他的演出背后的深层含义的人。诺米的舞台技巧总是老练而复杂，但那份深意远远超越了表面的表演。他把最后一句话唱了三遍，接着，乐队奏响最后一小节，他从舞台上走了下来：一个瘦小的、挺得笔直的身影，裹在他那华美的、年代错置的衣装里，几乎是在痛苦地移动着。

当他在1983年初回到纽约时，他的身上显然出现了某些严重的问题。在接受《态度》（*Attitude*）杂志的访问时，乔伊·阿里亚斯这样描述他的外貌："他一直都很瘦。但我记得他走进一个派对时的样子，看着就像是一具骷髅。他总在抱怨患了流感，筋疲力尽，而医生又诊断不出他有什么问题。后来他开始出现呼吸困难的情况，整个人都垮了，被送进了医院。"

在医院里，医生发现诺米的免疫系统实际上已经失效了，这让他容易染上很多不常见的传染病。他的皮肤上布满了难看的紫色创口，所以他在慕尼黑才戴上了那圈轮状皱领。诺米的病被诊断为卡波西肉瘤[1]，一种罕见的、通常呈慢性的皮肤癌。1981年，加利福尼亚和纽约的医生开始在年轻的同性恋男子中发现类似的致命案例，在那之前，它都被认为是一种罕见的疾病。这些男人也像诺米一样承受着一种潜在的免疫系统疾病，这是一种新型的疾病，直到那场演出之前的上一个夏天，才被冠以专业的名称。1982年7月27日，它被命名为获得性免疫缺陷综合征，或称艾滋病，有一段时间也被称为"格里德"（GRID），即"同性恋相关免疫缺陷"（Gay-Related Immune Deficiency）的缩写。

当时的大多数人都称呼这种病为"同性恋癌"或"同性恋瘟疫"，

1　又名多发性特发性出血性肉瘤，是多中心性血管性肿瘤，常见于艾滋病患者中。

尽管它也越来越频繁地出现在其他人群中。这种疾病没有治疗方法，直到 1986 年人们才发现它的感染源——人类免疫缺陷病毒。艾滋病本身并不致命，却能让感染它的人易于染上其他对免疫系统有害的并发症，其中很多疾病此前并不常见或并不严重，包括念珠菌病、细胞巨化病毒、单纯疱疹、分支杆菌属、肺囊虫属、沙门氏菌、弓形虫病、隐球菌病，这些疾病会导致失明、消瘦、肺炎、恶心等症状。

针对诺米的卡波西肉瘤，医生给他开了干扰素[1]，但它没起什么作用。接着他又换了抗生素的处方。那年春天的大部分时间里，他都待在自己那位于圣马可街的公寓里，不停地看着自己的旧视频。"要是他们看到我的脸，"他在《诺米之歌》里唱道，"如今他们还认得出我吗？"这又是一句自身含义发生了转变的歌词。那年夏天，他又住进了斯隆·凯特灵癌症纪念中心。阿里亚斯还说道：

> 他的外貌变得像是一个怪兽：他的眼睛退化成了两条紫色的裂缝，身上布满斑点，他的身体完全报废了。我做了个梦，梦见他恢复了力量，重又回到了舞台上，可他不得不像《歌剧魅影》中的幽灵那样掩住自己的面容。他大笑起来，他喜欢那个想法，而且有一阵，他看上去真的像是在好起来。那是一个星期五的晚上。我要走了，打算在星期六早上再去看他一次，可他们给我打了电话，告诉我克劳斯在夜里去世了。

诺米短暂的人生故事一直萦绕在我的心头。他抗拒孤独，呈现出令人快乐的不同的艺术，接着在如此与世隔绝的环境中死去，这看似不公

---

1 一种广谱抗病毒剂，并不直接杀伤或抑制病毒，而是主要通过细胞表面受体作用使细胞产生抗病毒蛋白，从而抑制病毒的复制。

到了残忍的地步，尽管在他栖身的世界里，这很快就会成为一种普遍现象。在当时，确诊几乎就是明确的死亡宣判，感染艾滋病意味着什么？那意味着被看成一个怪物，这些病人即便在医护人员眼里都是一个可怖的对象。那意味着被禁锢在一具令人厌恶的、被视作有害的、难以预测的危险的身体里。还意味着被社会排斥，意味着会沦为怜悯、厌恶和惧怕的对象。

《诺米之歌》里有一段令人感到压抑的情节，克劳斯的朋友们谈论着他被确诊后舆论的变化。诺米的长期合作者曼·帕里希说："很多人离开了。他们不知道该如何应对这件事。我也不知道该如何应对它。那是某种我能理解的事情吗？他得的是伤寒还是瘟疫？你听到各式各样的流言。你听到暗地里的传闻。没人知道发生了什么。"诺米舞台表演的艺术总监佩吉·伍德说："我记得在一次晚餐时见到他时的情景，通常我会走过去拥抱他，我们会像欧洲人那样亲吻彼此的脸颊。我只是害怕那么做。我不知道这会不会传染……我有点想要起身去迎接他，我犹豫了，而他只是把手放在我的胸口，说'没事的，别担心'。那让我哭了起来，那是我最后一次看到他。"

这些反应都在情理之中。因艾滋病而生的强烈的恐惧某种程度上是一种对新型的、迅速致命的疾病的可理解的反应。在早年人们还无法确定这种疾病的病原和传播形式的时候，这是尤为真实的现象。它会通过唾液传播吗？在地铁上的表面接触呢？和朋友拥抱安全吗？你能和一个生病的同事呼吸同样的空气吗？这些都是合理的提问，但对传染的恐惧很快就掺入了更隐秘的、会造成伤害的忧虑。

联合疗法是在1981年至1996年间出现的，在这段时间里，仅在纽约市就有6.6万人死于艾滋病，其中大部分都是男同性恋，他们在最可怖的孤独中死去。感染的人会被解雇，还会遭到家人的拒斥。就算患者一开始能被医院接收，他们还是会被遗弃在医院走廊的轮床上死去。护士拒绝对他们进行治疗，殡仪馆拒绝埋葬他们的尸体，而政客和宗教领袖也始终不愿为他们提供资助和相关的教育。

造成了这样的局面的是"污名化"这一由社会操控的残忍的过程，它将那些被认定为不能融入集体，并表现出不受欢迎的举动、属性和特征的人排除出去，将他们塑造成非人的存在。1963年，厄尔文·戈夫曼[1]在《污名：受损身份管理札记》（*Stigma: Notes on the Management of Spoiled Identity*）这一里程碑式的研究中解释道，"污名"这个词源自希腊语，其本意是用来描述一个"设计来彰显被标记者的道德状态中某种不正常的、不好的东西的身体标记"的体系。这些记号被烙在身体上，或用刀刻在身上，同时宣布并确认记号的携带者是一个被驱逐的人，必须避免与其进行接触，否则会被传染或玷污。

随着时间的推移，它的用法扩大到了任何表示不受欢迎的标记，也就是说，遭到整个社会的拒斥。污名的缘由可能是看得见的，也可能是看不见的，然而，一旦被辨认出来，这个人在他人眼中的名誉和价值就会遭到贬损，让他不仅显得与别人不同，而且低人一等，"将他们从一个完整的普通人降格至……一个有污点的、不值得信赖的人"。你可以从亨利·达戈的经历中看到这个过程是如何运作的（他因为自己怪异的行为被关进监控机构里），也可以从瓦莱丽·索拉纳斯出狱后遭到的对待，还有沃霍尔因为看上去太过娘娘腔、太像同性恋而遭到画廊的排斥等事实中看见同样的问题。

1　厄尔文·戈夫曼（Erving Goffman），加拿大裔美国社会学家、作家。戈夫曼对社会学理论的最大贡献是在他1959年的书中《日常生活中的自我表现》开始的戏剧透视法的符号互动论研究。

艾滋病，尤其在早年间，主要在三类人群中传播：同性恋男人、海地人和静脉注射的毒品上瘾者。正因如此，它的出现加剧了现有的污名，放大了人们心中早已根深蒂固的对同性恋的憎恶或恐惧，也加深了种族主义和人们对瘾君子的蔑视。与此同时，这些此前被贬损的群体也获得了超高的关注度，因为与艾滋相关的传染病的严重损害而被暴露在世人眼前。作为一种显然具有危险性并且有可能致命的疾病的携带者，他们被认定为一群需要为了大众安全而被隔离的人，而非一个需要关爱和照看的群体。

此外还有疾病本身的问题。污名频繁地与肉身的失调联系在一起，当它们对那些本就被看作是可耻的领域产生影响或引发关注，或对那些本该是洁净的、无损的身体状况造成损害时，情况会变得尤为严重。一如苏珊·桑塔格[1]在她1989年的著作《艾滋病及其象征》（*AIDS and Its Metaphors*）中提到的，污名的产生倾向于伴随着改变身体外貌的状况，尤其是脸这一个体身份的象征。这是造成世人对麻风病的恐惧的原因之一（尽管这种病尤为难以传播，但几乎所有人都对它表现出不加掩饰的恐惧），而散布在诺米脸上的疮疤又是如此触目惊心。

污名同样会围绕着通过性行为传播的疾病运作，尤其是那些通过被社会认定为不正常的或是可耻的性行为传播的疾病。在20世纪80年代的美国，它所指的主要是男性之间的性行为，尤其是那些涉及滥交或肛交的性行为。在艾滋病横行的年代里，当里根政府的卫生部部长玛格丽特·赫克勒[2]发现社会上竟然还存在这样的行为时，她被吓坏了。而每逢

---

1 苏珊·桑塔格（Susan Santag），美国文学家、艺术评论家，著有《反对阐释》《激进意志的风格》《论摄影》等。

2 玛格丽特·赫克勒（Margaret Heckler），曾任美国卫生与公共服务部部长。

有记者提起这个话题，白宫新闻发言人都会试图表现出这个问题有多可笑，完全不值得详加考量。

当你了解到这些令人压抑的背景后，你就不难想见为何那些身患艾滋病的人会成为如此强烈的恐惧和憎恶的对象，而且他们还要面对如此明目张胆的厌恶。污名的对象总是被理解为在某种程度上遭到污染或被玷污的人，而伴随着围绕艾滋病产生的隔离检疫和驱逐行为，以及针对这种疾病的接触和传播而生的焦虑，这些恐惧心理又加剧了对艾滋病的恐慌。

接着是归咎罪责的问题。在这种尤为恶毒、怪异的思维方式的控制下，人们倾向于认为这种污名化的情况并非偶然或随机的，而在某种程度上是罪有应得，或是自食其果，是承受污名的那个人的道德过失造成的后果。当污名是源于凭意志做出的行为，也就是那些被解释为个人选择的行为（例如使用毒品、参与违法活动或者不被认可的性行为）时，这种看法会变得尤为显著。

在面对艾滋病时，把这种疾病看作一种道德判断的准则，一种因为不正常行为而受到的惩罚（在针对那些所谓的无辜的、没有过错的受害人的言论中，这一点体现得尤为明显，例如血友病患者，后来则是携带艾滋病毒的妇女所生的孩子）被证实为一种广泛存在的倾向。1987 年，里根的前通信部部长帕特·布坎南在他同时发表于多家报纸的专栏里声称："造成艾滋病危机的原因有且只有一个，同性恋者故意拒绝停止沉溺于不道德的、违背人伦的、不卫生的、不健康的，同时还是自杀性的肛交性行为中，这一行为是艾滋病毒在'同性恋'社群中传播的主要方式，而后病毒又从这个群体散播到静脉注射毒品使用者的针管里。"

考虑到污名化是一个旨在拒绝接触、实行隔绝和回避的过程，考虑到它总会导致非人化和去个体化的结果，把个体从一个人类限制为一个不受欢迎的属性或特点的承担者，无怪乎孤独成了这一过程所导致的主要后果之一，而耻辱又进一步加剧了它的严重性，两者相互放大和推动。患上这一病症本身就够可怕的了，患者会身处痛苦之中，奄奄一息，精力消耗殆尽，活动能力也会受限；现在他们还要真正沦为不可触碰的对象，一具畸形的、应该被隔离的躯体，从普遍意义上被定义为正常人的群体中被放逐到遥远的孤岛上去。

除了这点以外，艾滋病也给那些会造成潜在生命威胁的性行为的习惯蒙上了一层污名，它们曾是亲密和联结的源头，也是对抗羞耻和孤立的一剂解药，是那个沃纳洛维奇曾在《刀锋边缘》中充满爱意地记录下来的世界。现在，那个诺米也经常会去的码头越发被看作是一个危险的所在，在这个地方发生的交往再也不是触碰的代名词，而意味着疾病的感染与传播。批评家布鲁斯·班德森把这一现象写进了他的文章《通往新的堕落》(*Towards the New Degeneracy*)里，收录在他的散文集《性与孤独》(*Sex and Isolation*)之中：

接着是无情的重击。艾滋病同时毁灭了两件事情，我再也不能从一个体面的、有所隐藏的身份中短暂地逃离，它也粉碎了我对放荡的看法，它不再是对社会意识的一种无关痛痒的拓展。20世纪80年代初，在艾滋病的传播途径尚未明确之前，在更安全的性行为出现之前，我被推入了一片痛苦的深渊，失去了一种主要的自我表述及与其他人类接触的途径。现在，随意做爱不再只是对中产阶级标准的嘲弄和对中产阶级健康保健的取笑。它代表着疾病和死亡，代表着堕落……成为艾滋病高危人群的一分子让我感到自己是不洁的、被抛弃的和被边缘化的。

只要想到孤独和拒绝这两个概念都会让人备感压力、对身体造成破坏性的影响，沦为污名的对象所承受的强烈的生理后果也就不难理解，但这一发现依旧让人震惊。事实上，加州大学洛杉矶分校研究污名与艾滋病关系的心理学家们发现，那些遭到社会排斥的艾滋病毒检测呈阳性的人同样也承受着艾滋病加速发展的痛苦，对比那些不曾遭到社会拒斥或得到护佑的人，他们的病情会更快地发展到晚期，他们也会更快地死于艾滋病引发的其他感染。

大体而言，这其中的运行机制与孤独自身如出一辙，二者都是由于不断暴露在被孤立或被群体拒绝的压力下而导致的免疫功能的衰退。让情况变得更糟的是，要被迫隐藏同性恋这一被污名化的身份会带来压力这件事让人感到孤独，同样也会导致 T 淋巴细胞[1] 数量的降低，其后果就是更易染上与艾滋病相关的并发症。简言之，被污名化并不仅仅代表着孤独、丢脸或耻辱，它还会进行杀戮。

克劳斯·诺米死于 1983 年 8 月 6 日，其时距离他的 40 岁生日仅仅还有几周的时间。6 周前，6 月 20 日的《纽约杂志》（*New York Magazine*）刊登了它的第一篇艾滋病封面报道——由迈克尔·戴利执笔的《艾滋焦虑》。这篇文章描述了当时的舆论氛围以及艾滋病在整座城市里引起的反响。有一个女人，在她的丈夫被确诊为艾滋病患者后，她的孩子们被赶出了学校。有些人询问自己是否该在地铁上戴塑胶手套，或者避免去公共泳池。在这些流言里有一段关于一名警察的描述，她"发现自己感到害怕，因为她帮助了一名跌倒时摔破了头的同性恋者"。她回忆道：

1　T 淋巴细胞来源于骨髓的多能干细胞（胚胎期则来源于卵黄囊和肝），后成为具有免疫活性的 T 细胞。

起先你觉得紧张不安。血同样是红色的，可我的想法是："哦，哇，我不知道这家伙有什么病。"接着我想，"哦，得了吧，我可不能让这家伙流血致死。"那就像是面对一个麻风病人或类似的人。你不该那样对待别人，可你就是会感到恐惧。我发现自己在用过氧化物擦洗身体。

让我们重申一遍，这里提到的并不是一个艾滋病患者，而仅仅是一个来自疑似患病率更高的群体的人，用桑塔格的话来说，是"一个被社会遗弃的群体"的一员。同一篇文章里的另一个女人描述了男模乔·麦克唐纳德的死，描述了他是怎么日益消瘦下去的，她认识的所有同性恋男人都在怎么思考成为异性恋，以及她的模特朋友们如何计划着避免使用那些她们知道是同性恋的化妆师的化妆刷。

恐惧是会传染的，它能把潜伏的偏见转化为某种更危险的东西。同一周，安迪·沃霍尔在他的日记里记录了一次摄影时的情形："在读过《纽约杂志》上的那篇关于艾滋病的文章后，我用了我自己的化妆品。"他认识乔本人，但他们的交情没能消除逐渐聚起的寒霜，也没能缓解乔被驱逐的状态。回到 1982 年 2 月，安迪在一场派对上躲开了乔，并在日记里倾诉道："我不想靠近他，也不想跟他说话，因为他刚刚得过同性恋癌。"他用了过去式，这是一种痛苦的提醒，让人回想起在那段短暂的时间里，甚至没人知道这种传染是永久性的，而这种疾病是难以根治的。

沃霍尔写于 20 世纪 80 年代的日记里满是类似这样的场景，它们记录了盘旋在这个城市中的恶意的猜忌。他的日记条目总会折射出社会忧虑的问题，展现出恐同症和疑病症是如何开始交织到一起的。

1982 年 5 月 11 日：

《纽约时报》刊登了一篇关于同性恋癌症的长文，并在其中表达了他们对此不知所措的态度。它达到了传染病的规模，他们还说这些总在发生性行为的年轻人的精液里都有艾滋病毒，而且他们已经患上了所有可能的疾病——甲型、乙型、丙型肝炎，单核血球增多症，而我害怕跟他们用同样的水杯喝水，仅仅是待在这些会去浴场的年轻人周围就会让我感到恐惧，我担心这两种行为都有可能让我染上这种病。

1984 年 6 月 24 日：

我们去看了同性恋日游行……还有些人坐在轮椅里，由他们的爱人推着。我是当真的！这看着像是万圣节，只是没有那些装扮。

1985 年 11 月 4 日：

你知道，要是他们开始把同性恋关进集中营里我也不会感到惊讶。所有的同性恋都必须结婚，那样他们就不用被关进去了。那会像是寻求一张绿卡一样。

1987 年 2 月 2 日：

后来他们来接我去参加在桑特举办的正装晚宴……我们都太害怕了，什么都不敢吃，因为桑特过去是个同性恋迪斯科舞厅，这地方已经被同性恋污染了。里面太暗了，他们还用黑盘子上菜。

请不要忘了，沃霍尔本人也是个同性恋者，此外他还是艾滋病慈善活动的主要支持者。但他的个人反应却展示了污名传播和积蓄能量的过程，哪怕作为一个被污名化的群体的朋友都会受到它的影响。

沃霍尔对这一过程尤为敏感，因为他在一生中都对病痛和疾病感到恐惧，害怕受到被玷污的身体和它们所代表的危险的威胁。在这种近似绝症的疑病症的控制下，他的某些表现显得尤为残酷，他拒绝与那些可能患有艾滋病的熟人、朋友和过去的恋人见面，甚至不愿意与他们联系。当他在电话上得知马里奥·阿玛雅的死讯时，他试着让这件事轻描淡写地过去，而这就是那个在他遭遇枪击时陪在他身边的人，那个在医院里坚持让医生们重新激活他的心脏的人。当他的前男友乔·戈尔德在1986年9月死于艾滋病引发的肺炎时，他断然拒绝在日记里谈论此事，只是声称他不会对"发生在洛杉矶的那件事"发表评论。

从某些方面来看，他的反应是不寻常的、因对死亡过分恐惧而生的产物，他甚至没有参加自己母亲的葬礼，也没有将她过世的消息告诉他最亲近的朋友，相反，无论是谁问起，他都会说她正在布鲁明戴尔百货商店购物。但这也同样阐明了污名引发孤立和分离的方式，尤其是在死亡从黑暗中现身，开始端上它黑色的盘子的时候。

· · ·

克劳斯·诺米是第一个死于艾滋病的名人，但不出几年，这种疾病就像野火一样烧遍了他所在的群体：纽约上城里那些由艺术家、作曲家、作家、演员和音乐家组成的紧密的小圈子。作家、行动主义者萨拉·舒尔曼[1]在《头脑的士绅化》（*Gentrification of the Mind*）中对艾滋病及其后果的历史进行了清晰、尖锐的描述，她记叙了这种疾病（至

1　萨拉·舒尔曼（Sarah Shulman），美国小说家、编剧、同性恋权益活动家。

少是在早年里）是如何影响了那些"生活在对立的亚文化里，创造性别、艺术和社会公正的新观念的冒险的个体"，而它在同性恋和异性恋群体中产生的影响又是如何不成比例的。很多受到影响的人都是同性恋者，或是对保守派政客鼓吹的家庭价值观持敌对态度的人，尽管他们的工作大不相同，但就算是在艾滋病危机爆发之前，他们中的大部分人都生活在与孤独的对抗中，这种孤独是被社会边缘化或被人们用立法的方式来敌对所造成的感受，这不仅让他们感到自己是不同的，同时还让他们意识到自己是不受欢迎且无关紧要的。

摄影师彼得·胡加尔也是这些人中的一员，他在 1987 年 1 月 3 日被确诊为艾滋病晚期。胡加尔是沃霍尔的一个老熟人，在他的几部"试镜"短片里露过面，在他的电影《十三个最美丽的男孩》（*Thirteen Most Beautiful Boys*）里也出过镜。他本人也是一个天分尤为杰出的摄影师。他的作品通常是黑白的，在风景、人像、裸体、动物和废墟中自由地转换着，传递着一种庄严感和一种鲜少达到的有条理的完美状态。

他因此受到大量来自时尚界和摄影棚的工作邀约。他是《时尚》（*Vogue*）的编辑戴安娜·弗里兰的朋友，他的拍摄对象有威廉·柏洛兹[1] 和苏珊·桑塔格，后者那张穿着螺纹毛线衫躺在沙发上、双手枕在脑后的著名肖像照片就是由他拍的。他还拍摄了沃霍尔的超级明星坎蒂·妲玲在临终病榻上的照片，白色的玫瑰花围绕着她。这张照片后来成了安东尼和约翰逊的第二张专辑《现在我是一只鸟》（*I Am a Bird Now*）的封面。

胡加尔自己的作品与他的另一个朋友戴安·阿勃斯[2] 所探入的是同一

1　威廉·柏洛兹（William Burroughs），美国小说家、散文家、社会评论家，"垮掉的一代"的代表人物。

2　戴安·阿勃斯（Diane Arbus），美国摄影师、作家，以其对边缘人群的记录而著称。

片社会语境。两人都被异装癖和街头流浪者所吸引，那些人的身体和经历全都跳出了已成为惯例的范式。但阿勃斯的作品偶尔会呈现出遥远、疏离的状态，而胡加尔则会用平等的、一个同为公民的人的眼光去看待他的拍摄对象。他的凝视同样稳固，却有着更深层的产生联系的能力，那是一个身处其中的人的温柔，而非一个漫游者的冷漠。

尽管有着出众的天分，胡加尔却一直生活在贫困里，挣扎在贫穷的边线上。他住在位于第二大道的挑空式公寓里，这间公寓就在如今东村电影院的上方，有时我会去那里度过星期六的下午。除了他在亲密交流方面的天赋、卓越的倾听和交谈的能力，以及他对性行为的随意的态度以外，他同样是个尤为孤独的人，与他身边的人都保持着一定的距离。就算他不曾和每个人都翻过脸，至少他对每个杂志的编辑和市内的画廊从业者都发过脾气，和他广泛多变的朋友圈子里的大多数人都吵过架，而且还时不时地爆发骇人的愤怒。他的亲密友人，后来还成了他遗嘱执行人的史蒂芬·科赫说："彼得可能是我遇到过的最孤独的人了。他生活在孤独之中，但那是一种被很多人围绕着的孤独。这种孤独在他的四周画下了一个没有人能跨越的圈。"

如果说真的有人曾跨进了那个圈子，那个人就是大卫·沃纳洛维奇。胡加尔是大卫的世界里最重要的人之一：他们一开始是爱人，之后成为最好的朋友，他是替代了大卫的父亲和兄弟的角色的人，是他的灵魂伴侣、导师和缪斯。他们是在1980年的冬天（也可能是在1981年初）在第二大道上的一家酒吧里相遇的。尽管胡加尔比大卫年长了近20岁，他们的这段关系中与性有关的部分没能持续很久，但他们的交往从没冷却下来。像大卫一样，他也在新泽西度过了一段饱受虐待的童年；像大卫一样，他也背负着载满了苦涩与愤怒的过往。

不知怎么，他们穿过了彼此的防线，再次借用史蒂芬·科赫的话说："大卫成了那个圈子的一部分。他进去了。"正是因为胡加尔的兴趣和信念，大卫才开始认真地把自己看作一个艺术家。胡加尔敦促他去绘画，还坚持让他放弃使用海洛因。他的保护和爱多少帮助大卫从他的童年负担里略微走出来了一点。

尽管他们给彼此拍了不少肖像照，但我唯一见过的他们的合影却是由他们共同的朋友南·戈尔丁拍摄的。照片中，他们肩并肩站在一间暗室的角落里，两人的衬衫在闪光灯的照耀下焕发出白色的光芒。大卫在微笑，他的眼睛在大大的玻璃镜片后面闭上了，好像一个快乐、笨拙的孩子。彼得也在微笑，他的头像一个同谋者那样倾斜着。这两个一直处于紧张状态中的男人在这张照片里看起来十分自在。

1987年9月，胡加尔如往常一般去了十二街上的一家餐馆，那里距离他的公寓不远。在他吃饭的时候，店主布鲁诺走了过来，问他是否准备好付账了。当然，彼得说，可为什么呢？布鲁诺递出一只纸袋子，说："你知道为什么……只要把你的钱放进去就好了。"一分钟后，他带着装在另一只纸袋子里的找零回来了，把它丢在了彼得的桌上。

这段往事被记录在了《刀锋边缘》里，除了对艾滋病泛滥前迷人的码头世界的记录外，这本书里也记下了在这种流行病开始倾覆大卫的世界的过程中，围绕着它所积聚起来的恐慌。当他听说了彼得的遭遇后，他的第一反应是冲到那家饭店去，往烤架上倒上十加仑的母牛血。不过他没那么做，他只是在午餐时间去了店里，在店里客满的时候冲布鲁诺怒吼，要求他给一个解释，直到最后，"那里的每一对刀叉都停了下来。但就算那样也不足以抚平这种愤怒"。

让他感到近似疯狂的愤怒的并不只有这个不宽容的餐馆店主。更重要的是，这种疾病在他人的眼里被视为非人化的，它将那些染病的人贬抑为被感染的躯体，而人们寻求的只是对自己的保护。政客们支付大把的账单，要把艾滋病毒检测呈阳性的人隔离在集中营里，而报纸上的专栏作家则建议给患者文上表示他们感染状态的文身。社会上涌起了一波又一波对同性恋的恐惧或憎恶所引发的攻击，"疯狂极端的陌生人在夜间的新郊区游行反对艾滋病诊所"。得克萨斯州政府宣称，"要是你想阻止艾滋病的流行，就朝同性恋们开枪吧。"而纽约市市长也在给患有艾滋病的儿童分发饼干后冲向水池去洗手。你最好的朋友在你眼前奄奄一息，看不到治愈的希望，接受长岛上一个庸医开出的处方，打了几针来路不明的伤寒针来试着刺激他衰败的免疫系统，使之重新运转起来。

彼得被死亡的前景吓坏了，他的恐惧让他冲着每个人和每件事大发雷霆。在他被确诊后，大卫几乎每天都到公寓或是远在城市上空的医院病房里去探望他。他陪着彼得去做些不切实际的、筋疲力尽的差事，寻访主张信仰疗法的医师和承诺自己拥有奇迹治愈方案的医生们。彼得生病时，大卫一直在他左右，1987年11月26日，彼得在卡布里尼医疗中心去世时，大卫也在他身边，当时彼得53岁，距离他被确诊只过了8个月。

在每个人都离开房间后，大卫关上门，拿起他的超级8毫米摄影机，拍下了彼得消瘦、憔悴的身体，他被裹在一件污迹斑斑的袍子里，躺在医院的病床上。他用摄影机扫遍了彼得的全身，接着拿起他的相机，对着彼得的身体、脚和脸拍了23张照片。"那只美丽的手，手腕上还留着纱布的痕迹，那是用来固定静脉注射针的，他的手的颜色就像大理石一样。"

彼得在这里。彼得离开了。要如何具象地表述这种转换，这种改变，这永恒的变化？在突然变得空荡荡的房间里，或许是因为害怕，大卫试着对任何一个还在流连的灵魂说话，但他发现自己难以找到恰切的措辞，也没法做出必需的手势，最后无助地说道："我想要一些慈悲。"

在随后的几个星期里，他感到晕乎乎的，于是他开车到布朗克斯动物园去拍摄水池里的白鲸。他第一次去的时候，玻璃池子因为需要清洗而被清空了。这个象征着空缺的情景对他来说太过分了。他立即跳上车离开了。后来，他又回来捕捉他想要的画面：鲸鱼兜着圈子漂流着，翻滚着，一束束光线星星点点地穿透水波。

后来，他为胡加尔制作了一部从未完成的影片，把白鲸的画面和彼得在病床上的尸体交叉剪接在一起。我是在菲尔斯图书馆的一个显示器上看到这段影片的，眼泪肆意地流淌过我的脸颊。摄影机温柔地移动着，悲伤地扫过彼得睁着的眼睛、张开的嘴巴和他那瘦骨嶙峋的、优雅的双手双脚，一只医院的手环套在他瘦弱的手腕上。接着是桥旁的白色鸟儿，躲在云层后的月亮，一大群白色的东西飞快地在黑暗中移动。这个片段以一个梦境的重现结束：一个没穿衬衣的男人被传递着从一列没穿衬衣的男人中穿过，他仰卧的身体被一双手温柔地递给另一双轻柔的手。彼得被他的群体环绕着，践行在边界相交之处。大卫把这个片段与机场传送带上的行李剪接在一起：二者同样都是一种运动，但后者落在了人类的领域以外。

在上千人的死亡矩阵中，彼得的死只是其中一例；在上千个失去的人中，他不过是一个被失去的人，孤立地看待它的发生毫无意义。这并不仅是关乎个体的事例，这是一个受到攻击的群体，他们面临着一场巨大的灾难，而这个群体以外的人除了知道被妖魔化了的死亡的事实，似乎甚至都没有注意到它的存在。克劳斯·诺米，是的，但还有音乐家和作曲家阿瑟·罗素，艺术家凯斯·哈林，演员、作家库基·穆勒尔[1]，表

1　库基·穆勒尔（Cookie Mueller），美国地下演员、作家。

演艺术家埃塞尔·艾克尔伯格[1]，艺术家、作家乔·布莱恩纳德[2]，电影人杰克·史密斯[3]，摄影师罗伯特·马波尔索普[4]，艺术家菲力克斯·冈萨雷斯－托雷斯[5]——这些人，还有其他上千人，都过早地离开了人世。"这是世界末日的开端。"1990年，萨拉·舒尔曼在她关于艾滋病的小说《困境中的人》（People in Trouble）的第一句话中呐喊道。无怪乎大卫被描述成暴跳如雷的疯子，幻想着长到超人的尺寸后，对那些认为他和他所爱的人的生命无足轻重的人予以残忍的报复。

彼得·胡加尔去世几周后，大卫的伴侣汤姆·拉芬巴特发现自己也染上了艾滋病；1988年的春天，大卫也被确诊了。对此，他当时所产生的第一感受便是强烈的孤独感。那天，他写道："爱不足以把你同其他人和事连接起来，也不足以让一个人的身体融入社会和部族里，获得爱人和安全感。你只有你自己，以一种最为对抗的姿态活着。"那时他已经搬进了胡加尔在第二大道的公寓，睡在了胡加尔的床上。

在艾滋病蔓延的那些年里，他一直在重复地画一幅图像，不同的生物依附在彼此之上，婴儿和士兵，心脏和钟表，用管子、绳子或根茎连接在一起。他的朋友们都病了，他的朋友们正在死去。他沉浸在深深的悲痛里，直面对抗着他自己的死亡。他用他的画笔一次又一次地绘制着将不同生物连接在一起的绳索——联结、依附、爱，那些越发处于危险中的可能性。后来，他用文字表述了这种冲动，写道："要是我能把我们的血管连在一起，让我们成为彼此，我会那样做的。要

1　埃塞尔·艾克尔伯格（Ethyl Eichelberger），美国表演艺术家、编剧、演员。

2　乔·布莱恩纳德（Joe Brainard），美国艺术家、作家。

3　杰克·史密斯（Jack Smith），美国电影人、演员，地下电影的先锋人物。

4　罗伯特·马波尔索普（Robert Mapplethorpe），美国摄影师。

5　菲力克斯·冈萨雷斯－托雷斯（Felix Gonzalez-Torres），古巴裔美国视觉艺术家。

是我能把我们的血管连在一起，将你留在这个世上，留在眼下的这个时刻，我会那样做的。要是我能打开你的身体，滑进你的皮肤，透过你的眼睛看向外面的世界，将我和你的嘴唇永远地贴合在一起，我会那样做的。"

尽管大卫的第一反应是孤独，但他选择将力量联合起来，去结成同盟，去为了改变而奋战，以此来对抗孤独的感受，抵抗他已经忍受了一辈子的沉默和孤独。他选择在他人的陪伴下而非只身一人去做这件事。在疾病盛行的年代里，他变得越来越沉溺于非暴力的抵抗，成为结合了艺术与行动主义的群体中的一员，化作一股爆发出惊人创造力与潜力的能量。艾滋病危机中不曾发生过多少鼓舞人心的事情，只有这一件如此：人们以共同的直接行为而非通过结为伴侣或组成家庭的方式去为它战斗。

进行回击。那一年，这个想法开始在城市里盛行。"行动起来！进行回击！抗击艾滋！"这是直接行动组织"行动起来"的其中一句战斗口号，这个组织的全称是"释放能量的艾滋病联盟"[1]，它于1987年的春天在纽约成立，也就是在胡加尔被确诊的几周后。它们的口号还有"我将永不再保持沉默"（我记得童年时在伦敦桥上参加同性恋游行时曾大喊过这句口号，那是在"行动起来"成立后的两三年里）。

1988年，大卫在被确诊后不久加入了"行动起来"。这个组织在鼎盛时期有上千名成员，并且在全球各地都设立了分部。它最有力的地方就在于它的多样性。无须花太多时间阅读"行动起来"口述历史项目的采访记录，你就会发现它在会员组成和日程安排上都是那么多元化。它显然是个多种多样的集合，包含不同的性别、种族、阶级

1　成立于1987年3月，全称为 the AIDS Coalition to Unleash Power，是一个国际直接行动倡议组织，旨在影响那些感染艾滋病的人的生活，并进行相关的医疗研究。

和性向。它是通过共识而非层级管理运作的。它的很多成员都是艺术家，包括凯斯·哈林、托德·海因斯[1]、佐伊·伦纳德和格雷格·波德维兹[2]。

20世纪80年代末和90年代初，这群生活在社会最边缘地带的人成功地迫使他们的国家改变了对他们的态度：这提醒我们，在抵抗孤立和污名化的过程中，联合行动作为一股力量能起到巨大的作用。"行动起来"获得了诸多胜利，他们说服食品和药品管理局改变对新药物的认定过程，并对临床试验的条例进行修改，让毒品上瘾者和妇女也能加入到其中来（否则这两类人将无法通过合法途径获得实验性药物，这在叠氮胸苷[3]是唯一合法的治疗手段的时代里是至为关键的一步，因为这种药品的毒性过强，很多人都难以忍受）。他们采取静坐示威的方式迫使制药公司降低叠氮胸苷的价格，它在最初上市的时候是最为昂贵的药物。为了让人们注意到天主教会反对在纽约公立学校里推行安全性行为教育的立场，他们在圣帕特里克教堂的弥撒期间组织了一次上千人的拟死示威活动；他们还游说疾病控制中心改变他们对艾滋病的定义，以便女性能够和男性一样得到社会福利的保障。

大卫参加了很多类似的抗议活动，包括1988年10月在食药监局的示威活动，他和几个关系密切的成员紧紧地抓着之后很快成了艾滋行动标志物的泡沫塑料墓碑，上演了一出拟死示威。萨拉·舒尔曼和电影人吉姆·哈伯德这两个幸存下来的成员拍摄了一部关于"行动起来"的纪录片——《在愤怒中联合》(*United in Anger*)，影片里能时不时地看

1　托德·海因斯（Todd Haynes），美国独立电影导演，其代表作有《我不在那儿》《卡罗尔》。

2　格雷格·波德维兹（Gregg Bordowitz），美国艺术家、作家。

3　简称AZT，全称 azidothymidine，是一种逆转录酶抑制剂，用以抗击艾滋病的传播。

到站在一群人中间的大卫，他的身高和他的外套都十分显眼，衣服的背后印着一个粉色的三角和"要是我死于艾滋，不要办葬礼，只要把我的尸体丢在食药监局的台阶上就行"的字样。

即便是你背上的衣服，都要让它具有沟通的功能。在那些年里，大卫把语言和图像糅合在一起，利用他力所能及的每一项手段去记录他所处的时代——摄影、写作、绘画和表演。1989 年 4 月，他在一部关于纽约行动主义的纪录片《沉默等于死亡》（*Silence=Death*）中出镜，那是一部在艾滋病传染多发的头几年里，由德国制片人罗萨·冯·普劳恩海姆拍摄的电影。影片中不断出现大卫的身影：一个四肢瘦长的高个子男人，戴着眼镜，穿着一件白色 T 恤，上面手绘着单词"操蛋的让我安全"。他站在自己的公寓里，用一种极为焦虑的嗓音谈论着生活在恐同、伪善的政治家中间，看着你的朋友们死去，知道自己体内也有会置人于死地的病毒是种什么样的感受。

这部影片令人震惊的地方不仅在于大卫愤怒的程度，还在于他分析的广度。在这样一个时代，罹患艾滋病的人们倾向于被描述成无助的、孤立的人，在形销骨立的孤独中死去，而他拒绝接受受害者的身份。相反，他用快速、清晰的句子开始分析这种病毒如何揭露了另一种存在于美国自身体系之内的病态。

大卫的作品一向都是饱含政治隐喻的。就算是在艾滋病这个主题出现之前，他就已经在关注着性欲和差异：生活在一个轻视你的世界里是什么样的？你在生活里的每一天都承受着敌意和轻蔑，其施加者并不仅仅是个体，而是本该对你施加保护的社会体系本身。艾滋病证实了他的猜测。他在影片和《刀锋边缘》里都提到了这点："我的愤怒针对的其实是这样一个事实：当我被告知染上了这种病后，没过多久我就意识到了，我也沾染上了一个病态的社会。"

他最明确、有力地表达政治立场的一幅作品是创作于1990年的《有一天这个孩子》(One Day This Kid)。它展现的是8岁时的大卫,这是他唯一拥有的童年时代照片的复制品。他咧开嘴笑着,表现出一个彻头彻尾的美国小男孩的样子,穿着一件格子衬衫,长着一双招风耳和一排巨大的牙齿。在他的脑袋两侧有两列文字:

> 有一天政客们会制定不利于这个孩子的法律,有一天家长会把错误的信息教给他们的孩子们,而每个孩子都会把那些信息传递给他们的下一代,那些信息将会让这个孩子的存在变得难以容忍……这个孩子将会面临电击、药品,还有实验室里的条件反射治疗……他将失去家庭、公民权利、工作,以及所有可能想到的自由。当他意识到自己渴望将赤裸的身体置于另一个男孩赤裸的身体之上之后,所有这一切都将会在一到两年间发生。

这是他的故事,但这也是他的群体、美国的一整个阶层,以及这个世界本身的故事。这幅作品的力量在于它剥去了由污名衍生而来的东西以及由性所导致的有害的、纷乱的文明。它回归了事情的本质,回到青春期绽放的第一次微小的渴望,倘若这些词汇不曾被保守派如此彻底地纳入囊中,我意欲称之为天真或纯洁。所有的孤独,所有的暴力、恐惧和痛苦,都是希望通过身体与人发生联系而造成的后果。身体,赤裸的身体,背负着重担或承载着奇迹的身体,都过快地成了苍蝇的食物。成长在一个天主教的环境里,大卫将他看作救赎的信仰放置在了这里。正如他在其他地方所说的:嗅闻鲜花吧,在你还能够那样做的时候。

. . .

　　纯洁，真是个笑话。1989 年，大卫被卷入了一场最繁累的公共文化战役里，他的一些包含了记录性行为的微缩照片的拼贴画被一个右翼的重要基督教游说团体——美国家庭协会尝试用来推翻国家艺术奖金的资助决定。最终，他把这个协会告上了法庭，指控他们将他的图像使用在其语境以外的地方，并且赢下了一场针对艺术家的作品应当如何被复制和使用的里程碑式的诉讼。

　　我在菲尔斯图书馆读到了他在这次庭审中的证词，他滔滔不绝地谈论着自己的作品，解释着它们所有复杂难懂的部分的语境和含义。此外，他还阐释了自己的作品中对某些露骨的图像的运用，对法官说：

　　　　我运用性欲的图像……去表现那些我曾经历过的事情，以及这样一个事实——我认为，到了 20 世纪的这个时候，性欲和人体不应该再是禁忌的话题。我还用性欲的图像去描绘人们的多样性，他们的性取向，而人体成为禁忌话题之所以会让我感到不舒服，最重要的一个原因就是，倘若人体在这个十年里并非一个禁忌的话题，我也许能从健康部门、从被选举出来的人民的代表那里，得到相关的信息，那样我就不会染上这种病毒了。

　　庭审过后，在与审查制度令人疲惫和充满压力的斗争后，他制作了一本与性有关的书。这本名为《闻起来如汽油般的回忆》（*Memories That Smell Like Gasoline*，以下简称《回忆》）的书中是一些用水彩画和色情电影院里遇到的人的素描组合起来的回忆碎片。他想要在过去的疯狂彻底消失之前对它进行纪念，尽管他也坚持人们需要更安全的性行为。

事实上，有时电影院里的那些人的鲁莽行为也会让他感到惊骇。在一篇文章里，他谈到在医院探望一位朋友后立刻去了电影院，那里正在上演的高风险行为令他震惊不已。接着他幻想拍下他朋友的脸，上面布满了伤口，还有他最近瞎了的眼睛。他把这些画面插进一台投影仪，用黄铜电线把它连到汽车电池上，把影片投影到每个人头顶上方的黑暗的墙上。"我不想破坏他们的夜晚，"他写道，"我只是觉得这也许可以避免让他们的世界变得过分狭小。"无论面对的是右翼里不能容忍谈论性的传道者，还是不想承认死亡的可能性的享乐主义者，否认总是大卫的目标。

《回忆》与他自己的性经验紧密地联系在一起，其中就包括他还是个男孩时被残暴地强奸的经历。当他碰巧经过待在一家电影院里的那个人时，那个可怕的下午的回忆又朝他袭来。尽管已经过去了几十年，但他仍然立刻认出了他的样子。他的皮肤泛着灰色，像是某种被制造出来的东西，某种死去的东西。那件事发生在他在新泽西的时候，他刚在湖里游完泳，正要搭车回去，他的衣服还是湿的。那个男人把他绑了起来，在一辆红色皮卡货车的后座上强奸了他，往他的嘴里塞了一把土和沙子，还不断地打他。他以为自己要死了：他在一瞬间看到自己的身体浸透在打火机油里，像块牛肉一样被烤焦，被扔进一道沟渠里，然后被徒步旅行者发现。再次见到那个男人让他感到窒息，好像他被榨干了血液，好像他被塞回了一个男孩的体内，好像他失去了言语的能力。

然而，尽管他有着几十次类似的回忆，他却仍然能够庆祝与性有关的举动，在两相情愿的前提下向另一个身体、另一个灵魂敞开自己。在创作《回忆》的那年里，他经常感到恶心，坐在他乱糟糟的厨房桌边，不停地抽着烟，考虑着所有那些匿名的行为。性并不是让他患病的原因，而是传播的途径，是的，但他一直在说，病毒没有道德准则，不像那些随意阻断教育和资助的决策者，正是他们一直在默许这种疾病的传播。

随着他病得越来越重，他感到越发疲倦和痛苦，他开始断绝与他人的联系，躲在胡加尔的寓所里——他依然坚持这样称呼这个地方，躲开这个世界。他又开始写日记了，记录下关于出了差错的机器的梦以及关于被遗弃的、需要帮助的动物的梦。两只幼鸟被留在时代广场的一条人行道上。被人从很高的地方丢下去的一只狼蛛，要是它们适应了掉落，根本就不会意识到自己死了。他梦到亲吻一个患了卡波西肉瘤的人，找到一间摆满了自然历史类书籍的公寓，它们的纸页上装饰着大量的蛇和乌龟的图案。他希望能认识那个住在那里的男人，然而这个跟他有着同样兴趣的人却也有钱和一个家庭。"他是被爱的。"他在第二天的日记里写道，并在这句话下面加了下划线。

在那段时间里，孤独成了一种压倒性的感受：他在被确诊患上艾滋病的时候体验到的孤独，在他孩提时被从一个危险处境遗弃到另一个危险处境当中时，也曾感受过。没人能触碰到他拖曳在身后的重担，没人能帮助他摆脱他的需求感或是那种让人陷入瘫痪的恐惧。"大卫有个问题，"他在自己的日记里苦涩地写道，"他独处时感到痛苦，又没法忍受大多数的人。你他妈的要怎么解决那个问题？"

在他发表的最后一篇文章，也是《回忆》的最后一篇文章里，他写下了自己是如何感到越发被人忽视，如何开始痛恨那些不能看到他在哪里的人。除了他的身体变得迟钝这一不争的事实，在外界看来他仍然足够健康。他要走了，他想，他要停止存在了。他只剩下一层熟悉而模糊的外壳，但内里却空无一物。他是一个人们始终以为自己能认出或熟知的陌生人。

他一直痛恨艾滋病行动主义坚持的积极性和拒绝承认死亡的可能。现在他把一切因为致命的病痛而导致的彻底的孤独感都倾倒了出来。那年他 36 岁，是一个特别喜欢社交的男人，一个尤其习惯于合作的人，他的信件、日记、整理好的电话记录和答录机留言证实了他是如何深切地被爱着，他对友谊有多忠诚，以及他与他所属的群体有多深的交往。然而他却写道：

> 我是一只玻璃杯，一只干净的、空的玻璃杯……没有一种姿势能够触碰到我。我从另一个世界被丢进这所有的一切里，我再也不能用你们的语言说话……我感到自己像一扇窗，也许是一扇破碎的窗。我是一个玻璃人。我是一个消失在雨里的玻璃人。我站在你们所有人中间，挥舞着我看不见的胳膊和双手。我叫喊着我不能被听见的话语……我在消失。我在消失，却还消失得不够快。

看不见的、不能言语的、冰和玻璃，这些都是关于孤独和被隔绝的典型的想象。后来，这些了不起的话语又一次出现在《秒速七英里》（7 Miles a Second）的最后一页上。那是一部由他的朋友们、艺术家詹姆斯·罗姆伯格和玛格丽特·范·库克共同制作的了不起的图像小说。

这本小说的第一页上的图片用一个霍珀式的视角从外面的街上展示着胡加尔的公寓。那是在夜里。范·库克精美得耀目的水彩画描绘了正在化作深蓝色的天空，大楼的一侧向上延伸进粉色和金色的火焰里。画面上有一只邮箱，堆叠的报纸被风吹到了街上。公寓的窗户亮着灯，但透过玻璃看不见任何一个人。"1993 年，纽约。"页面的底部写道，也就是说距离大卫在那里去世至少已经过了 6 个月。大卫是在 1992 年 7 月 22 日过世的，当时他的爱人、家人和朋友都陪伴在他的身旁。他是那年死于艾滋病并发症的 194476 个美国人中的一个。

. . .

自从我第一次见到兰波系列的照片起，我就常去在纽约的沃纳洛维奇档案馆。有几个星期，我每天都去那里翻看他的文字日记或听他的录音日记。大卫留下的每一样东西都叫人动容，但那些磁带表露的情感是如此粗粝，以至于聆听它们会带来一种毁灭性的感受。然而，正如诺米所唱的，我发现倾听能够从某种程度上缓解我自己的孤独，因为我能听到某些人诉说着他们的痛苦，从而把我的情绪让位给他们的困境和羞耻感。

很多录音都是在刚醒来时或者午夜的一段时间里录制的。通常你能听到汽车的喇叭和警笛声，还有人们在外面的街上说话的声音。接着是大卫低沉的嗓音，他在挣扎着从睡梦中醒来。他谈到自己的工作、性取向，有时他会走到窗边，拉开窗帘，报告他在那里看到了什么。对面公寓里的一个男人在一只没有灯罩的灯泡下梳着头发。一个深色头发的陌生人站在中国人开的洗衣店的外面，这个人与他对上了视线后没有移开目光。他谈到渐渐死去将会是什么样的感受，会是恐惧的还是痛苦的。他说他希望那会像是滑进温暖的水里，并且随即伴着磁带的噼啪声开始歌唱。低沉、哀伤的调子起伏在早间交通的浪潮之上。

一天夜里，他从噩梦中醒来，打开机器把它录了下来。他梦到了一匹被困在类似火车铁轨的东西里的马，它的脊柱折断了，没法逃跑。"它还活得好好的，"他说，"看到这样的事情实在太让人沮丧了。"他描述了自己如何试着解救它，可是它却被拽进了一面墙里，被活活地剥了皮。"我压根儿不知道那意味着什么。我感到恐怖，也为某些事情感到一阵深深的悲伤。无论这个梦境的氛围是什么，它就是太悲伤了，也太令人震惊了。"接着他说了再见，然后关掉了机器。

某个活生生的东西，某个活生生的、可爱的东西被社会机制、社会的齿轮和轨道抓住和摧毁。当我想到艾滋病，想起那些死去的人们，还有他们曾经历过的处境，想起那些存活下来的人和他们体内蕴藏着的为整整十年里逝去的人们发出的整整十年的哀悼时，我想到的就是大卫的梦。当我时不时地听着那些磁带中的哭泣时，我会偷偷地用袖子拭泪，那并不只是出于悲痛或怜悯。其中还有愤怒，因为这个勇敢的、性感的、激进的、困难的、具有如此巨大的天赋的男人在37岁时就死了，而我生活在一个允许这种大规模的死亡发生的世界上，没有一个人处在有利的位置上，没有一个人能够停下那辆列车，及时地解救那匹马。

沃纳洛维奇说出了一种不甘于处在社会的外缘，而要积极地对抗它的构造和它对不同生活形态的不宽容的主张。"被预先构造的世界"，他开始这样称呼它，被预先构造的主流经验的存在，看似温良无害，甚至平庸陈腐，但它的壁垒几乎是不可见的，直到你狠狠地撞在上头。他的所有作品都以一种抵抗的姿态对抗着这股主导性的力量，由一种想要产生联系并占据一种更深层的、更广阔的存在模式的渴望所驱动。他找到的最好的抗争方式就是将自己生命的真相公之于众，创作那些抵抗忽视和沉默的作品。孤独源自你被否定的存在，你被从历史中剔除了出去。归根结底，历史是属于正常人而非被污名化的群体的。

在《刀锋边缘》里，他清楚地阐明了他认为一件艺术作品能够做到的事情。他写道：

> 将一件包含着因为法令或社会禁忌而不可见的东西的物品或文

字置于我自身以外的环境中可以让我感到自己并不那么孤独，它用自己的方式陪伴着我。它有点类似于口技表演者的傀儡，唯一的区别就在于作品能自己发声，或是像"磁铁"一样吸引其他承受着这种强加的沉默的人。

这些关于公共和私人的感受同样体现了他对死亡的看法。他不想要一个追悼仪式，不想看到他的朋友们哭泣，或是过分麻木，以至于要跑到另一个无名的房间里去哭泣。他不想让他或是任何人的死亡变得抽象，不想让任何人在这个世界上不被注意地消亡。过去几年里，他越来越频繁地去参加那些追悼仪式。在仪式中有时他会感到一股冲动，想要尖叫着冲上街去，强迫每一个经过的陌生人去看看正在发生的毁灭。

他想要找到一种方式，让每一次失去都变得有迹可循，让死亡变得重要。在他第一次写下这些想法的文章里，他在文章结尾处提出了一个设想，那就是让每一个死于艾滋病的人的尸体都由他们的朋友和爱人带走，装进一辆车里，开到华盛顿，堆在白宫前门的台阶上。那是一种可见的计数的方式，能够打破私下的悲痛和国家责任的界限，正是这道界限默许了如此多的痛苦在不被看见的情况下发生。

他的追悼仪式因此成了大规模的艾滋病患者中第一场具有政治意味的葬礼，成了首个以抗议游行的形式举办的追悼仪式，这显得恰如其分。1992 年 7 月 29 日，星期三，晚上八点，一群哀悼者聚集在胡加尔公寓外的街上。上百人近乎无声地移动着穿过东村，迫使交通陷入停顿。他们走过 A 大道，经过大卫曾为了取悦胡加尔而在上面画过一只巨型牛头的沥青路。他们沿着东休斯敦向上回到波威，走在一条黑色的横幅后面，上面用白色的巨型字体宣告着：

大卫·沃纳洛维奇

1954—1992

由于政府的忽视

死于艾滋病

　　在库伯联盟学院[1]对面的一个停车场里，他的一些作品被大声地朗读出来，还有一些被投射在一面墙上，就像多年前他把自己的图像印刻在这座城市的表面一样。其中一段话是这样说的："在这个被预先构造出来的世界上，将私人事物转化为公共事物的行为能够产生强烈的反响。"接着那条横幅被当街焚毁：这是为某个抗争了一辈子的人燃起的火葬柴堆，他只是为了争取被看见的权利，为了能够和其他人共同存在，能够在不受威胁、不被逮捕的情况下度过他的人生，能够以他喜欢的方式去享受欢愉。

　　几个月后，10月11日，"行动起来"组织了"骨灰行动"，一次在华盛顿的游行，类似某种大规模的政治葬礼。那是段毫无希望的时期，绝望几乎要把人压垮。世上仍然没有治愈艾滋病的方法，没有可靠的治疗手段。人们处于一种筋疲力尽的、悲痛的、积累着失望的状态中。下午1点，上百人聚集在国会大厦的台阶上，随身带着他们爱的人的骨灰。接着他们游行前往布什所在的白宫。到达那里后，他们开始往草坪上倾倒骨灰，把骨灰盒和塑料袋颠覆过来，把它们撒在链条式的栏杆上。大卫·沃纳洛维奇的骨灰也在它们之中，由他的爱人汤姆倾撒在草坪上。

　　好几年前，大卫会去卡耐尔街上的一家店里去买草种，再到码头去

1　库伯联盟学院（Cooper Union），全名为库伯高等科学艺术联盟学院，是一所位于美国纽约州纽约市曼哈顿地区的著名私立大学。

游荡，将它们大把大把地撒下，这位穿着运动鞋的"强尼苹果种子"[1]想从瓦砾和碎石中培育出某种美妙的景象。我最喜欢的一幅他的照片是他在自己种的一片草地上闲逛着，其场景是一个被弃置的行李大厅或出发大厅：绿草散布在碎石瓦砾间，从碎裂的石膏和泥土粒中间长出来。这是匿名的艺术，是不能落款的艺术，是关于转化和改造的艺术，关于把即将沦为废品的东西点石成金的艺术。

当我第一次在视频网站上看到记录了人们撒落骨灰的场景的片段时，那些灰色尘埃组成的云朵是几十个或者上百个人的最后的痕迹，是成百上千个（而今已达数百万个）逝去的人中的一小部分，这让我想起了那张照片。它是我见过的最令人心碎的其中一个景象，一个传递着彻底的绝望的姿态。与此同时，它又是一个具有强烈象征力量的举动。大卫如今在哪儿？和克劳斯·诺米一样，和所有那些死于艾滋病的艺术家们一样，他活在他的作品里，也活在每个看到那些作品的人的心中。正如多年前他在《访谈》录下的一段对话里对南·戈尔丁所说的："等到这具身体消亡了，我想让我的一些经验继续存在下去。"他也被撒在了白宫的草坪上，据说那里是美国绝对的中心。直到最后，他都在与被排斥的处境抗争着。

---

1 约翰·查普曼（John Chapman），常被称为"强尼苹果种子"（Johnny Appleseed），是美国的一位先锋园丁，把苹果树引进到了美国的大部分地区。

渲染的鬼魂

"在这个被预先构造出来的世界上，将私人事物转化为公共事物的行为能够产生强烈的反响。"沃纳洛维奇曾这样说过。然而，无论从哪个方面来看，事情的发展都并不符合他曾经的设想。

初春时，我在东村的租约到期了，于是我搬到了一个临时的住处，它位于西 43 街和第八大道的交界处，在那栋曾是时代广场酒店的大楼的第十层。往南，我会看到威斯汀酒店的镜面玻璃。白天或夜里的某些时候，我偶尔会在举目可及处的健身房里瞥见一个身影在运动脚踏车上不停地踩着。另一扇窗户俯瞰着一排相机店、酒窖、偷窥秀场和大腿舞俱乐部，游戏围栏和蕾丝，背着双肩背包、戴着棒球帽的男人们接连不断地从店门口进进出出。

时代广场从不会变暗。它是一个人造灯光的天堂，用霓虹灯摆出奢华的威士忌玻璃杯和跳舞女郎的形状已经是过时的技术了，它们正在被发光二极管和液晶屏幕那永不停歇的、毫无瑕疵的光芒所淘汰。通常我会在凌晨的两三点或四点醒来，看着一波又一波的霓虹灯光透进我的房间。被这些不受欢迎的夜晚的光线打扰时，我会跳下床去，猛地拉开没用的窗帘。窗户外面是一个超大的屏幕，这个巨型的电子荧光屏不停歇地循环播放着六七则广告。有一则会发出巨响，还有一则会发射出一束冷蓝色的光，它们如同节拍器一样没完没了地出现。

我是通过自己一贯的手段找到这间新公寓的：我在社交网站上发了

一则广告。它属于一个熟人的熟人，一个我从没见过的女人。她在一封邮件里告诉我这个带一个小厨房和浴室的房间非常小，并且就交通和霓虹灯广告的事情给我提了醒。她并没有向我提起这幢大楼其实是个收容所。这是一个由慈善机构"共同点"运作的标志性项目，一些长期无家可归的人（尤其是身患艾滋病或严重的精神疾病的人）几乎是这里的常住人口。此外，他们还会把便宜的单人间租给上班族。这是前台的两个保安中的一个解释给我听的。他给了我进出大厅必需的电子卡，还把我带到了楼上的房间里，并且向我演示了怎么操作门锁。他刚开始工作，在电梯里，他对我解释了这幢楼里的人员构成，说起那些我可能会看见的事情，"既然我们都没为它操心，你也没必要那么做"。

走廊被漆成了医院的那种绿色，墙灯、顶灯和"出口"标志将白色和红色的光投在墙上。我的房间刚好够放下一个日式床垫、一张书桌、一个微波炉、一个水池和一台小冰箱。浴室里挂着"马蒂·格拉斯"[1]的珠帘，墙上放着成排的书和可爱的玩具。立体声音响和电视的声音透过墙壁钻进室内，外面的人群不断地从港务局地铁站的出口涌上地面。

这是 21 世纪的正中心，而我的生活方式也与之相符。每天醒来时，在我的眼睛还没完全睁开前，我就会把手提电脑拽到床上，立刻登录Twitter，它是我每天看到的第一样和最后一样东西。这个不断滚动的页面中的大部分信息来自陌生人、机构和朋友。在这个转瞬即逝的社群里，我是一个没有实体的、不断地变化着的存在。我在源源不绝的消息中浏览着国内和市内的动态：隐形眼镜药水、书的封面、一则死讯、抗议的图片、艺术活动开幕、关于德里达[2]的笑话、马其顿森林里的难民、

---

1 美国知名派对装饰品品牌，装饰性珠串为它的代表商品。

2 雅克·德里达（Jacques Derrida），法国哲学家，20 世纪下半叶最重要的法国思想家之一，西方解构主义的代表人物。

"耻辱"的话题标签、"懒惰"的话题标签、气候变化、丢失的围巾、关于戴立克[1]的笑话。这一连串的信息洪流、态度和观点在某些日子里（可能是大多数日子里）比现实生活更多地吸引了我们的关注。

而 Twitter 只是通往互联网这个无尽之城的一扇门。一天又一天，时间在点击鼠标中过去了，大量的信息夺去了我的注意力，我就像是一个不在场的、热心的见证人一样看着这个世界，像背向窗户的夏洛特小姐[2]一样看着出现在她的魔法镜子里的真实世界的倒影。过去，在那个已经完结了的纸书和报纸的世纪里，我也曾习惯于把自己埋进一本书里的阅读方式，而现在的我正盯着屏幕，盯着这个令我全神贯注的银色的爱侣。

我像是一个永远在监视着一切的间谍，像是又一次回到了青春期，一头扎进沉迷的深渊里，踩着摇动的汹涌的水波和变幻的碎浪向前移动。我阅读着那些关于囤积、折磨、真实的犯罪和国家的不公的事情，阅读着聊天室里人们用有拼写错误的对话讨论着的瑞凡·菲尼克斯[3]死后萨曼莎·马希斯[4]所经历的事情，抱歉这听起来有点傲慢，可你确定你看过这个采访了吗？纵身跃入，随波逐流，由无止境的链接构成的迷幻黑洞，随着点击的动作，我越来越深地陷入到过去，跌跌撞撞地踏进当下的恐怖里。科特妮·洛芙[5]和科特·柯本[6]在一片沙滩上举办的婚礼，沙

1　英国著名科幻电视剧《神秘博士》（*Doctor Who*）中博士最大的生化生命体对头。

2　维多利亚时期诗人阿尔弗雷德·劳德·丁尼生（Alfred Lord Tennyson）所作诗歌中的人物，因身负诅咒住在高塔上，不能亲眼看向外面的世界，只能通过面前的镜子折射出窗外的景象。

3　瑞凡·菲尼克斯（River Phoenix），美国演员，其代表作有《伴我同行》等。

4　萨曼莎·马希斯（Samantha Mathis），美国女演员，曾是菲尼克斯的女友。

5　科特妮·洛芙（Courtney Love），美国歌手。

6　科特·柯本（Curt Cobain），美国著名摇滚歌手。

子上的一个血淋淋的孩子的尸体：这些会引发各种情绪的图片将无意义的、惊骇的和令人渴望的意象全都重叠在了一起。

我想要什么？我在寻找什么？无数个小时过去了，我都做了些什么？相互矛盾的事情。我想要知道外面发生的一切。我想寻求刺激和鼓舞，想与世界保持联系，可我又想保留我的隐私和私人空间。我想要不断地点击点击再点击，直到我的突触神经键爆炸，直到我被过剩的信息淹没。我想要用数据和彩色像素自我催眠，让自己变得空白，克服所有日益加剧的关于"我究竟是谁"的焦虑感，彻底抹去我的感受。同时，我又想保持清醒，参与到与政治和社会相关的问题中去。此外，我还想表明自己的存在，列出我的兴趣和异议，告知世界我还在这里用我的手指思考着，即便我几乎已经丧失了语言这门艺术。我想要去看，也想要被看见，而出于某种原因，透过扮演着中介角色的屏幕，这一切变得越发容易了。

网络确保人们可以发生联系，并且在匿名性和可控性方面做出了美好而狡猾的承诺，可想而知它对于一个长期承受着孤独的痛楚的人会显出怎样的吸引力。你可以寻求陪伴，却不用承担被暴露的风险，而你的渴望和那种希冀或匮乏的状态也不会被人发现。你可以去触碰外界，也可以躲藏起来；你可以潜伏在屏幕后面，也可以展露精心设计和改造过的自己。

从很多方面来看，互联网都让我感到安全。我喜欢在网上和人接触：积极的致意一点一点地积聚起来，Twitter上的"喜欢"，Facebook上的"点赞"，还有那些被设计出来并编入程序的、用来维持关注和提升客户自负心的小策略。我愿意成为那个傻瓜，公开我的信息，把透露出我的兴趣和支持取向的电子痕迹留给未来的公司，让他们将其转化成任何一种他们会使用的货币。事实上，这种交换有时看起来对我也有利，尤其是在Twitter上，将表露出我的兴趣和支持取向的推文分享给他人是一个促进陌生人间发生对话的诀窍。

在我上 Twitter 的头一两年里，它给人的感觉像是一个社区，一个欢乐的地方。事实上，它成了一条生命线，要不是有它的存在，那时的我不知会陷入怎样与世隔绝的境地。然而，在其他时候，这整件事看起来都是疯狂的。我在用时间去交换某种根本无形可触的东西：一颗黄色的星星，一粒魔法豆，一种亲密的假象。我为此放弃了自我身份的所有碎片，放弃了我表面上还占据着的肉身以外的一切。而只要有几条链接被我错过了，或是收到的点赞太少，孤独就会重新浮现，我的内心又会充斥着因没能建立联系而生的挫败的无望感。

虚拟排斥所触发的孤独感与真实生活中的遭遇一样令人痛苦，几乎每个上网的人都曾在某个时刻经历过这种突然袭来的难受的情绪。事实上，心理学家用来评估排挤和社会排斥给人带来的影响时所使用的手段包括一种名叫"虚拟传球"的游戏。在这个游戏中，被试者会跟电脑生成的两名玩家玩抛接球的游戏。按照程序的设置，在前几次投掷中，虚拟玩家会正常地抛接，但是后来，互动会停留在两个虚拟玩家之间——这种体会跟处在一段对话中的你的虚拟自我、你的化身突然被排斥在外时所引发的即刻刺痛感是一样的。

可当我能够从对话中抽身，接着又被"观看"这种令人上瘾的行为所拯救时，我还在乎什么呢？电脑提供了一种愉悦的、流动的、没有风险的凝视，因为没有一样被我观看的东西意识到了我这个观察者的存在和我那起伏不定的注意力，尽管我留下了一连串标示着我的访问路径的本地终端数据。徜徉在被互联网点亮的林荫大道上，停下来扫一眼人们用自己的兴趣、生活和身体组成的展览，我能感到自己与波德莱尔[1]产生

1　夏尔·皮埃尔·波德莱尔（Charles Pierre Baudelaire），法国 19 世纪最著名的现代派诗人，象征派诗歌先驱，代表作有《恶之花》。

了某种血亲关系。他在散文诗《人群》里为漫游者，也就是城市中的不受约束的、无关政治的流浪者奠定了一份宣言，用梦一般的句子写道：

> 诗人享有这无与伦比的特权，他可以随心所欲地成为自己和他人。就像那些寻找躯壳的游魂可以随意进入任何人的躯体一样。对他来说，一切都是敞开的。

我一直在行走，但我从未像那样在一座城市里穿行过。我发现那个想法令人厌恶，它实际上是一种惺惺作态的、不愿与现实中的其他人产生瓜葛的厌烦情绪。但在网络上，人们很难想起在那些网络化身的背后还存在着活生生的、有感情的个体。他人倾向于变得更抽象，更不真实，他们的身份也会被模糊和重塑。

或许我正在化身为爱德华·霍珀。和他一样，我发现自己成了一个窥视者，一个爬行者，一个敞开的窗户的鉴赏家，游荡着寻找令人兴奋的景象。和他一样，我的注意力也常被那些与性欲有关的东西吸引。我随便看着克雷格氏李斯特网站[1]上的个人广告时的样子和我在逛第八大道的熟食店时的神态一模一样——我空洞地看着那些明亮的货架上的寿司、酸奶、冰激凌、蓝月亮牌和布鲁克林牌的啤酒，考虑着什么是我想要的，什么会让我感到满意或平静下来，用我的眼睛吃下这一切。

在我认识的人中，没人会承认自己喜欢克雷格氏李斯特网站，但我发现它能以一种怪异的方式让人振奋起来。它纯粹按照类别和特性对人们的需求和想要的东西做的毫无愧意的展示远比更"干净"的约会网站

1　美国最大的大型免费分类广告网站。

上精心修饰和严格筛选过的个人档案更令人安心，也更大众化。倘若互联网是一座城市，那克雷格氏李斯特就是它的时代广场。它是一个跨越了阶级和种族的交往场所，性欲暂时性地抹去了所有界线。它还超越了事物的本质，鉴于人类和马蝇幼虫之间的差异有时很难区分。在这里我们都能得到自己想要的东西。"我只想要个黝黑的亚洲女孩！""我喜欢吃饭。""我想跟一个哈佛毕业生喝酒聊天。"我摊开四肢躺在公寓的蒲团上，花好几个小时浏览这些广告，在看到那么多人为所有可能的尺寸和重量而疯狂后，我受到了鼓舞。

但观看并不只是单向的。电脑的部分诱惑在于我能透过屏幕被看见，能把自己交付出去，让自己接受虚拟的检视与核验，同时又保留着控制力，远离真实的拒绝发生的可能性。当然，后者是一种幻觉。我在克雷格氏李斯特上登了两次广告。第一次登广告时我还住在布鲁克林高地，我写的广告极为明确，引来的大多是些愤怒（或者很快就会变得愤怒）的男人。其中一个回复者在邮件里写道："被冷落的阴道烧起来了，婊子求着被强奸。"这封邮件给人的感觉像是当胸一拳，这是互联网上针对女性的大规模的战争中的一次轻微的敌意的爆发。我没回复。我从邮箱中退了出来，然后再也没登录过这个本来就是用一个假名注册的邮箱。这次退缩并非源自对社会拒斥的高度警觉，而是恰恰相反——因为屏幕允许人们施加威胁，使用大多数人在真实生活中（这只是我的猜测）从不会愿意使用的语言。

这就是屏幕的问题：你永远无法确定它们有多透明。透过匿名邮箱，我能明显感到现实生活中压抑的部分被解除了，而这正是我在夜间漫游和没有阻滞的网络游荡中通常会体验到的那种自由中相对黑暗的部分：一种因为屏幕能够促进无意识动作并鼓励个体表达而生的自由；同时，对于那些数不尽的将自己隐藏或埋进在某种程度上类似本人的化身中的人来说，这种自由又剥夺了他们的人类特质。然而，人们很难弄明白这是否意味着浮现出来的问题被放大或被扭曲了，还是说匿名和无须担负后果的言论（不管怎么说，至少从表面来看是无须担负后果的）就是会任由真实的感受流露出来。

在第二则广告里，我的措辞含糊到了荒谬的地步。有 479 个人回复了我。"在一个农场长大的你在生活里需要一个强壮的黑人男性，身高1.9 米，光头，有意聊一会儿，拜托拜托别搞暧昧。"这些信息通常会附上照片，或是完全为照片所取代。有的是在树下的男人的照片，还有的是镜子里的男人的倒影的照片；有时是完整的全身照，有时则只有身体的一部分——赤裸的胸膛、充血的阴茎。其中一条信息还附上了一张令人困惑的真人大小的照片，照片里的人直立在一张床上，将一张条纹被子像超人的披风一样悬在自己的肩膀上。

其中一些邮件会让我起鸡皮疙瘩，但大部分邮件都很动人，你能从中读出他们的孤独和饥渴，还有他们对交流的渴望。我回复了几个人，紧张地去赴了几次约会，但没能与任何一个人有所进展。尽管严格来说，我已不再会感到心碎，但我体内的某种与自信或自尊有关的构造已经破碎了。我没和他们当中的任何人见过第二面。相反，我待在家里，不断地在网上游荡，寻找一种更容易、更不会暴露自己的联结方式。

有时，我拉动着页面时瞥见了镜子里自己的脸，这张脸毫无生气，没有灵魂，被屏幕的光线照亮。也许我的内心会被我看到的东西吸引住，从而感到焦躁不安或是彻底被激怒，但从外表看来，我就像一个半死不活的人，一具被机器吸走了全部注意力的孤独的躯体。几年后，在观看斯派克·琼斯执导的《她》（She）时，我在华金·菲尼克斯饰演的西奥多·通布利的脸上看到了一模一样的表情。这个在真实的亲密关系中受到巨大挫败并对此心生戒备的男人爱上了他的操作系统，这一幕就像是沃霍尔与他的磁带录音机结婚的重现。让我产生认同感的并非那一幕幕他和电话一起旋转的画面中的令人疑窦丛生的快乐，而是影片开头的一个场景：他下班后回到家，在黑暗中坐下，开始玩一局电子游戏，狂躁地上下移动着他的手指，操纵游戏里的化身登上一个斜坡。他脸上全神贯注的表情令人感到悲哀，他那瘫坐着的身体与巨大的屏幕相形见绌。他看上去是那么无望、可笑，完全与生活脱节，而我立即在他身上看到了自己的影子：一个 21 世纪的遗世独立的、对信息产生依赖的标志性形象。

到了那个时候，人类也许能和一个操作系统发展一段浪漫关系，这一想法已不再显得荒谬不堪。数字文化正在以超快的速度发展着，快得让人很难跟上它的节奏。前一分钟某件事情还是科幻小说里的带有明显的滑稽可笑意味的想象，下一秒它就成了一种随意的日常行为，成为每日的生活机理中的一个部分。在到纽约的第一年里，我曾读过詹尼佛·伊根[1]的《恶棍来访》。小说里的部分情节被设置在不远的未来，涉及一名年轻女性和一个年纪较大的男人之间的一次商业会晤。在交谈了一会儿后，对话所需的精力开始让这女孩感到不耐烦起来，于是她问那个男人她能否直接"打字"给他看，尽管他们是肩并肩坐着的。随着信息无声地在他们两人的头戴式耳机里流动着，她看上去"放松得几乎要睡着了"，她把这种交流称为纯粹的交流。我能清楚地想起自己在读到这里的时候感到的震惊，我感觉它虽然有点牵强，却是段了不起的情节。几个月后，它似乎不仅显得真实可信，而且完全成了一种可以理解的需求（尽管可能不怎么得体）。现在这就是我们行事的方式：在公司

---

1 詹尼佛·伊根（Jennifer Egan），美国小说家，2011 年她凭借《恶棍来访》（*A Visit from the Goon Squad*）赢得普利策小说奖。

里打字，给同一张办公桌上的同事发邮件，避免人与人的接触，代之以一对一的邮件往来。

这是虚拟空间带来的放松感，是插上电源后把一切都掌控在自己手中所产生的安慰。在纽约，无论我是坐在地铁里、咖啡馆里，还是在街上步行，我都会见到人们都被锁在他们自己的网络里。手提电脑和智能电话的奇迹在于它们让人们从实体的人际交往中解放出来，让他们在身处所谓的公共场合时还能一直躲在一个私人的泡泡里，在享受着表面的独处时还能跟其他人进行互动。似乎只有无家可归的人和没有财产的人过的才不是这样的生活，但那不包括整天泡在百老汇的苹果体验店里的街头浪荡儿们。即使他们夜里都没有睡觉的地方（或许尤其是在那样的情况下），他们也会一直停留在社交网络上。

每个人对此都心知肚明。每个人都知道那看上去是什么样子。我记不清自己读过多少篇关于我们变得彼此疏离的报道了，这些报道说我们被捆绑在了自己的设备上，对真实的交往怀有戒心。这些报道还指出，我们正面临着一场亲密关系的危机，因为我们的社交能力正在衰退。但这就像是在透过望远镜的镜头反方向看出去。并不是因为我们把社交和情感生活中的太多部分转交给了机器我们才变得冷漠，疏远彼此。这无疑是一个能使其自身永久存在的循环，但发明并购买这些东西的部分冲动源自人们在交流上遇到的困难和对沟通的恐惧，以及交流这一过程偶尔会导致的令人难以忍受的危险。尽管那时在地铁上随处可见的一则广告声称"拥有智能手机最棒的一点是你永远都不必再给任何人打电话了"，但这个小机器致命的吸引力并不在于它会免除其所有者对人群的需求，而是在于它会为他们提供联系。更进一步来说，这是一种毫无风险的联系，其中涉及的沟通需求将永远不会被拒绝、误解或遭到打击，或是要求人们付出超出他们愿意付出的关注度、亲密感或时间。

麻省理工学院的心理学家雪莉·特克尔曾就过去三十年里人类与科技的交流问题写过好几本书，计算机能够以看似是我们想要的方式来供养我们，这种能力令她日渐不安。根据她的看法，屏幕的部分诱惑力就在于它提供了一种危险的自我遗忘的愉悦感，其原理与心理分析师的沙发相一致。这两个空间都能提供一组复杂的可能性，一种介于隐藏和可见这对二元对立体之间的充满诱惑力的摆动。仰面躺着，感受到从上方俯看着他们的观察者的视线，却无法瞥见其身影，接受精神分析的人像在梦中一般讲述着自己的人生经历。"同样地，在一个屏幕上，"特克尔在《群体性孤独》（*Alone Together*）中写道：

> 你感到受到了保护，承受期望的担子也减轻了。此外，尽管你是孤独的，但是那种几乎随时能够发生联系的潜能却提供了一种令人鼓舞的感受，仿佛你已经和他人在一起了。在这个特别关系的空间里，就算是老练的、知道电子通信是能够被存储、分享并在法庭上出示的使用者，也会屈从于它所提供的隐私的幻觉。当你能够和你的思绪独处，却又与一个几乎是实体的他者的幻象保持联系时，你感到自己能够随心所欲地徜徉其中。在屏幕上，你有机会把自己书写成你想要成为的那个人，并把其他人想象成你希望他们成为的样子，按照你的意愿去构建他们的形象。那是一种富有诱惑力却又危险的思想状态。

《群体性孤独》出版于2011年。这是一个关于人类与电脑之间的关系的三部曲中的最后一部，是一个历时多年的研究项目的成果。作者观察并谈到了科技是如何被人们使用和感知的，从小心翼翼地养育着拓麻

歌子 [1] 的学龄儿童，到挣扎在虚拟与真实社交生活的需求之间的青少年，再到疗养院里依赖疗养机器人进行治疗的孤独的老年人。

在特克尔的前两本书——《第二个自我》(*The Second Self*)和《屏幕上的生活》(*Life on the Screen*)里，电脑被描述成一个主要具有积极意义的物品。第一本书写于互联网出现之前，作者在这本书中把电脑本身视为一个他者、助手，甚至是朋友；而到了写第二本书时，她探究了网络设备如何为人们提供了进入一个探索和操纵身份的自由地带的可能性。在那里，无论那些匿名的个体的兴趣和取向有多怪异，他们都可以重塑自我，与世界各地的人建立联系。

《群体性孤独》则有所不同。它是一本令人感到恐惧的书，其副标题是"为什么我们对科技的期望越来越多，对彼此的需索却越来越少"。它描绘了一个即将到来的反乌托邦，其中的每个人都不再说话或进行肢体接触，机器人接过了看护者的角色，人们的身份变得越发岌岌可危且不稳定，他们同时得到了机器的帮助和监视。隐私、关注、亲密关系，这所有的一切都被我们对屏幕以内的世界的固恋消耗殆尽了。

你能看到多久以后的未来？对我们大多数人而言，除了坚定的勒德分子 [2]，在万维网公开上线 20 年后，这些虚拟存在的不祥的方面才刚刚开始达到可见的顶峰。但科学家和心理学家已经共同提出了警告，这些警告透过先觉的艺术的介质广为流传。在后一类警示中，最不寻常的说法之一是在五十多年前提出的——提出它的人甚至都不是一个艺术家，而是一个钱多得花不完的商业网站百万富翁。预言家是一个有力的词语，但乔什·哈里斯在新千年前后创造的东西的确具有某种预

1　日本万代公司于 1996 年 11 月推出的电子宠物。

2　在 19 世纪英国工业革命时期因为机器代替了人力而失业的技术工人。现在引申为持有反机械化以及反自动化观点的人。

见性的特质，它不仅捕捉到了未来的形状，还捕捉到了将它变为现实的推动力。

· · ·

乔什·哈里斯是个互联网企业家，有着那种大量地聚集在硅谷（20世纪末萌生于纽约的信息产业的别称）的、嚼着雪茄的典型人物形象。1986 年，时年 26 岁的他创立了第一家网络市场调查企业——朱庇特传播公司。公司于 1988 年上市，此举让他成了百万富翁。6 年后，他建立了一家名为 Pseudo 的开创性的网络电视网，提供多个频道的娱乐内容，每个频道都面向不同的亚文化群体来制作特定的内容，从嘻哈、游戏到色情——事实上，其面向的充满多样性的庞大群体至今仍旧占据着整个网络。

多年前，在社交媒体这个概念尚未出现的时候，在 Facebook（2004）和 Twitter（2006）、Grindr（2009）、ChatRoulette（2011）、Snapchat（2011）和 Tinder（2012）出现之前，甚至在 Friend Reunited（2000）、Friendster（2002）、My Space（2003） 和 Second Life（2003）之前，就连让它们得以存在的宽带都尚未面世，哈里斯就明白网络最强有力的吸引力并不在于它是一种分享信息的方式，而在于它是一个能让人们与彼此产生联系的空间。从一开始，他就预见到人们会出现对交互式娱乐的需求，他还预见了另一个趋势：为了参与其中，为了在虚拟世界中占有一席之地，人们会乐意花上一笔大价钱。

我想说的是，哈里斯预判到了网络的社交功能，而他之所以能做到这点，是因为他凭直觉探知到了孤独作为一种强大的推动力所具有的能量。他理解人们对交往和关注的渴望，他还抓住了人们对亲密关系的恐惧，以及对各类屏幕的需求这一砝码。正如他在纪录片《我们生活在公众中》（*We Live in Public*）里所说的："倘若我处在某种特定的情绪里，却又被困在我的家人或朋友中间，虚拟世界就将成为缓解我的痛苦的解药。"如今，这句话的意思似乎再明显不过了，但在 20 世纪 90 年代，它面对的却是带有调侃的不解，甚至是彻底的嘲讽。

　　他之所以能够掌控这一切，似乎不只是因为他的直觉，还因为他早年的经历把他塑造成了一个非真实空间里的尤为理想的居住者。到目前为止，讲述了他独特的、波澜壮阔的人生的纪录片有两部：由哈里斯的长期合作人昂迪·蒂莫纳执导的《我们生活在公众中》，以及埃罗尔·莫里斯的《第一人称》系列片中的一集，《收割我》（*Harvesting Me*）。此外还有一本书，那便是由安德鲁·史密斯执笔的《全然有线》（*Totally Wired*）。这本书用极具说服力的修辞描述了哈里斯多年来的成就，细数了商业网站泡沫的崛起与衰落。这些作品都包含了哈里斯对自己的童年的叙述，他用的是那种典型的格言式的句子（这些句子令人困惑，而且并不完整，显露出他所具有的偏执狂的特征），他的童年显然没有太多人的参与，他也没有多少朋友，他的情感支撑大部分来自电视台而非人类。

　　他是在加利福尼亚州长大的，尽管他也曾在埃塞俄比亚待了一段时间。他是一个七口之家里最小的孩子，当他还费力地挣扎在小学里时，他的哥哥们早已经上了高中。他的父亲经常消失。有一次，他消失得太久了，连家里的房子都被房东收了回去。他的母亲在工作中需要和少年犯们待在一起，而且她喝酒喝得很凶。根据他自己或他的兄弟姐妹的描述，她并非一个慈爱、温暖的人，甚至不经常出现。他在半放任的状态下长大，得自己喂饱自己，大多数时间都独自一人，牢

牢地黏在电视机前,《盖里甘的岛》[1] 是他尤为钟爱的剧集。他在《我们生活在公众中》里说:

> 我认为我是在用一种虚拟而非真实的方式爱着我母亲。她把我养大的方式是让我坐在一台电视机前度过数个小时,我就是那样被训练出来的。你知道吗?我成长过程中最重要的朋友就是电视……我的情绪性并非源自其他人类……我在情感上被忽视了,可从虚拟的角度来说,我能从电视里的世界中汲取电子卡路里。

你完全可以想象得出来沃霍尔说出相同的话——倒不是被忽视,而是与机器产生的亲缘感,以及对电子能量的渴求和对进入一个人造的、镜像的世界的盼望。他们两个或许都把它看作一种守恒的状态,在这个等式中,对亲密关系的需求和恐惧僵持不下,如同瘫痪一般,与其在这个孤独的迷宫中挣扎,倒不如直接选择机器(摄影机、磁带录音机、电视机)作为自己的伙伴,把它们当作庇护所、安全区,或是分散注意力的东西。

事实上,这两个人时常被人拿来对比。20 世纪 90 年代,媒体把哈里斯称作"网络界的沃霍尔",尽管当时这个称号主要是因为他对举办派对,以及将下城的名流们,尤其是行为艺术家们召集到自己身边的嗜好,而不是因为他也会进行艺术创作。就像沃霍尔一样,他的童年经历意味着他理解屏幕能提供保护的奇特能力,介入虚拟空间或许是一种治愈孤独的方式,它能弥补被排除在外或被忽视的感受,而无须现实生活中必需的复杂的社交技巧。毕竟,当你孤身一人时,还有什么比进入网

---

1 *Gilligan's Island*,美国经典情景喜剧,自 1964 年起播出,持续了三季。

络的复制体系更好的解决办法呢？在那里，成为名流的好处可以落到每个人的身上。

哈里斯创办 Pseudo 时还一同建立了如今大家都很熟悉的社交媒体公司的办公特色，这种公司拥有开放式的办公区域和欢快得如同儿童乐园般的娱乐化办公设施。他的公司设立在百老汇街 600 号的一个挑高式空间里，1999 年，《纽约杂志》写了一篇讽刺意味浓厚的报道，说这里大得能停下一排双层巴士。哈里斯在公司里给自己造了一间私人公寓。除此之外，这里是一个全年无休的社交场所，一个电视摄影棚和偶发事件的狂热组合，而他在其中为自己留出了一片私人领地。

Pseudo 的创办初衷和运营宗旨是打造出一个可参与的领域，尽管就像沃霍尔的"工厂"一样，付账的总是同一个人。通往大街的门不分日夜地开着，这里有永不结束的派对，很多都被拍了下来并传到了网站上，这使得工作和娱乐、现实世界和网络空间之间的界线被模糊掉了。游戏玩家打着"毁灭战士"[1]，《黑客帝国》[2]被投影在一面墙上，成排的模特和流行歌星偷偷溜到街上。对于一个身处文图拉县[3]、没有朋友、紧盯着电视的书呆子来说，这都是梦中才有的场景。

20 世纪 90 年代末，哈里斯对 Pseudo 的兴趣开始减退，转而被一个更有野心的新项目所取代。这个项目可以被描述成一次长达数月的派对、一个心理实验、一个装置艺术、一次持续的表演、一座享乐主义的战俘集中营，或是一个强制性的人类动物园。"安静"被设计成对监视和群体生活的一次研究，其目的是测试公共和私人生活之间的界

1　1993 年 id Software 推出的一款第一人称射击游戏。

2　由华纳兄弟公司 1999 年发行的科幻动作电影，基努·里维斯等主演。

3　加利福尼亚州的一个县。

线在崩塌之际所带来的影响，而这正是哈里斯深信网络将会带来的后果。"安迪·沃霍尔错了，"他对一个记者说，"人们不想要在一生中成名15分钟，他们想要每晚都能享受到成名的快感。观众想要成为演出本身。"

1999年冬天，他在三角地[1]租了一间废弃的仓库，并着手把它改造成了一个奥威尔式的迷人空间。这个项目在一群艺术家、厨师、策展人、设计师和建筑商的帮助下，由一笔看似毫无限制的个人资助的预算支持着。他的计划是让60个人在这个由他建在仓库里的公共豆荚旅馆[2]里度过千禧年的最后一个月。这60个人将不能离开，尽管公众可以自由地来去，享受这场被圈围起来的力比多的狂欢。在这里，所有的冲动都将得到满足，人们可以在吧台饮无限量的免费酒水，可以在一个名叫"地狱"的夜总会里跳舞，还可以到配备了冲锋枪和实弹的地下室射击场去释放愤怒。

和Pseudo一样，"安静"也向所有人敞开。在整个12月里，仓库成了世纪末闹市图景的一处极富吸引力的地点，引来人们沿着街区一路大排长龙。小说家乔纳森·艾梅斯就是这些人中的一员，在他为《纽约通讯》撰写的名为"城市乡巴佬"的专栏中，他记叙了自己在那里的冒险："人们一夜又一夜地聚集在那里，喝酒、抽大麻、互相吸引，观看怪异的演出。那场面就像是'垮掉的一代'遇上了互联网。这或许并非最佳的组合，但却产生了有趣的、散发出不寻常活力的场面，尽管那里还给人一种极度浪费的感觉。我认为'垮掉的一代'在挖掘他们的疯狂时所使用的预算要相对低得多，那似乎更高尚些，但这也不过

1　纽约下城的一个社区。

2　在美国纽约，那些提供小如"豆荚"的客房的旅馆一度很受欢迎。它们最大的优势是价格相对便宜。

是因为我是一个穷人，在面对跟钱有关的问题时总免不了偏见和势利的看法。"

豆荚旅馆里所有的床铺都被迅速填满了，尽管这里有着严格的准入条件，包括必须穿灰色衬衣和橘色裤子的着装要求，这一装扮令人不安地联想起那套作为古巴关塔那摩湾监狱[1]的遗留产物的制服。"安静"的住客们所处的空间十分狭窄，而且无法提供任何形式的隐私。所有的铺位都挤在同一个军事化风格的地下宿舍里。整个旅馆里只有一个安着玻璃墙面的淋浴间，人们从每日提供免费且精致美味的三餐的用餐大厅里可以直接看见它。

事实上，"安静"里的一切都是免费的。进入这个仓库的代价并非金钱，而是对个体身份掌控权的放弃。到处都安着监控摄像头，就连厕所里都有，拍下的一切被不断地输出到网络上。此外，每个铺位上还装着一个双向的音视频系统，即一个摄像机加上一台电视机。这些设备把"安静"变成了一座圆形监狱[2]，里面的住客既是囚犯又是狱卒，同时扮演着监视的主体和客体这两个角色。

他们能够尽可能地满足自己观看的欲望，浏览不同的频道，睡在任意一张床位上，观看人们吃东西、排便或做爱。他们可以尽情享用视觉的盛宴，但他们无法隐藏。他们可以观看符合其喜好的任意一张脸或任意一具身体，但他们无法免除自己被摄像机不受限制的凝视所打量，尽管他们可以设法得到一群观众，享受被多双眼睛同时关注所带来的辉煌和由多人的注目所赋予的高瓦数的光芒。"安静"并不只是互联网的一个隐喻。它本身就是一个存在，由真实的房间里的真实的身体所触发，

1　美国军方于 2002 年时在古巴关塔那摩湾海军基地所设置的军事监狱。

2　圆形监狱由英国哲学家杰里米·边沁（Jeremy Bentham）于 1785 年提出。这样的设计使得一个监视者就可以监视所有的犯人，而犯人却无法确定他们是否受到监视。

其结果是循环往复地窥视和暴露。

和互联网一样，看似转瞬即逝的东西实则是永久的，看似自由的却早已被买下。只要把"安静"和评论家布鲁斯·班德森在同年发表的一篇论文相比较，你就能意识到哈里斯对这件事情的理解显然具有相当的预判力。那篇文章名为《性爱和孤独》，其内容关乎网络性爱和互联网对社区及城市产生的影响。他在文章里写道："我们都很孤独。没有什么能留下痕迹。今日的文本和图像看似会留下真实的痕迹，但它们最终都是可擦除的，不过是对能够侵入一切的光线暂时的阻挡。无论这些词语和图片在我们的屏幕上停留多久，它们都不会在屏幕的表面沉淀下来，一切都是可逆转的。"这段话捕捉到了网络1.0时代的焦虑，而今它已经显露出恼人的无知，而且没能预见乔什所预见到的事：一种关于网络的可怕的永久性即将到来，数据会产生后果，再没有什么会遗失，逮捕记录、令人尴尬的相片、谷歌搜索记录，以及让整个国家感到痛苦的官方记录统统都会被永久地保存下来。

一俟抵达了这里，"安静"的住客就会签字放弃对与他们本人相关的数据的权利，这就像我们坚持要把网络这个公共空间当作私人日记或进行私人对话的场所一样。一切都被哈里斯记录了下来，包括通过一个比一个残酷的、具有侵犯性的询问搜集起来的信息，这些问询明显是由一个真正的前中情局特工负责的。这些询问构成了《我们生活在公众中》这部纪录片里最令人不安的部分。那些显然孤立无援的人一遍又一遍地受到穿制服的守卫的拷问，被迫说出自己的性癖好和精神健康状态。有一个流泪的女人被强迫演示她是怎么割破自己的手腕的，她必须准确地重现刀片的速度和角度。

这听起来像个地狱，而这段影片看着也的确像是地狱，穿制服的人们在自己的小铺位上性交，乔什的声音听起来慌乱又恼火，他对着摄影机说："在你附近围绕着你的都是这些人，你们越了解彼此，就变得越孤独。这就是这个环境对我产生的影响。"但总的来说，大多数人似乎都挺享受他们在"安静"里度过的时间，或至少他们很高兴自己曾经历过那一切，尽管他们也证实，毒品、人与人之间过近的距离和隐私的缺乏蚕食着这些住在一起的人，斗殴也随之变得愈加频繁。

在新千年的头几个小时里，这场派对骤然画下了句点，警察和联邦应急管理署突袭了"安静"并将它关闭，显然他们是在担忧这一切都是某种关于新千年的异教仪式（在外面的街上就能听见的枪响丝毫不能削弱这种印象）。这次搜查是市长鲁迪·朱利亚尼对放肆行为和犯罪活动采取的强制取缔行动的一部分，意在通过出动被委婉地称为"生活质量特别小组"的方式来净化和调控这座城市，正是这个运作机制曾经扫荡了时代广场上的皮肉生意。随着黎明降临在曼哈顿上方，21世纪拉开了帷幕，"安静"的住客们被赶到了街上，这台引发亲密关系的机器骤然停止了运作。

"安静"里的虐待狂倾向把那里变成一个令人胆寒的视觉奇观，同时也遮蔽了它的目的。它揭示了人们对关注的贪婪，没错，但这则危险的讯息却被一种怀疑给削弱了——人们以为这整件事都是由一个人操纵的，而这个人在逐渐地加大他的赌注。当你看着那些记录了审问过程的视频片段，或是拍摄了一群穿着橘色衣服的人盯着两个在浴室里激烈地做爱的陌生人的录影时，你会有种感觉，似乎某个看不见的人正在猛拽绳子，而这个人会为了制造效果、引发戏剧性场面、吊住观众胃口而不择手段。某种程度上，哈里斯肯定是领会到了这一点，因为他的下一个项目更简单、更自我暴露，也更清晰地宣告了他的意图。

在《我们生活在公众中》（这部纪录片采用了这个项目的名字）中，哈里斯把镜头转向了自己和他的女友坦娅·科林。她是他的一名前雇员，也是他第一个认真对待的恋爱对象。在暴露了人们对参与的渴望以及他们想要被观察的疯狂需求后，他现在想要评估这种监视所需要付出的代价，看看一旦存在于公共和私人、真实和虚拟之间的某种界线崩塌了，人类会受到什么样的影响。让我再重申一遍，这是在 2000 年，距离 My Space 的创立还有 3 年，Facebook 也在 4 年之后才会上线，那时的社交媒体尚未开始萌芽，更不可能有足够坚实的基础去催生而今广为人知的那种焦虑。那时候，电视真人秀《老大哥》(*Big Brother*)[1] 才刚开始在电视上播出，但这个节目只是简单地把人们关进一座人数递减的、被安排得十分舒适的监狱里，让那些看不见的观众通过投票把他们淘汰出去。而哈里斯想要打开渠道，让观众和节目合二为一。

那年秋天，他在自己的公寓里装满了精密的录音、录像设备，包括几十台自动摄影机。在整整 100 天里，无论发生什么情况，他和坦娅都将完全生活在公众的视线里。在这里取得的素材被输出到这个项目的网页上，以双屏的形式出现，屏幕的另一半被留给一个不断变化着的线上群体以供他们进行讨论，后者不仅在观看节目，而且还会给出回应并参与其中。在节目收视的最高点，有上千人同时在线，观看乔什和坦娅吃饭、洗澡、睡觉、做爱。

起先，这段关系在这些人造的灯光下蓬勃地发展着，但随着公众关注度的增加，裂痕开始出现了。观众从一开始就对他们看到的事情加以评论，他们从不间断的评说如同一面会说话的镜子，轮流呈现着恭维和攻击。他们都说了些什么？最好去看看，两人待在不同的房间里，评估各自收到的反馈，比较着他们的受欢迎程度，根据观众的需求调整着他们的行为。当他们争吵时，观众会选择支持其中一人。这个人通常都是

1　1999 年诞生于荷兰且红遍全球的社会实验类真人秀节目。

坦娅，观众会给她提出建议，教她如何对付乔什，告诉她叫他去睡沙发，让她逼他搬出去。

在这样猛烈的进攻下，虚拟渐渐渗进了现实，乔什逐渐变得更加孤独和痛苦，而他的财富正在溜走这一事实更是加剧了这个情况，上百万的资产在兑现的时候骤然消失。2000 年是股票市场崩盘的一年，商业网站的泡沫破裂了。最终，坦娅离开了。那是一次让人丢脸的公开分手，他独自待在公寓里，面对着一群充满敌意的观众，被困在一间充满恶意的房间里，知道这里充斥着看不见的幽灵。接着，观众的数量开始缩水，当他们逐渐消散时，乔什感到自己人格中的某些部分也随之消失了。没有了这些关注，没有了满屏幕的滚动的回复，他还存在吗？这是一个哲学入门级别的抽象问题。直到你看到那段影片中的他在不同的房间里走动着，仿佛受到了惊吓，他浮肿的脸上露出某种茫然的表情，像是某个脑袋上挨了一击的人。

· · ·

第一次观看《我们生活在公众中》这部纪录片时，我用的是一种十年前无法想象的方式。谢丽·沃瑟曼，一个我认识的在 Twitter 公司工作的人，筹划了一次专为互联网设计的电影节。起先，我们的想法是观看与孤独有关的影片，观看者在身体上处于孤立的状态，却在技术上与彼此连接。但是随着时间的推移，我关注的重点转向了真实和想象的牢狱，其中就包括哈里斯设计的那两个。

参加第一届"共现"电影节的共有六个人，我们散布在美国和欧洲，通过各自的手提电脑观看影片，并用聊天工具进行交流。《我们生活在公众中》是我们看的最后一部片子，在那之前我们已经连续观看了

《凝视深渊》[1]、《纽约大逃亡》[2] 和《东京流浪汉》[3]——这意味着我们已经被图像弄蒙了，成小时地沉浸在我们的电脑那发光的内部构造里。其余的几个影片都拍得很美，但又令人不安，它们以不同的方式相互关联着，但《我们生活在公众中》给人的感觉像是直面了某种私人的、丑陋的、令人感到更加不适的东西。如今再看当时的聊天记录，我们像是都受到了惊吓。"SW：这看起来越来越像是自命不凡的互联网新型巨头版本的斯坦福试验[4]。ST：我感觉像是要疯了。AS：这太他妈操蛋了。"

我不能代表其他人发声，但我被自己看到的东西以及它对我产生的意义吓坏了。不知怎么的，我会在未来醒来。我以为我们现在都在乔什的房间里。我以为我们正在不知不觉中进入一个新世界，而它最显著的特征就是所有的墙体都在倒塌，一切都在变得模糊，幻化成其他人的样子。在这种不间断地发生接触和不间断地被监视的氛围里，隐私被动摇了。也难怪在《我们生活在公众中》结束的那天，乔什就逃离了这个城市。在接下来的几年中，他一直躲在一座远离城市的苹果农场里，恢复、重塑着他对边界的感知，把自己重新拉回那副外在的躯壳里。

坍塌、散播、融合、重组：这些事情听着像是孤独的反面，然而亲密关系需要的是一种坚实的、让自我感到成功和满意的感受。现代艺术

1　*Into the Abyss*，德国电影导演沃纳·赫尔佐格执导的纪录片，探讨了人性极端状况的话题。

2　*Escape from New York*，由约翰·卡朋特执导，欧内斯特·博格宁、艾萨克·海耶斯等主演的科幻电影。

3　*Tokyo Drifter*，铃木清顺执导的动作影片，有着华丽的画面，非传统的叙事技巧和一点黑色幽默。

4　又称"斯坦福监狱实验"。发生在 20 世纪 70 年代初的斯坦福大学，一群大学生进行了一场关于人类行为的研究试验。他们分成两伙人，一伙人扮演监狱狱警，另一伙人则扮演囚犯，在 24 小时内模拟监狱里的日常生活。其结果是扮演狱警的人在模拟监狱的情境中开始变得有暴力倾向，而扮演囚犯的人则预谋造反。该试验不久就被叫停，但其研究结果许多年来一直为人们所关注且引起了广泛的争议。

博物馆举行了一次《我们生活在公众中》的放映会，在会后的对话环节中，导演昂迪·蒂莫纳谈到了她对"安静"的看法。她认为，尽管它在很多方面都是一个集权主义的空间，"可那无关紧要……更重要的是尽可能地获取摄影机的注意。那里有110台摄影机，对于那些想要感到自己是某件事的一部分的人来说，那里就像是个糖果店。"她还强调说："当时我没有意识到这就是互联网将要成为的样子。"她把这部影片看作一个明白无误的警告，说："我认为当我们上传自己的照片时，我们必须意识到自己在追求的是什么。我认为我们都有一种渴望，不想孤身一人，想要跟别人产生联系，那是一种基本的欲望，但在我们的社会里，名声已经成了金羊羔[1]……要是我能得到它，我就不会感到孤独，而会始终感到被爱着。"

这是一种没有风险的爱。一种单纯地散播着自己的脸，并对其进行无穷无尽的复制的爱。在艾洛尔·莫里斯的纪录片《收割我》中，哈里斯以一种毫无保留的、将个体身份与被观看的经验合并起来的方式思缅着自己的人生。"网络是我唯一的朋友……我是个名人。都是在看着我的人……这个古希腊合唱队[2]在看着我我我。"似乎每多一双眼睛，被凝视的对象，也就是那个脆弱的、膨胀的我就会被放大和加固，尽管那些眼睛同样也能把它撕成碎片。

这叫人再一次想起沃霍尔，他有着相似的强烈渴望，意欲进入到网络里，把它用作一种自我宣传的方式，把他的影像传播到世界各地。或者，还有另一种选择，把其他人放到网络上去，更好地享用他们。他的作品中的方方面面都与哈里斯的计划产生了共鸣，二者都尽可能地利用

---

1 西方神话中寓意为稀世珍宝，象征着财富、冒险、意志、理想和幸福。

2 在古代希腊的戏剧中，合唱队是重要的组成部分，会以统一的和声形式推动情节发展。

了网络。拍摄那些所谓的无聊影片，用漫长到毫无必要的目光注视着那些陷入影片标题——《睡觉》或《理发》，《亲吻》或《吃饭》所示的平凡的日常活动中的人们，向他们献上静止的、银色的致意。他们见证了一种想要观看一具身体执行其典仪的渴望，这种冲动以更粗粝的原始状态出现在哈里斯那不间歇的录影里，人们排便或洗漱，睡觉或做爱。这也是一种随即在网络这个自画像的王国，这个恋物癖和平庸之物的飞地上大量盛放的冲动。监视的艺术（我猜你会这样称呼它），在这个术语被传播和使用以前就已经存在了。

当然，沃霍尔和哈里斯之间的区别在于沃霍尔是个艺术家，致力于创造某种美好的事物，为这个世界创造一个闪耀的表面，一面冷漠的镜子，而不仅是埋首于社会实验和自我发迹，以及有时看来像是毫无必要的残酷的暴露之中。然而，或许最后一句话并不公平。看着"安静"的片段，看着它所表现出来的虐待狂和操纵的倾向，我不止一次地想起沃霍尔的那些更令人不快的影片。在那些影片里，他和鲁尼·塔维尔会挑起狂热的情绪，或是怂恿那些眼神纯真的参与者做出侮辱人的举动。奥汀掌掴罗娜·佩吉，玛丽·沃罗诺夫在《切尔西女孩》里粗暴地对待"国际天鹅绒"[1]，美丽的莫里奥·蒙特兹[2]在《试镜2号》里歇斯底里地用唇语说着"腹泻"这个词，他漂亮的脸蛋坚定、急切地想要去取悦他人（在影片的开头，他着了魔似的摆弄着自己华丽的假发，摄影机的镜头在他的上方。他像在做梦般地告解道："我感觉像是在另一个世界里，一个梦幻的世界。"）。

1　原名苏珊·博顿利（Susan Bottomly），美国模特、演员，曾出演过好几部沃霍尔的影片。

2　莫里奥·蒙特兹（Morio Motez），沃霍尔的超级明星之一，出现在他的十三部影片中。

倘若要说有什么推动了沃霍尔的创作，那并非性的欲望和我们通常理解的厄洛斯[1]，而是对关注的渴望（这正是现代社会的驱动力）。沃霍尔在看着的，以及他在绘画、雕塑、电影和照片里重现的就是每个人都在看着的东西，无论它是名流、汤罐头，还是拍摄了灾难或是人们被汽车碾过后飞撞到树上的场景的照片。当他在看着这些东西并且通过把它们滚印到彩色的画布上来对它们进行无止境的复制时，他想要提炼的是关注本身的精髓，以及每个人都在孜孜不倦地追求着的难以捉摸的部分。他的研究从明星开始，所有那些眼睑厚重、嘴唇丰满的名伶，杰基、埃尔维斯、玛丽莲，他们的脸都一片空白，被摄像机镜头吓得目瞪口呆。但他没有在这里停下。像哈里斯一样，沃霍尔能看到科技使越来越多的人获得名声的可能性，它是亲密关系的替代品和令人上瘾的替身。

匹兹堡的沃霍尔博物馆里有一个放着几十台垂悬在链条上的电视的房间，每台电视机都播放着一集不同的脱口秀。这些脱口秀都出自他在 20 世纪 80 年代制作的两档节目，《安迪·沃霍尔的电视》（Andy Warhol's T.V.）和《安迪·沃霍尔的十五分钟》（Andy Warhol's Fifteen Minutes）。每台电视里都有一个缩小版的安迪，他的假发向上竖起，不受地心引力的限制。他在自己的眼镜后面显得不大自在，但却沉迷于那炽热的、径直打在他脸上的灯光。电视是他最渴望进入的媒介，是他志向的巅峰。用馆长伊娃·迈耶·赫尔曼的话来说："电视这一扩散到每个起居室里的大众媒介是他能想象到的最极致的复制和重复的形式。"在《安迪·沃霍尔的哲学》里，他提到了对电视的神奇能力的看法——它能把你变成一个大人物，无论你感觉自己有多么微不足道：

1　原文为 Eros，是希腊神话中的爱神，一切爱欲和情欲的象征。

倘若你是电视上最重要的节目里的明星，某天夜里，当你出现在节目上的时候，你可以随便挑一条美国的街道走走。你透过窗户看进去，看到自己出现在每个人起居室里的电视上，占据了他们的部分空间，你能想象自己那时的感受吗？无论你看上去有多小，你都拥有了任何人能够想到的全部空间，就在那个电视盒子里。

这就是复制所带来的美梦：无限的关注，无限的留意。互联网的机制让它化身为一种民主的可能性，而电视永远无法做到那一点，因为坐在起居室里的观众数量必定远胜于那些能够挤进电视机这个小盒子里的人。但互联网就不一样了，每个有电脑的人都能参与进来，成为Tumblr或YouTube上一个小小的神祇，用化妆建议或是装饰晚餐桌和烘焙出完美的纸杯蛋糕的才能来支配众生。一个宣称"很难解释我自己所以那就是我的视频想要做到的！"的善于对人恶言相向的穿毛衣的小孩能收获1379750个订阅者，接着你浏览了Twitter上标注为"孤独"的话题标签，"最近没法跟任何人产生共鸣＃孤独"，七个点赞；"我喜欢看到要我一起去做某些事的人没回应我然后又不带上我去做那些事。＃孤独"，一个点赞；"我度过了一个那样的夜晚。有太多思考的时间＃孤独"。"我听起来像是个养了一大群猫的该死的胆小鬼。我希望我有一只猫"，没有点赞。

与此同时，还有什么呢？与此同时，这颗我们所生活的星球上的生命形态每小时都在消失。与此同时，每件事都在稳步地变得越发同质化，越发难以容忍差异的存在。与此同时，青少年在自杀，在Tumblr上的一面时隐时现的、闪烁的凯蒂猫背景墙上留下遗言："我度过了彻底孤独的5个月。没有朋友，没有支持，没有爱。只有我父母的失望和孤独的残酷。"

有些事在变得不对劲起来。不知怎的，复制机器的魔咒失效了。不知怎的，我们所抵达之地并没有那么令人满意，并不那么适于居住，也并没有多么了不起。倘若我把自己从电脑上剥离开，看向窗外，迎面撞见的却是时代广场的屏幕。戈登·拉姆齐[1]的脸被放大到真人的百倍大小，成了一个巨型的守夜人。

孤独地游荡在这片不自然的景致里，我完全可以身在其他任何地方：伦敦、东京、香港，任何一座被科技修正过的未来城市。它们看着都越来越像是雷德利·斯科特在《银翼杀手》[2]里塑造出的城市的样子，其中满是飘浮的可口可乐和"世外桃源殖民地"的广告，以及人造物和本真之间模糊的界线所引发的焦虑感。

《银翼杀手》描绘了一个没有动物的世界，一个雪莉·特克尔曾预言过的机械化时代的想象先驱。塞巴斯蒂安，一个过早成熟的、古老的大男孩儿，独自居住在未来湿漉漉的洛杉矶，待在荒废的布拉德伯里大楼[3]那渗水的、布满残迹的庞大遗迹里。他是怎么说的来着？人造人帕丽斯问他是否感到孤独，他说，不（真实的人类几乎总会这样回答），并用他那拖拖拉拉的调子告诉她："并不真的孤独。我制造朋友。他们是玩具。我的朋友是玩具。我把他们做了出来。那是个业余爱好。我是个基因设计师。"于是我们又被困在了另一个空间里，这里堆满了用编程设计出来的同伴。我们创造了这些朋友，并赋予了他们生命。别再去想什么移民到"世外桃源"了，我们已经移民到了网上的世界。

我好奇的是，电脑是否正是在地球上的生命都陷入了如此灾难性

1　戈登·拉姆齐（Gordon Ramsy），英国顶级厨师，曾主持多档电视烹饪节目。

2　*Blade Runner*，1982 年上映的美国反乌托邦科幻电影。

3　洛杉矶著名旅游景点，最古老的商业大楼。

的危险时获取了它们的统治权的？我好奇它是否是一个驱动力，是对逃避感受的渴求当中的一部分，用"永恒的关注"这种药剂堵上人类对接触的需求。而这其实源自一种焦虑，我们担忧有一天自己将会成为最后被留下来的人，成为这个种类繁盛、鲜花盛开的星球上最后的物种，飘荡在空荡荡的太空里。那是个噩梦，不是吗？被遗弃在永恒里？在岛上的鲁滨孙·克鲁索，那消失在冰上的怪物弗兰肯斯坦[1]，还有《飞向太空》[2]、《地心引力》[3]和《异形》[4]。哭泣的威尔·史密斯在《我是传奇》[5]里游荡在荒凉的、渺无人烟的、瘟疫袭击后的纽约，恳求一家废弃的录影带商店里的人体模型："拜托跟我打个招呼吧，拜托跟我打个招呼吧。"所有这些恐怖故事围绕的都是没有治愈可能的孤独，无望得到补偿或救赎的孤独。

　　同样令我感到好奇的是艾滋病是否是这一切的基石。在《疾病的隐喻》里，苏珊·桑塔格将疾病和在当时尚不发达的网络世界联系到了一起，这两个领域中所用的修辞后来也以同样的方式互通并且混杂在了一起。首先，病毒这个词的用法从攻击身体的有机体进化成了攻击机器的程序。艾滋病在最后一个千禧年的尾声到来时占据了这个意象，填满了一片恐怖的氛围，因此，当未来汹涌而来时，随之而来的是一种滞重的对污染、患病的身体和生活在其间的羞耻的恐惧。这时我们面对着一个虚拟的世界。为什么不呢？请快来吧，它能够宣告实体暴政

1　玛丽·雪莱的同名小说的主人公，故事中，一个疯狂的科学家制造出了一个怪物般的"人"。

2　*Solaris*，安德烈·塔可夫斯基执导的 1972 年上映的科幻电影。

3　*Gravity*，阿方索·卡隆执导的 2013 年上映的科幻电影。

4　*Alien*，雷德利·斯科特执导的 1979 年科幻电影，后成为系列影片。

5　*I am Legend*，2007 年上映的末世科幻电影，改编自理查德·麦森的同名小说。

的终结，宣告长期以来的旧时代、疾病、失去和死亡的统治的终结。

此外，桑塔格还指出，艾滋病暴露了地球村面临的充满危机的现实。在这个世界上，一切都处于不断的循环中，物资和垃圾，伦敦的塑料吸杯在日本被洗刷，或被卷进太平洋垃圾旋涡肮脏的涡流里，分解成远洋塑料，再被海龟和信天翁吃掉。信息、人类、疾病，一切都处于流动的状态。没人能置身事外，一切元素都在不断地变形为别的东西。桑塔格在她的这本出版于 1989 年的书的结尾处写道：

> 但现在，加强了在空间中的现代连接性的（不仅是个人的，更是社会的、结构的）是一种对健康产生威胁的携带物，有时它也被描述成一种对物种本身的威胁。对艾滋病的恐惧总是伴随着对未知疾病的关注，它们随着先进社会的到来一同出现，尤其是那些体现了全球化范围内的环境恶化这一事实的疾病。艾滋病是打破地球村乌托邦的一个先兆，预示着已经在前方等待着我们，并将永远先于我们的未来，没人知道该如何抗拒它的到来。

21 世纪的公民或许会给这段话加上"# 受够了"或是"# 太长，不读了"的标签。这种绝望情绪被我们压缩进微语言里，而今我们似乎被迫将它们限制在自己的内心当中。

· · ·

有一天，我在凌晨两点半往家走时看到一匹拉马车的马被拴在荒弃的 43 街上。另一天夜里，我经过 42 街上的一群人身旁，看到一个男人自顾自地大喊着"纽约！我们要淹死在色彩里了！"在时代广场酒店的电梯里，我在人们的对话中进进出出。两个女人正在询问一个男人有关路易·威登手提包的事情，他的头发用发蜡抹到了后面。你想要什么颜色？黑色。你什么时候走？她过一个半小时走。那是一个外部的世界，要是我能让自己进入其中就好了，尽管它变得越来越像屏幕里的那个被净化了的世界。

那种驱使我们迁入网上世界的力量在社区本身的结构中也同样清晰可见。每座城市都成了一个消失之地，可曼哈顿是一座岛，为了重塑自己，它必须切实地摧毁过去。塞穆尔·德莱尼、瓦莱丽·索拉纳斯和大卫·沃纳洛维奇的时代广场，兰波相片中的时代广场，这个让躯体聚集到一起的地方，在过去的几十年里已经经历了一次剧变，一次通往同质化的运动，一场士绅化大清洗的手术：朱利安尼和布隆伯格[1]扫荡了这里的色情电影院、妓女和跳舞女郎，取而代之以企业的办公室和高端的杂志社。

特拉维斯·贝克尔在《出租车司机》[2]里的那段著名的独白中表达了同样的对净化的向往，他在雨中开着出租车经过 20 世纪 70 年代的时代广场，经过偷窥秀场的绿色的鱼缸和用粉色的字母拼出的"诱惑"，女孩们穿着柠檬黄色的热裤和厚底高跟鞋，车前灯在潮湿的柏油路面上洒下红色和白色的光，这时响起了画外音："所有的野兽都在夜间出行——妓女、臊臭的婊子、鸡奸者、异装癖、同性恋、吸毒的人、瘾君子。这些人病态且唯利是图。有一天，一场真正的雨会落下，把这些渣滓从街上全部冲走。"现在这场雨已经来了。现在时代广场充斥着迪士

1　鲁迪·朱利安尼（Rudy Giuliani）与迈克尔·布隆伯格（Michael Bloomberg）均为纽约前任市长。

2　*Taxi Driver*，由马丁·斯科塞斯执导的 1976 年美国影片，特拉维斯·贝克尔是其中的主角。

尼的角色、游客、脚手架工人和警察。现在，兰波相片里的放映 X 级影片的胜利影院成了一座翻修过的光辉灿烂的儿童剧院，而新阿姆斯特丹影院自 2006 年起就只放映《玛丽·波平斯》了。

曼哈顿正在蜕变为一个只对超级富人开放的封闭式岛屿，这真是讽刺，因为 20 世纪 70 年代时，这里更像是一座只对穷人开放的封闭式监狱，一个在《纽约大逃亡》（我们在第一届"共现"电影节上观看的其中一部影片）这类科幻电影里被用来拍摄危险之地的场景。我在那段时间所居住的大楼，也就是装饰着古老的艺术风格线条的时代广场酒店，过去曾是一个福利旅馆，从这座城市那拥挤的避难所里满溢出来的无家可归的人曾把这里空无一人的房间当作福利住所。瓦莱丽·索拉纳斯是这种旅馆的常客，而大卫·沃纳洛维奇在那本讲述他的童年生活的图像小说《秒速七英里》也回忆起自己被迫栖身于这种地方的那些日子。这里的床垫已经腐烂，门也从距离地板 60 厘米处被锯开，以致任何怪人都能在你睡觉的时候爬进来。相较而言，就算他已经筋疲力尽了，他也还是更喜欢露宿在开阔的街头。

我不知道他是否曾造访过时代广场，但在他小的时候，他肯定在类似的地方做过不少交易。后来他曾写到过那些事情：中年男人把他从这里带走，把他带到那些肮脏的小房间里。有一次，那个嫖客让他透过墙上的一个小孔偷看另一对伴侣。当那个女人转过来的时候，他看到她的肚子上满是没有愈合的刀伤。在《秒速七英里》里，有一幅描绘她的躯体的图片，上面是用染了色的布条涂上的红色、粉色和棕色。"真正让我感到不安的是"儿时的大卫说道，他在港务局外认出过那个妓女，"那个人怎么可能去干那个女人，那些新鲜的伤口就这么暴露在他面前！好像他想象不到那具他正在干的身体所感受到的痛苦一样。"

这才是时代广场联盟本该清除的东西：乞丐、骗子、受伤的与饥饿的肉体。然而，值得怀疑的是，其动机是否出于完全的人道主义，这场清洗是否由一种旨在改善边缘人士的生活，或让他们生活得更安全的意愿所推动。更安全的城市，更洁净的城市，更富有的城市，更加同一化的城市："生活质量任务力量"冠冕堂皇的措辞背后潜伏的是对差异的深切的恐惧，他们害怕肮脏和污浊，不愿让其他生命形态与之共存。而这意味着城市正从一个让不同的人产生联结、相互交流的地方变为一个与隔离病房无异的地方，一个把同类的人圈禁在一起的地方。

这就是《头脑的士绅化》一书的主题，萨拉·舒尔曼杰出的激昂之词将士绅化的实体进程与艾滋病危机造成的死亡联系在一起。她的作品呼吁我们要意识到，生活在一个复杂的、动态的、多样化的社会远比生活在一个高度统一化的社会更健康，而且从任何文明的角度来看，建立在特权和压迫之上所得的快乐都根本不能被称为快乐。或者，就像老时代广场的另一个居民布鲁斯·班德森在《性与孤独》里所写的："中心城市的谢幕是每个人的孤独。对肉体的弃置是孤立，是纯粹的幻想的胜利。"

这在现实的环境里产生了后果，而虚拟世界也同样受到了影响。在我居住在时代广场的期间，沃纳洛维奇的话语一直不断地在我脑中浮现。"好像他想象不到那具他正在干的身体所感受到的痛苦一样。"这是一句表现出共情的话语，它彰显出一个人进入另一个人类的情感现实，辨别出他们独立的存在和他们不同的能力。这正是通往所有亲密举动的序幕。

在《银翼杀手》的异想世界里，移情是得以把人类和人造人区分开的东西。事实上，在影片的开头，一个人造人被迫接受了沃伊特·坎普夫测试。人们通过使用一种测谎仪来评估被测者对一系列问题的情感回应的程度，以此来判定他们是不是真正的人类。这些问题大多与处境悲惨的动物有关。"有一只仰面躺着的乌龟，它的肚子暴露在灼热的阳光下，它挥动着双腿想要翻过身去，但它做不到。没有你的帮助它就做不到。可你并没有帮忙……为什么呢，里奥？"这个提问被突然打断了，里奥从桌子后面朝询问者开了枪。

当然，这部电影的讽刺之处在于，正是人类被剥夺了共鸣的能力，他们没能察觉到人造人一方的痛苦，后者承受着"偷皮者"的污名，而且它们那过于短暂的生命也被延长了。只有在人造人罗伊·巴蒂差点杀了他（真是一次不错的生活在恐惧里的经验，不是吗？）又救了他的命之后，银翼杀手戴克这个冷酷无情的侦探才学会了去理解它们的处境，融化了他孤独的坚冰，以及这座城市中那深入骨髓的疏离的状态。

现在，让我感到好奇的是：对联结的恐惧究竟是不是我们这个时代真正的不安？它是否在支撑着我们的真实和虚拟生活的改变？那是圣帕特里克日[1]，早晨的时代广场上挤满了醉醺醺的、戴着绿色棒球帽的青少年，而我径直走到汤普金斯广场公园去躲开他们。等我回家的时候，外面已经开始下雪了，街上几乎空无一人。在百老汇街的一头，我经过了一个坐在门廊上的男人。他肯定有四十来岁了，头发参差不齐，一双大手上满是裂缝。当我停下的时候，他开始滔滔不绝地说起话来，说他在这里坐了整整三天了，说没有一个人停下来跟他说话。他对我说起他的孩子："我在长岛有三个漂亮的宝贝。"接着又讲了一个叫人摸不着头脑的关于工作靴的故事。他给我看了他的手臂上的一道伤口，说，昨天我被人捅了一刀。我在这儿什么都不是，人们朝我丢零钱。

雪下得很大，雪花盘旋着往下落，我的头发早就湿了。过了一会儿，我给了他五美元，然后接着往前走。那天晚上，我看着雪花落下，

1　传统的爱尔兰节日，于每年的 3 月 17 日举行，以纪念传教士圣帕克成功地在爱尔兰传扬基督教，但逐渐演变成一个全球化的节日。

看了很长一段时间。空气里满是潮湿的霓虹灯，滑动着点染了街头。其他人的痛苦是什么？假装它不存在，拒绝做出同情的努力，转而相信人行道上的陌生人的身体不过是一个被渲染[1]出来的鬼魂，一个彩色像素的集合。在我们转过头去，换一个频道去注视时，它就会从存在中隐没，这要更容易些。

---

1 "渲染"作为计算机术语时，在电脑绘图中指用软件从模型生成图像的过程。

异常的水果

天气先是变得更冷了，然后又暖和了一些，空气中飘满了花粉。我离开了时代广场，搬到了我的朋友拉里的那间位于东十街上的暂时空置的公寓里。能回到东村真好。我想念这片街区，想念这个装饰着小彩灯和破破烂烂雕塑的社区花园，在 A 大道上的每分钟里，你都能听到一堆不同的语言。正如萨拉·舒尔曼在《头脑的士绅化》里所说的，都市人的礼节提供了一种"日复一日的对拥有不同经历的人的真实性的肯定"，尽管以难以遏制的速度激增着的公寓大厦和冻酸奶店和飞涨的房租，明显让这个地方过去的种族、性别和收入的多样性陷入了岌岌可危的境地。

拉里的公寓里堆满了大叠他满怀热情收集来的美国史料，不仅仅是一个悉心维护的名人传记图书馆——P 是多莉·帕顿[1]，H 是凯斯·哈林，还有约一百个杰克·丹尼尔斯威士忌酒瓶、几十条钩针织毯、乐器、掉在地上的垫子、一尊戴墨镜的"猫王"半身像，还有一个细长的、胀鼓鼓的外星人抱着一只臃肿的猩红色金刚。

拉里的艺术作品从这片欢快的混乱中涌现了出来，其中最重要的是一件斗篷，自我认识他起，他就一直在为它忙活着。这件斗篷由上百片被丢弃的刺绣作品的碎片拼缀而成，那些布片都是他花了数十年时间从

---

1 多莉·帕顿（Dolly Parton），美国乡村音乐歌手和作曲家。

旧货商店和清仓拍卖中收集来的，其中大部分都是未完成品。在把它们缝到一起之后，拉里开始往空白处缝缀上无数的小圆亮片，每片都是手工缝制上去的。飞机、蝴蝶、鸭子，以及一列拖着一团彩色烟雾的火车：所有这些讨人喜欢的剩余物，这些被彻底抛弃的文化和好品位，都被组合到了一起，蜕变为一次匿名的、自制的、手织的庆典。

那件斗篷是公寓里的一个令人难以忽视的存在。首先，它很大；其次，它或许还是我见过的最耀眼、色彩最鲜艳的东西。我喜欢和它住在一起。从某个角度来看，它给人带来抚慰，它是由某种协作而生的图腾般的物品，尽管并未牵涉实际的接触和真实的亲近，却依然构成了某种联系，把一群散落在时间中的陌生人拉到了一起。我也喜欢它的姿态，一具看不见的身体将它支撑起来，这一方面是因为它显然是一件衣物，挂在拉里空荡荡的工作室里，另一方面是因为它曾经历了数十人之手，其中的每一针都见证了人类的劳作，以及人类制作物品的欲望背后的原因：人们将物品制作出来并非出于它们的实用性，而是因为它们以某种方式予人以乐趣和慰藉。

这是修补的艺术，是渴望联结的艺术，是寻找一种让联结变为可能的艺术。就是在这段时间里，我看到了佐伊·伦纳德为悼念大卫·沃纳洛维奇而作的作品——《异常的水果（献给大卫）》（*Strange Fruit, for David*）。《异常的水果》是一件完成于 1997 年的装置艺术品，如今它已是费城艺术博物馆的永久性展品之一。它由 302 个橘子、香蕉、葡萄柚、柠檬和牛油果组成，这些水果的果肉被吃掉了，剥掉的外皮被风干，接着又被人用红色、白色和黄色的线重新缝合起来，并且上面还缝缀着拉链、纽扣、筋、贴纸、塑料、金属丝和布条。成品有时被一起展示出来，有时则以一小组一小组的形式被摆在展厅的地板上供人参观。这些水果执拗地继续着自己发臭、萎缩或腐烂的过程，直到化作尘埃并彻底消失。

这件作品显然是艺术中虚幻画派¹传统的一部分，是记录着物质从光鲜亮丽到衰败腐坏的过程的实践。它是为纪念大卫·沃纳洛维奇而作的，大卫曾是伦纳德的一名密友。他们最早相遇于 20 世纪 80 年代，当时两人同在一个名叫丹斯特里亚的夜总会工作，那里曾是市中心新浪潮领域的非正式总部。后来，他们都成了"行动起来"的会员，还一度隶属于同一个关系密切的小组，在超过十年的时间里，他们一起创作艺术，谈论艺术，参加抗议活动，还一起被逮捕。

1992 年，在大卫去世后的那段时间里，"行动起来"也开始产生分裂，这个组织一方面想要改造固化的、腐坏的系统，另一方面还想要照料和哀悼那些他们深爱着的朋友们，这种压力压垮了它。当时有不少人离开了，其中就有伦纳德。她离开了纽约，一路旅行到了印度，在淡季的普罗温斯敦待了一段时间，接着又去了阿拉斯加。《异常的水果》就是在那些孤独的年月里创作出来的，当时艾滋病的盛行造成的大规模死亡显然是触发它的其中一个因素，或许还有因竭力促成政治改革而产生的疲惫。

1997 年，在接受她的朋友、艺术史学家安娜·布鲁姆的采访时，伦纳德谈起用那些水果来创作的想法最初是如何成形的：

> 那有点像是把我自己重新缝补起来的方式。当我开始着手制作它们的时候，我甚至没有意识到我是在创作艺术……我厌倦了浪费东西。我厌倦了一直把东西丢掉。一天早上，我吃掉了两个橘子，可我就是不想把橘子皮丢掉，于是我在无意识的状态下把它们重新缝了起来。

1　原文为 Vanitas，一种象征艺术，原词出自拉丁语，意为空虚、松散、无意义的尘世生活和转瞬即逝的虚荣，头骨是常见的虚幻画派符号，象征死亡的必然性。

这些成品立刻让人想起大卫的拼缀作品，他把它们通过不同的媒介一再地呈现出来，其中包括物品、相片、表演和电影里的场景。其中一个作品是一条被切开的面包，它的两端被松松地缝缀起来，它们之间的空间被一根由猩红色的绣线编成的翻绳填满了。另一个作品是一张著名的照片，拍的是他自己的脸，他的嘴被缝了起来，在显然是针穿过的地方涂了像血一样的小点。这些都是艾滋病危机时期的标志性作品，见证着静默和忍耐，以及被拒绝发声的孤立状态。有时，这些缝补看着像是赎罪的手段，但更多的时候，它被用来揭露和引起对审查制度与隐藏的暴力的关注，呼吁人们关注在大卫的世界里随处可见的破坏和躲闪。

这些水果明显也是来自同一场战争的作品。标题源自那个令人不快的、指代同性恋男人的俚语词"水果"，他们是异常的造物，社会的放逐者。它也暗指向比莉·哈乐黛的那首关于私刑的歌：用极致的暴力施加于肉体上的恶意和歧视，将扭曲的、被焚烧过的躯体吊在树上。比莉·哈乐黛这个为个体与制度的孤独发声的人在孤独中生活，同样也在孤独中过世。她的一生缺少爱意，还要面对种族主义的残酷对待。比莉·哈乐黛被人当面叫作"黑鬼"，就算是在她领衔的演出场所也被要求从后门进去。她曾试图用酒精和海洛因这些有害的缓和剂治愈伤痛。1959 年的夏天，比莉·哈乐黛瘫倒在自己位于西 87 街的房间里，当时她正在吃乳清蛋糕和燕麦粥，起先她被送到了尼克博克酒店，接着又被送去哈莱姆区[1]的大都会医院，跟接下来那些年里的很多艾滋病人一样（尤其是身为黑人或黑白混血的艾滋病人们），她也被丢在走廊的一张轮床上，不过是又一个吸毒过量的案例。

最糟糕的一次贬低人性、拒绝提供照料的行为发生在 1937 年，一

1　曼哈顿的一个黑人住宅区。

个陌生人给她打电话，说她的丈夫克拉伦斯死了，问她该把尸体往哪儿送，他的白色礼服衬衫上还残留着血迹。肺炎。她在自传《唱蓝调的女士》（*Lady Sings the Blues*）里写道："杀死他的不是肺炎，而是得克萨斯州的达拉斯市。他在这座城市里不停地奔走，从一个医院到另一个医院，试着寻求帮助。可甚至没有一个人愿意量一下他的体温，或是把他接收进去。情况就是那样。"

她唱了那首歌，《异常的水果》，以此来抗议他的死，它的歌词似乎"在细数所有扼杀了波普文化的东西"。而后来杀害了她的正是那些东西，她再也没从大都会里出来。她因持有毒品罪被逮捕，并在医院的一个小房间里由两名警察看守着度过了生命的最后一个月。显然，毫无顾忌的污名行为积累成了对她的羞辱。

"行动起来"试图在组织运作中至少表达出这些问题中的一部分，解除并挑战体系化的势力。这种势力让一些人群显得没有另一些那么重要，让同性恋、瘾君子、有色人种和无家可归的人变得像是可以被放弃和牺牲的东西。20 世纪 80 年代末，"行动起来"的全体成员一致同意他们的工作应该拓展到同性恋男性以外的层面，成为一个更包容的、表达其他群体需求的组织，包括毒品使用者和女性，尤其是妓女。

这个被伦纳德自己称为"行动起来口述历史项目"的作品围绕着"针剂交换"项目展开，这个项目是当时的一种旨在阻止艾滋病传播的激进方案[1]。尽管科赫市长曾在纽约短暂地开展过"针剂交换"行动，但在朱利亚尼执政时期的"零容忍"道德风气下，它们很快便成了不合法的行为，就像在美国和世界上的其他很多地方一样。伦纳德帮着建立了一个项目，为毒品上瘾者提供干净的所需品和艾滋病教育，为此她被逮

1　开展于 20 世纪 70 年代的一项社会服务，皮下毒品注射者只要到指定地点归还使用过的注射器，即可换取到低价或免费的新的注射器。

捕、起诉，并且遭到审判，还因试图挑战拥有注射器的法令的合法性而被判入狱了很长一段时间。

《异常的水果》是一件不一样的针线作品。它并不激进，尽管它要对抗的是同样的势力，却跟参加抗议或主动违反法律的作品有所不同。它接受了因排斥、失去和孤立而生的痛苦，并安静地拥抱了它们。它是政治的，没错，可它同样也是私人的，表现着由具象化导致的不可避免的后果。这些无言的、非常安静的水果表达着它们的弱小、独特、破损、消失，以及渴望某些已经离开并不会再回来的东西的痛苦。

它们的哀求即便是透过电脑屏幕也丝毫不会减损。看着它们的图片——一个被缝起来的橘子，一根荒诞的、受伤的、穿了线的香蕉时，你很难不感到一股巨大情感的冲力，同时作为对损坏和缺乏的回应，对它们进行的关切的、怀着希望的、不屈不挠的修补工作，一针一线，一段拉链，一粒纽扣。

我并非唯一感受到了这些水果的动人之处的人。在为《弗里兹》（Frieze）杂志撰写的一篇专题文章里，评论家詹妮·索尔金描述了她第一次看到这件装置艺术品时的情景：在千禧年伊始的某一刻，她焦躁地徘徊在费城艺术博物馆里。"远远地，"她写道，"它看着像是一堆碎石。接着我走近了些，那种烦躁的感觉消失了，取而代之的是一种颇为哀伤的、突然非常孤独的感受，绝望像一辆卡车般撞向了我。这些被缝起来的水果带给我一种怪异的、难以言明的亲近感。"

失落是孤独的表亲。它们相互缠绕，彼此重叠，因而，一件为悼念而作的作品可能会唤起一种孤独的、分别的感受，这并不奇怪。死亡是孤独的。肉身存在的本质也是孤独的，被困在一具不可抵挡地向着衰败、萎缩、损耗和破碎而去的身体里。此外，还有丧失亲友的孤独，失去爱人或感情破裂的孤独，思念一个人或很多特定的人的孤独，哀悼的孤独。

然而，以上这些孤独都能经由这些摆在展览室地板上的没有生命的、逐渐干裂的水果传达出来。《异常的水果》之所以如此动人，之所以会带来如此剧烈的痛苦，是因为缝补的努力清楚地表明了孤独的另一个方面：它那无尽的、烦闷的希望。孤独是对亲近、联合、加入的渴望，是想要聚起那些将会分离、破裂或被隔离和遗弃的东西。孤独是对整体和一种整体感的渴望。

这是种有趣的行为，把东西缝起来，用棉布或线段把它们拼缀起来。这既是一个实际的动作，却也有象征的意义；它既是手工的，也是精神的作为。针对这类行为中蕴藏的含义最深刻的解读是由心理学家和儿科学家 D.W. 温尼科特提出的，他是梅兰妮·克莱因的研究的后继者。温尼科特从第二次世界大战中被撤离的孩童着手展开自己的心理分析研究。他一生都致力于对依恋和分离的研究，对过渡性客体[1]、抱持、虚假和真实自我的概念逐个进行了研究，并探索了它们如何在对危险与安全的环境产生回应中得到了发展。

在《游戏与真实》（Playing and Reality）里，他描述了一个小男孩的案例。这个男孩的母亲一再地离开他去住院，起先是为了生他妹妹，接着又因为抑郁而接受治疗。因为这些经历，这个男孩变得痴迷于绳子，用它把房子里的家具都绑了起来，把桌子和椅子系紧在一起，把垫子捆在壁炉上。他甚至曾把一根绳子缠在了还是婴儿的妹妹的脖子上，当时的情景十分惊险。

---

1 第一个"非我"所有物（the first not-me possession），最早出现在孩童的玩耍中，也是艺术经验的前导指标，它不是母亲所给予的，因为过渡性客体是儿童自己发现或创造的。它甚至比母亲重要，是儿童"几乎无法割裂的一部分"。常被用来代表过渡性客体的物品包括一条毯子、一件旧衣服、柔软的玩偶或是呀呀儿语、不断重复的动作等。这些物品或声音并不是过渡性客体本身，真实的过渡性客体是介于拇指与外在客体（那些柔软物品或特殊声音）之间的东西。

温尼科特认为，与男孩的父母的担忧不同，这些行为并非偶然，或是出于顽皮、精神错乱的缘故，相反，这个男孩是在通过这种行为进行发声，想要说出某些在言语中不被许可的东西。他认为，这个男孩是在试着表达一种对分离的恐惧，以及对重新获得与母亲的联系的渴望，这种联系被削弱甚至是永远地离他而去了。温尼科特写道："绳子可以被看作是所有其他沟通技巧的延伸。绳子把东西联结在一起，这是它在包装物品或把不完整的东西维系在一起时发挥的作用。从这个角度来看，绳子对每个人都具有相同的象征意义。"接着，他给出一句警示性的补充，"对绳子的过分使用可以让人轻易地联想到一种不安全感，或是缺乏沟通的开端。"

对分离的恐惧是温尼科特研究的中心问题。这种恐惧主要是一种幼儿时期的经验，但也会持续留存在年龄较大的孩童和成人的身上，在脆弱或孤独的处境下强行再现。在最严重的情况下，这种状态会导致他称之为"匮乏的后果"的灾难性感受，包括：

1）崩溃

2）永久的情绪低落

3）因为没有任何沟通方式而造成的彻底的孤独

4）精神和肉体的分裂

这张列表记录了孤独的内核，即它最核心的部分。分崩离析，永远的低落，永远无法找回活力，被永远地锁进单独监禁的牢房里，所有真实的、有界的感受都会被迅速侵蚀：这些就是分离的影响，是它酿成的苦果。

在这些被抛弃的情况下，幼儿渴望的是被抱持、被包容、被呼吸和心跳的节奏所安慰，透过母亲微笑的脸庞这面美好的镜子被重新接纳。对于大一些的孩童或是成年人来说，倘若他们没能得到足够的关爱，或是曾经历过原初的分离的经验，那么，这些感受往往会引发他们对过渡性客体的需求，他们需要用灌注了情感的、心爱的东西来帮助他们进行自我聚合与重组。

在温尼科特对那个沉迷于绳子的小男孩的讲述中，最有趣的部分是尽管他花了很大力气强调这种行为并非不正常的，但他确实意识到了其中潜藏的危险。他认为，倘若不能重新获得与母亲的联系，这个个体可能会从忧伤坠入绝望，在这样的情况下，客体游戏会转而化作他称之为"故意作对"的情况。在这种糟糕的情态下，绳子的功能会转变为"一种对分离的否认。作为对分离的否认，绳子本身就成了一件具备危险属性的、必须被掌控的物品"。

第一次读到这段话的时候，我立刻想起了在芝加哥看到的亨利·达戈的房间里的大柳条箱。里面装满了被丢弃的线圈和线头，全都是他从整座城市的排水沟和垃圾箱里收集来的。他每天回到家里后都会用好几个小时解开它们，抹平线缕，接着再把它们系到一起。这是一项他投入了很多感情的消遣，从他日记中的内容看来，他日常所做的基本就是参加弥撒、处理打结的线团，以及解决细绳和双股线的难题。

1968 年 3 月 29 日："我冲着打结的线团和绳堆里的绳结发脾气了。因为这个困难，我还威胁要把球扔到圣像上。"1968 年 4 月 1 日："处理一团乱麻的绳子，很难办。发了几次脾气，咒骂了几句。"1968 年 4 月 14 日："下午 2 点到 6 点，解开了白色的绳子，缠到了球上。发了更大的脾气，因为有时绳子的两端没法系到一起。"1968 年 4 月 16 日："又碰到了绳子的难题。气疯了，希望自己是一场大飓风。冲上帝咒骂。"1968 年 4 月 18 日："很多的细绳和软线。这回不是难缠的线团。

整理的时候唱着歌，没有发脾气或骂人。"

在这些记录里充斥着如此激烈的情感、如此大量的怒意和沮丧的情绪，让人出于直觉地感受到如果把绳子看作一样危险的材料，会导致什么情况：把它看作一种必须被制服的东西，一种可能引发更大程度上的焦躁的东西，一种倘若不能得到正确的处理，就会倾泻出一股压迫性的悲痛或愤怒的东西。

然而，依据温尼科特的说法，这类行为可能产生比单纯的拒绝分离或替代感更严重的后果。类似绳子的过渡性客体还可能成为一种认知伤害和治愈伤痛的方式，把自我包扎起来，从而使得联系能够得到修补。温尼科特认为，或许人们能够在艺术的领域内进行这类尝试，如此一来，人们可以自由地在聚合与分离之间移动，进行修补，感受悲痛，准备好去应对危险、迷人的亲密关系。

· · ·

认为治愈或是妥善处理孤独、失落、在亲密关系中受到的伤害，以及每当人们与彼此产生牵连时都会出现的不可避免的伤痛的过程，都会借由物品来进行似乎是一种可笑的想法。这看似是可笑的，可我对此考虑得越多，这种观念似乎就越普遍。人们会进行艺术创作或与艺术创作相似的行为，以此来表达自己对交往的需求或是对它的恐惧；人们制作物品，以此来妥善处理自己的羞愧和悲痛的情绪。人们制作物品，以此来剖析自我，检视自己的伤疤；人们靠制作物品来抵抗忧郁，创造出一个他们得以在其中自由移动的空间。艺术并不是必须具备修补的功能，它只有审美或道德上的职责。尽管如此，指向绝望的艺术仍然存在，例如沃纳洛维奇的那条被缝起来的面包就横贯了分离与联系之间脆弱的空间。

　　在生命的最后 5 年里，安迪·沃霍尔同样有过缝纫相关的创作，他把摄影图像缝在一起，为那些成批生产的旧艺术品创作了 309 幅系统的手织版本。这个系列中最漂亮的一幅是由 9 张黑白照片拼缀而成的，拍摄的对象是他朋友让－米歇尔·巴斯奎特。在缝纫机的操作下，它们出现了少许缺陷：外沿卷曲起皱，没剪掉的线头拖在边缘处。

　　在这些照片里，巴斯奎特在吃东西，尽情地埋首于一顿盛宴中。紧闭双眼的他几乎是趴在桌子上，往嘴里扒拉着食物。他的嘴巴张得如此之大，你都能看到他在嚼碎一口像是法式吐司的东西。这张照片被全面曝光，他的下巴上有一道污渍或阴影。他穿着一身白色的衣服，白光从他的脸上反射开去。在他面前堆得满满当当的桌子上有一叠盘子，细看之下分解为早午餐的经典组合。水果杯，铬制的牛奶和咖啡杯，盐和胡椒瓶，一罐纸袋装的糖和一杯起泡的可能是啤酒的液体。它给人的印象是富裕的、丰盛的、充足的，事实上，巴斯奎特迫切地、永不餍足地追求的都是些抽象的东西，无论是金钱、毒品还是名声都无法填满他无底洞似的欲望，部分原因是因为他作为一个黑人男性想要在一个不断拒斥自己的社会里得到认可，即便在他被赞誉包围的时候，这个社会依然拒绝他的存在。

　　就他渴求的类型和起因而言，巴斯奎特与他的英雄比莉·哈乐黛颇为相似。和她一样，无论他变得多有名，都还是会受到种族主义的困扰：他被错认成皮条客，被拒绝进入高端聚会，甚至没法让出租车在街上停下来，只能在白人女朋友们招手拦车的时候被迫躲起来。他精致的、谜一般的、迷人的艺术与这一切对立，形成了一套自有的、审慎的、表示异议的语言，创造了一个抵抗的咒语，用反叛的语气大声说出反对权力与恶意的体系的话语。难怪在他发现哈乐黛没有墓碑后，他无法摆脱这件事对他的影响，全情投入了好几天的时间为她设计了一个与她相称的墓碑：一个能够正确彰显她生前的生活方式，并表露她的死亡的残酷物件。

沃霍尔也许并不了解所有这些事情，尽管他肯定目击了巴斯奎特遭到羞辱和被排斥的场面，他与巴斯奎特合作创作了一幅比莉·哈乐黛的肖像，画上的她穿着一双红鞋子，斜倚在一个被蓝色颜料盖住了的戴尔蒙特[1]招牌上。尽管他们之间存在许多不同之处，这两个男人还是变得亲密无间，沃霍尔爱巴斯奎特，就像他曾爱过奥汀一样。他们第一次见面是在 20 世纪 80 年代，当时还是一个邋遢的涂鸦艺术家的巴斯奎特走过一个写着"还是一样的狗屁"的牌子，在街上拦住了沃霍尔，向他兜售一件他不想要的画作。

"那堆孩子中让我发疯的一个。"1982 年 10 月 4 日，这是沃霍尔第一次在日记里提到他的名字，但很快日记里的话就成了"去办公室见了让－米歇尔"，或是"打车去见了让－米歇尔"。不久后他们就开始一起去健身房运动，还一起去修指甲。又过了没多久，让－米歇尔就会随时打来电话，有时是闲聊，有时是为了倾吐焦虑和妄想的思绪。沃霍尔对此的观察是："但事实上，只要他能在电话里跟我说话，他就没什么问题。"

在某些方面，沃霍尔有着与巴斯奎特同样的对感知的贪婪，尽管在性和毒品方面并非如此。根据日记里的记录（在这 807 页中，巴斯奎特出现在了第 113 页上），他对性和毒品的大量消耗既引发了沃霍尔的兴趣，也让他心生反感。在描述巴斯奎特与一名女友的悠长假期时，他埋怨地说道："我是说，你能吸一根鸡巴多久呢？"这个疑问让他罕见

1　美国知名蔬菜、水果加工厂。

地展开了一段关于他自己从肉体的领域抽身而出的做法的遗憾的陈述："哦，我不知道。我猜我错过了生活中的很多东西，我从没在街上找过什么人或类似那样的事情。我感到生活弃我而去了。"

他为巴斯奎特感到担忧，渴望得到他的陪伴，并且为他大量使用海洛因而感到不安。巴斯奎特来工作室的时候会瘫倒在一幅画作上，花 5 分钟系鞋带，或者干脆就在"工厂"的地板上蜷缩着睡过去。他最钟爱的是他们友谊中的创造力，他们一起创作的方式，待在彼此身边，甚至用同一张画布作画，随着沃霍尔日渐熟悉了巴斯奎特那天然、独特、了不起的风格，他们的轨迹开始彼此融合。巴斯奎特把他带回了绘画的领域，也把他介绍给了一群更有创造力的人。过去，在 20 世纪 60 年代，他也曾被这样的一群人围绕过，在极度空洞、浮夸的那些年里，他与他们失去了联系。

这份热情部分地渗进了相片里，随之而来的还有明显的对欲望将往何处去，又将止于何处的忧虑。沃霍尔的肖像画里似乎往往流露出一种偷尸人的特质，他的欲望里透露出某种吸血鬼般的东西，这种东西想要猛地咬上其他人的面庞，留存、再现并复制他们的精华。但有时我好奇他想要做的是否是将他们从危险中拉出来，对此我指的是弥漫在他所有作品中的死亡的危险，从电椅的画作到《帝国大厦》。这部由单一慢动作镜头拍摄的电影持续了 8 小时 5 分钟，记录了帝国大厦在一整夜里的状态，悠长、稳固地凝视着时间冲刷过世界的脸庞。

在艺术里直面死亡是一回事，在现实生活里应对它则截然不同。沃霍尔对疾病或者任何肉体衰败的迹象总是有点神经过敏，似乎他还是那个在他父亲醒来后立即躲到床底下的小男孩。就像比莉·哈乐黛一样，他对死亡的恐惧推动着他对医院的惧怕。"那个地方"，他这样称呼它们，并且要求出租车司机绕路，那样他就能避免看到医院的前门，好像那一瞥会使他受到污染一样。他与巴斯奎特的友谊在时间上恰巧与逐渐加剧的艾滋病危机重合在一起，对这两件事的记叙交错地出现在他的日记条目里。到处都是死亡和消失，它们显然与欲望、爱欲，以及短暂的、不可抑制地通过药物获得快感的狂喜联系在一起。

看着他的朋友苦苦挣扎在海洛因的诱惑中，在妄想和梦游中来回游移，沃霍尔肯定是感到了某种潜藏的危险，这是一种对于可能发生的失去的不祥预感。尽管如此，当死亡遍布一切事物的时候，他却成了那个最先去世的人，1987年2月22日，周日，凌晨时分，他在纽约医院的一间私人病房里悄然逝去，当时他正处于急诊胆囊移除手术的恢复期，表面看来，手术似乎并未造成过大的伤害，而且他曾一直竭力试图躲避这次手术。不同于事情本可能的走向，巴斯奎特比他多活了18个月，直到1988年的夏天，他在大琼斯街的一幢楼里因过度吸食海洛因而去世。那间房子是他从沃霍尔手里租来的住所，位于当时尚未完全士绅化的苏活区。

《纽约时报》中的讣告里写道："沃霍尔先生去年的过世，移除了控制着巴斯奎特先生的善变举动和毒品嗜好的为数不多的缰绳。"或许，把沃霍尔看作对巴斯奎特的一种驾驭、一种牵制的这种看法可以部分解释为什么那幅编结肖像画似乎是他在1983年创作的丝网印刷作品《灭绝》（*Extinction*）的一部分。那幅作品是他应环保活动人士的紧急要求制作的。这个系列同样传达了他对失去那些他所热爱的生命或看到他们被夺走所产生的焦虑。每幅作品都展示了一个濒危的、所剩无几的物种，其中包括一只非洲象、一头黑犀牛和一只大角绵羊，波普主义的色彩和商业的呐喊助威不曾削弱它们目光中的哀伤与庄重。这是一个消失的时代的纪念物，是我们如今面对的难以计数的失去的第一个暗示，是一种被留在这个遭到我们劫掠的世界上的不可想象的孤独。

面对这种无处不在的、加速灭绝的威胁，面对加剧的放纵的风险，沃霍尔对物品进行召唤，收集起一系列的东西来当作一种检索、捕获，甚或是欺骗时间的手法。和包括亨利·达戈在内的很多人一样，他通过储存、收集和过量购物来应对自己的分离焦虑以及对失去和孤独的恐惧。时代广场上放着永不满足的安迪那永恒的银色雕像，他的宝丽来相机挂在脖子上，右手提着一个布鲁明戴尔百货商店的中号棕色购物袋。这就是安迪，在搭出租车去医院前，忍受着胆囊感染恼人的疼痛，用自己在东 66 街家里的最后几个小时往他的保险柜里塞满了值钱的东西；这就是安迪，在他死后，人们发现他的家里每层楼都堆满了成百上千个没打开的包裹和袋子，里面装着从内衣、化妆品到艺术装饰风格时期的古董等一切物品。

然而，就像他曾参与过的每一项寻常的活动一样，沃霍尔也把自己的收藏品运用到了艺术创作中。他创作的最大规模的艺术品就是时间胶囊，610 个被封好的棕色纸板箱里装着他过去 15 年中的生命痕迹，填满了"工厂"的多种多样的碎片：明信片、信件、报纸、杂志、相片、收据、几片比萨、一块巧克力蛋糕，甚至还有一只做成木乃伊的人类的脚掌。他在"工厂"的办公室里放了一只箱子，在家里放了另一只，一旦箱子被装满，他就会把它们移到一个储存空间去，尽管他的本意是要最终把它们卖掉或展示出来。在他死后，这些箱子被移交给了匹兹堡的沃霍尔博物馆，自 20 世纪 90 年代初起，一组管理员就一直在对其中的物品进行系统的分类。

住在拉里家的时候，我打定主意要去看一眼时间胶囊，去看看沃霍尔想要保存的是什么。当时这个项目尚未对公众开放，因而我又一次给馆长写了一封恳求信，后者同意给我 5 天的参观时间，但不能触碰其中的某些物品。

此前我从未去过匹兹堡。我的酒店距离沃霍尔博物馆只有几个街区的距离，每天早晨我都会沿着一条与河平行的路走过去，希望自己戴了手套。看到博物馆的第一眼我就爱上了它。我最喜欢的是靠近大楼顶部的地方：好多个亮着微光、发出回声的房间里，十几部沃霍尔自20世纪60年代起拍摄的影片被投放在墙面上。之前我从未见过按原尺寸放映的这些影片，它们呈现出闪烁的颗粒状，那是水银或失去光泽的银子的颜色。所有这些都是曾被他的眼睛吞噬的可爱的东西：约翰·乔尔尼梦幻的、催人入睡的身体；美丽的莫里奥·蒙特兹戴着一顶皮毛头饰，雍容华贵，缓慢地、色情地吃着一根香蕉；一个赤裸的、欢腾的泰勒·米德[1]（去年我参加了他在圣马可教堂的追悼仪式，想要对逐渐逝去的沃霍尔圈子表达我的敬意）；尼克在《切尔西女孩》里；帝国大厦背后的天空缓慢地渗入更多的光。房间里的时间以明显的缓慢的速度流淌着，厚重地悬滞着，因为这些影片的放映速度都只有原本速度的一半。

时间胶囊本身被保存在四楼档案管理员的房间里，堆在金属架子上。在房间的尽头，一个男人在一顶塑料帐篷里做着细致的保存工作，一个戴着一副放大眼镜的年轻女人在靠近前部的一张桌子旁辨认着沃霍尔照片里的人。艺术家杰里米·德勒也在这里造访，穿着一件耀眼的芭比粉滑雪外套。他在20世纪80年代就认识沃霍尔了，并且从物品里找到了几张他们的合照。照片是在沃霍尔豪华的伦敦酒店套房里拍的，德勒穿着一件条纹夹克，沃霍尔在假发上戴了一顶软趴趴的、有点傻乎乎的帽子。

为了观看胶囊里的内容，我们必须戴上蓝色的塑胶手套。管理员把盒子一只一只地拿下来，把每样东西都铺在一层保护用的纸上。时间胶

---

1 泰勒·米德（Taylor Mead），美国作家、演员。

囊 27 号里装的都是茱莉亚·沃霍拉的衣服，包括她的碎花围裙和黄围巾，一顶别着莱茵石别针的黑丝绒帽子，一封以"亲爱的布巴和安迪叔叔，圣诞老人去那儿了吗？你看电视了吗？"开头的信。旧的缎子花，一只耳环，一张脏纸巾，大多数都装在放胡萝卜的塑料袋子里，此外，还有一份茱莉亚的怪异的储物方法和她顽固的节俭习惯的永久记录。

时间胶囊 522 号里存放的都是巴斯奎特的遗物，包括他在上面贴了标签的出生证明，还有一幅他画的安迪的画像。画像中的安迪全身都穿着蓝色，胳膊张得很开，拿着一台相机，下面用大写的印刷字体写着"相机"这个词。还有一封他写的信，这封信被写在皇家夏威夷酒店的信纸上，信纸一共有三张，间距留得很大，开头是"嗨，甜心，这里是怀基基海滩"。

但和这些看似珍贵的遗物放在一起的其他盒子里装的是上百枚邮票、没拆开包装的酒店睡衣、香烟屁股和铅笔以及一页又一页匆忙记下的笔记，上面记录着从没成为"超级明星"的那些人的名字。一支用过的画笔、一张歌剧票根、一份纽约州司机手册、一只棕色的山羊皮手套。糖纸，没全部用完的克洛伊和卡纷香水的空瓶，一只生日蛋糕形状的气球，上面用记号笔写着"爱洋子＆公司"。

这些胶囊究竟是什么？它们是垃圾箱、棺材、玻璃橱窗、保险柜，是把心爱之物保留在一起的方式，永远不用承认失去或感到孤独之痛的办法。就像伦纳德的《异常的水果》一样，它们散发着某种对存在论的研究的感觉。在本质都被分离后还剩下什么？皮囊，你想要丢弃却不知为何感到难以丢弃的东西。温尼科特会从中看出些什么来？他会用"任性的"这个词吗？还是说他会看到它们温柔的一面，看到它们试图捕捉时间，试图避免迅速消逝的和死去的东西太快、太远地溜走的方式？

在我在博物馆的时候，沃霍尔的侄子唐纳德在那里发表了一次演说，多个星期以来他一直在这样做。一天下午，我们一起坐在咖啡馆里，他对我谈起他的叔叔，缓慢、清晰地朝我的银色磁带录音机诉说着。他记得最清楚的是安迪的善良，他喜欢跟孩子们闹着玩，而他的两条心爱的腊肠狗——阿莫斯和阿奇，就在房间里到处叫着乱跑。唐纳德记得他的公寓里到处都是讨人喜欢的东西，甚至他在当时就觉得那里是纽约的一个缩影，对还是个孩子的他来说，那座城市似乎太过令人激动了。

安迪叔叔掌握了一种倾听的技巧，能让跟他在一起的任何一个人开口谈论他们的生活，就算是孩子也一样。"我觉得他不喜欢谈论自己，因为他觉得其他人更有趣。"唐纳德说。后来他又补充了一句，说沃霍尔认为自己挺无聊的。也就是说，安德鲁·沃霍拉，那个脆弱的人类的自我仍然栖居在银色假发和紧身腹带之下。

他简略地提到了沃霍尔的天主教信仰，这一点与达戈和沃纳洛维奇一样。每个周日都是神圣的一天，他总会到教堂去。这条信息与日记里提到的好几个圣诞节日的日程相互呼应，沃霍尔会到无家可归者的收容所去发放食物，而他的这一面经常会被派对狂人和名流朋友的传奇所掩蔽。他也说到安迪在自己的母亲死后有多想念她，以及他是如何学会生活在失去中的。

接着，我又问了一个问题，那就是在他看来安迪是否快乐。他说安迪最快乐的时候就是在他的工作室里，那是一个唐纳德称之为他的"游乐场"的地方。他还补充说，为了成为艺术家，安迪牺牲了很多，包括拥有一个他自己的家庭的可能性。后来，在我把录音机关掉后，我们一同走出了咖啡馆，我们就胶囊闲聊了几句，他沉思着说，也许它们就是他的伴侣。

也许它们的确是安迪的伴侣，或者说它们至少占据了一个伴侣可能生活在其中的空间。又或许这是一种令人感到安慰的做法，它让安迪知道无论会发生什么、无论接下来谁会消失，他都已经把一切证据都整理好了，装进盒子里，准备好了要去和死亡当庭对抗。

· · ·

人们很容易就会忘记沃霍尔自身也是一件被修补过的作品。我在博物馆的最后一天，其中一名管理员为我展示了一盒紧身腹带，在索拉纳斯朝他开枪之后，子弹穿透了他的身体，割裂了脏器，在他的体内回弹，给他留下了永久的疝气问题，他的肚子上也留下了一个洞，为此安迪别无选择，只能每天都穿上这些东西。标签上的字样写着：鲍尔 & 黑色，腹带，加小号，美国制造。

它们的尺寸小得让人吃惊，为了适合他 71 厘米的腰围。很多腹带都由他的朋友布莉姬·柏林[1]手工染了色。布莉姬·柏林又名布莉姬·帕尔克和女公爵，是和他的 A 对应的 B。她选择的都是些振奋人心的色彩，番茄红和莴苣绿，薰衣草紫，橘色、柠檬色和漂亮的天空灰。它们看着像是玛丽·安托内特[2]会穿的那类东西——一个后朋克的玛丽，可以这么说，戴着一顶高耸的粉色假发前往丹斯特里亚。沃霍尔在 1981 年的日记里说："她用它们干了件漂亮的活儿，那些颜色太迷人了，"接着又遗憾地补充了他的失望，"只是看样子没人会在我身上看到它们了——我和乔的事情进展得并不顺利。"

---

1 布莉姬·柏林（Brigid Berlin），美国艺术家，沃霍尔的"超级明星"之一。

2 玛丽·安托内特（Marie Antoinette），路易十六的皇后，在法国大革命中被砍头。

那些腹带让我比以往都更强烈地意识到沃霍尔是一个真实的存在，一具总是处在破裂边缘的肉体。他把生命中如此多的时间都用来维系自我的完整，把自己变成一个由购买来的不同部分组成的集合体：白色和金色的假发，大太阳镜，以及用来掩盖他斑驳的粉色皮肤和丑陋的明显毛孔的化妆品。在他的日记里，"把我自己黏合起来"是一句最常见的表述，这也是他每晚都要做的例行公事，即把他的假发用胶带粘紧，把完成的安迪，公众的产物，为摄像机准备好的、职业化的版本结合到一起。在他的生命的最后阶段，他常常会整夜在镜子前把玩自己的化妆品，为自己画出更漂亮、更明亮的妆容。他曾在上百个名人和社交名流身上施展过同样仁慈的魔法来让他们变得更赏心悦目。

胶水只让他失望过一次。1985 年 10 月 30 日，他在里佐利书店签售自己的相册《美国》（*America*）。当着排队的人和整个商店的面，一个漂亮的、打扮入时的女孩跑过来一把抓下他的假发，把他的光头暴露了出来。光头是一个耻辱的标记，在他还年轻的时候，就开始脱发，自那以后，他始终把它隐藏在假发之下。

他没逃跑。他把卡尔文·克莱恩牌外套的兜帽拉上来，继续为人群签名。在几天后的日记里，他开口谈到了这件事："好了，让我们把这了结了。星期三。那天我最大的噩梦成了真。"他把这段经历描述成痛苦的。"那太令人震惊了。太痛了。生理上的痛。它让我如此痛苦，因为没人提前警告过我。"

一点都不奇怪。你可以想象一下被剥去遮蔽物后，你身体上最恼人的部分被赤裸裸地暴露在敌对者或看笑话的围观者眼里的感觉。在他还是个小男孩的时候，安德鲁·沃霍拉有一次曾拒绝去上学，因为班上的一个小女孩踢了他，这个行为持续了一整年的时间。但撕掉假发的这一回的情况更糟，这不仅是针对他个人的暴力，而且是把一部分的他撕裂了下来，真正地让它脱落、分离。

我只能想到很少的几张沃霍尔自愿展现出自己这一面的照片，脱去他的外衣，露出紧身腹带和时间胶囊将他保护起来的同样脆弱的人类形态的一面。回到纽约后，我追索着理查德·埃夫登[1]在1969年夏天拍摄的一系列黑白照片，其中的沃霍尔穿着黑色的皮夹克和黑毛衣，炫耀着他伤痕累累的腹部，摆出圣塞巴斯蒂安的姿势，双手叉在腰上。

还有一幅爱丽丝·尼尔[2]绘制的除去衣物的沃霍尔的肖像，这幅肖像现藏于惠特尼美术馆。画中的沃霍尔坐在一张沙发上，穿着棕色裤子和亮闪闪的棕色鞋子。他被脱得只剩下腹带，腰部以上的其余部分都赤裸着，露出满是伤疤和斑驳的胸膛，最显著的是两条相互交叉的紫色伤口，把他的胸腔分隔成了几个三角。在伤疤两侧各有一条短小的白色针脚，那是缝针留下的痕迹。尼尔的眼睛和画笔专注地流连在他受创的、美丽的、破损的身体上。她画下了他的全部：细瘦的手腕，胀气的、裹着腹带的肚子，纤弱的、小小的胸部以及粉红色的乳晕。

我钟情于沃霍尔在那张画里的样子，他小心翼翼、寡言少语地保持着自己的样子。他闭上了眼睛，下巴抬了起来。尼尔用淡粉色和灰色画出了他的脸，它像是一个可爱的、沉默的调色盘，细细的蓝色的阴影沿着他的下巴和发际线游走，赋予他总在追求景致的苍白，把他的骨架强调得格外优雅。该用什么词来描述他的表情呢？并非骄傲或羞耻。这是一个忍受着检视的生物，在暴露自我的同时又有所保留，一幅标示着迅速复原能力的画像，同样也传递着巨大的、不安的脆弱。

看到这样一个老练的观察者屈从于他人的检视会给人一种怪异的感

1　理查德·埃夫登（Richard Avedon），美国时尚和人像摄影师。

2　爱丽丝·尼尔（Alice Neel），美国视觉艺术家，以油画和肖像画著称。

觉。"他看着有点像是一个女人，一个雌雄同体，"画家马琳·杜马斯这样评价这幅肖像画，"沃霍尔也是一个谜一样的形象。这其中有彻底的伪装，人造的一面，却也有一个被孤立的个体孤独的一面。"

孤独并不一定会引发共鸣，但如同沃纳洛维奇的日记和克劳斯·诺米的嗓音，沃霍尔的这幅肖像画是最能够治愈我自己的孤独感的其中一样东西，它让我意识到，在某个人作为人类的一面和屈从于需求的明白无误的宣示中蕴藏着某些美好的东西。在孤独的痛楚里，有如此大的一部分都与掩藏或者被迫收起自己的脆弱的感受有关，把丑陋的部分藏起来，掩饰好伤疤，仿佛它们就是令人厌恶的。但为何要去掩藏呢？需索、渴望、没能达到满意的地步、体验过不快乐，这些又有什么好羞耻的呢？为何这种对想要持续占据巅峰状态的需求，或是对被舒适地封闭在两个人组成的小集合里的渴望，会被这个世界统统赶到人们的内心当中去呢？

在她对《异常的水果》的探讨中，佐伊·伦纳德谈起这个描述不完满状态的作品，它所表达的是，生活是由无数亲密关系的失败、无数的错误和分离组成的，无论如何都只会以失落而告终。她说道：

> 首先，缝缀是一种让人想到大卫的方式。我会想起所有我想要修补的东西，以及所有我想要恢复原样的东西，并不仅仅是在死亡中失去他，还有在他仍然活着的时候就在我们的友谊中失去了他。过了一阵子，我开始考虑失去本身，真实的修复的动作。我所失去的所有的朋友，我曾犯下的所有的错误。这是一段布满疮疤的生活中不可避免的东西。想要把它重新缝合到一起的尝试……这种修补不可能修复任何真实的伤口，但它为我提供了某些东西。也许仅仅是时间，或是缝纫的节奏。我没有能力改变过去的任何事情，或是

把我爱的那些死者召唤回来，但我能够用一种小心的、延续的方式去体验我的爱和失落，去铭记。

有很多事情是艺术做不到的。它不能让死者复生，它不能弥合朋友间的争吵，或是治愈艾滋病，暂停气候变化的速度。尽管如此，它确实具备某些了不起的功能，能够在人与人之间施展一些奇特的、协调的能力，包括让那些素未谋面的人渗入彼此的生活，让它变得更加丰富。它确实具有创造亲密性的能力，提供了一种疗愈伤口的方式，更棒的是，它指明了并非所有的创痛都需要治愈，也并非所有的伤口都是丑陋的。

如果我的口吻略显执拗，那是因为我在谈论的是我个人的经验。当我来到纽约时，我是一个不完整的人，尽管这听来似乎有悖常理，但我之所以能重新找回作为一个整体的感觉，并非因为我遇见了某个人，或是坠入了爱河，而是因为我遇见了其他人创作的那些事物，渐渐地通过这样一种交往的方式接受了这样一个事实：孤独与渴望并不意味着一个人的失败，它们不过是一个人活着的证明。

城市正在经历着士绅化，而情绪也在经历着同样的过程，并产生了类似的同质化、白种人化、死气沉沉的后果。在晚期资本主义的光辉中，我们被灌输了一个念头，那就是所有艰难的感受，例如抑郁、焦虑、孤独、愤怒，都只是不稳定的化学作用的产物，是一个亟待修正的问题，而不是对制度不公的回应；或者，从另一个方面来看，借用大卫·沃纳洛维奇那令人印象深刻的说法，我们会有艰难的感受是因为我们成了一具租来的肉体的真身，在其中度过服刑一般的时间，还要面对随之而来的所有悲伤和挫败。

我不相信治愈孤独的方法就是遇见某个人，并不一定要那样。我认为它与两件事情有关：试着学会与自己友好相处，试着去理解很多表面看来折磨着作为个体的我们的事情，其实是更大的污名和拒斥的力量所导致的后果，我们可以并且应该对其进行抵制。

孤独是个人化的，也是政治化的。孤独是群体性的，它是一座城市。至于该如何栖居其间，没有规则，也无须感到羞耻，只要记住，对个体快乐的追求并不高于我们对彼此的责任，也不能将其免除。我们共同身处其间，身处于这种积聚起来的创痛里，身处在这个由物体组成的世界里，身处在这个如此频繁地戴上地狱面具、有形的、暂时的天堂里。重要的是善意，是相互支持。重要的是保持敏锐，始终敞开心扉，因为倘若要说我们从那些已经逝去的过往中学会了什么，那就是能让我们去感受的时间不会驻足停留。

致 谢

你也许会认为，书写一本关于孤独的书，这会是一段孤立的经验，然而，恰恰相反，它呈现出令人震惊的联结性。我惊讶于有那么多人为支持这个项目付出了如此多的努力，而这也确证了我的看法，即孤独是某种我们共同享有的东西。

首先，我要感谢的是我的朋友，马特·伍尔夫。他向我引介了大卫·沃纳洛维奇的作品，并由此触发了我写作本书的念头。自那以后，他也成了我不绝的灵感来源和联系人。

非常感谢那些让《孤独的城市》成为可能的人，在这份名单上列于首位的是詹克洛&内斯比特公司的我亲爱的代理人——了不起的瑞贝卡·卡特和P.J.马克，他们都是理想的读者。此外还有克莱尔·科纳德与科斯蒂·戈尔登。我还要感谢出色的编辑们，他们是坎农格特出版社的简妮·劳德与皮卡德出版社的史蒂芬·莫里森。他们给予了我极富洞见、深思熟虑的反馈和支持。我还受惠于艺术委员会，他们为前往好几家美国档案馆进行研究提供了旅行资助，以及为我提供了理想的工作地的雅多公司。我同样感谢麦克道维尔聚居区，这本书确实源自我在那里结成的友谊。

感谢坎农格特与皮卡德的所有工作人员，尤其是大西洋此岸的杰米·宾、娜塔莎·霍奇森、安娜·福莱姆、安妮·李和洛伦·麦凯恩，以及彼岸的P.J.霍洛茨科、德克兰·泰恩托和詹姆斯·米德尔，还有尼克·戴维斯，是他让一切开始运转。

在过去的几年里，我在几个艺术家的档案馆里度过了大部分的时间。我十分感谢纽约大学的菲尔斯博物馆，市区档案和大卫·沃纳洛维奇文件档案的储存地，其自身也是一个颇具启发性的地点。尤其要感谢的是丽莎·达姆斯、马尔文·泰勒、尼可拉斯·马丁和布兰特·菲利普斯，同样还要感谢汤姆·拉芬巴特，大卫·沃纳洛维奇极为慷慨的遗产执行人。收藏着亨利·达戈文件档案的美国民俗博物馆的职员们也为我提供了同样慷慨的帮助。感谢瓦莱丽·卢梭、卡尔·米勒、安·玛利亚·赖利和米米·莱斯特。同样感谢芝加哥的 INTUIT 允许我参观达戈的房间。感谢惠特尼美术馆馆长卡特·福斯特，以及爱德华与约瑟芬霍珀研究档案馆的管理员卡罗尔·鲁斯科。我还要特别感谢沃霍尔博物馆的所有员工，你们的善良、慷慨和帮助远超过了职责所在，尤其是马特·沃尔比坎、辛迪·利西卡、格拉林·赫胥黎、格雷格·皮尔斯和格雷格·伯查德。

在写作本书的过程中，我幸运地在大英图书馆的埃克尔斯美国研究中心获得了为期一年的研究许可。我想要向菲利普·戴维斯、凯瑟琳·埃克尔斯、卡拉·罗德维、马修·肖表达我诚挚的谢意，尤其是卡罗尔·霍尔登——能够与一位志同道合的馆长共事，得到一位满怀热情且知识渊博的向导，得以通往大英图书馆的馆藏，这是每一位写作者的梦想。

感谢所有慷慨地利用个人时间接受采访或答疑解惑的人们，包括芝加哥大学的约翰·卡乔波、辛西娅·卡尔、彼得·胡加尔档案馆的史蒂芬·科赫，以及唐纳德·沃霍拉。感谢你们所有人。同样深切地感谢萨拉·舒尔曼，她的作品为我带来如此持久的教益和启发。

感谢我了不起的写作支持团队，伊丽莎白·达伊和弗朗西斯卡·希格尔，没有你们的帮助，完成本书将要耗费长得多的时间，其中的乐趣也会减损。感谢伊丽莎白·廷斯利，迄今为止的数十年来，你的想法总能激发我的思路。还有艺术家们：萨拉·伍德和谢利·瓦萨曼，感谢你们，尤其要感谢伊安·帕特森，以广博的智慧和耐心阅读并评价了早期的好几版手稿。

还有为数众多的朋友和同事，与我一同进行探讨，阅读、编辑我的文本，鼓励我，为我提供食宿。在英国：尼克·布莱克本、斯图尔特·克罗尔、克莱尔·戴维斯、约翰·达伊、罗伯特·迪根森、约翰·加拉赫、托尼·坎米奇、约翰·格里菲斯、汤姆·德·格伦瓦尔德、克里斯蒂娜·麦克莱什、海伦·麦克唐纳德、里奥·梅勒、特里西娅·墨菲、詹姆斯·珀尔登、西格里德·劳辛和乔丹·萨维奇。在美国：大卫·阿迪亚米、利兹·达菲·亚当姆斯、凯尔·德·坎普、德伯·查赫拉、让·汉娜·埃德尔斯坦、安德鲁·金泽尔、斯科特·吉尔德、亚历克斯·哈尔伯斯塔德、安珀·霍克·斯旺森、约瑟夫·科克勒、拉里·克朗、丹·莱文森、伊丽莎白·麦克克莱肯、乔纳森·摩纳根、约翰·皮特曼、已故的阿拉斯泰尔·里德、安德鲁·森佩雷、丹尼尔·史密斯、舒雷尔·唐恩、本杰明·沃克尔和卡尔·威廉姆森。

感谢以下为我提供研究材料的支持者：布拉德·戴利、哈克·凯泽尔、海瑟尔·马利克、约翰·皮特曼、赛里斯·马修斯和史蒂芬·阿博特、奇奥·斯塔克和艾琳·斯托里，还有许多不知名的贡献者，也一并向你们表示谢意。

本书中的部分章节最早刊登于《格兰塔》(Granta)、《万古》(Aeon)、《野游》(The Junket)、《卫报》(Guardian)和《新政治家》(New Statesman)，在此感谢我所有的编辑。

我要向我的家人致以最深的谢意。感谢我了不起的姐姐，凯蒂·莱恩，早在我之前就已对本书中的某些部分有所触及；感谢我亲爱的父亲，彼得·莱恩；还要感谢我的母亲，丹妮丝·莱恩，她从一开始就是本书的读者，没有她的支持，我将无法完成这部作品。

注　释

　　关于大卫·沃纳洛维奇生平与创作的背景材料均来自纽约大学图书馆菲尔斯博物馆及特别收藏（下文简称为菲尔斯）中极为丰富的大卫·沃纳洛维奇文件档案。辛西娅·卡尔洞察入微的、优美的沃纳洛维奇传记《雄心壮志》也提供了不可或缺的帮助。

　　由吉姆·胡巴德和萨拉·舒尔曼共同创立的"行动起来"口述历史项目为了解纽约城内艾滋病的发展过程及"行动起来"的行动内容提供了极大的帮助。所有采访记录均被记录在 www.actuporalhistory.org 上，在纽约公共图书馆的录像带、手稿和档案分部可以观看到所有的影像材料。

　　关于达戈的未出版过的生平材料均引自美国民俗博物馆档案的亨利·达戈文件档案（下文简称为 HDP），位于纽约。

　　我尤其要感谢爱德华·霍珀和瓦莱丽·索拉纳斯的传记作者，盖尔·莱文与布里安娜·法斯，二者一丝不苟的记叙令其笔下主角的生平透过丰富的细节跃然纸上，包括很多此前未曾出版过的信件及采访。

2 "一种难以根除的慢性病……"：Robert Weiss, *Loneliness: The Experience of Emotional and Social Isolation* (MIT Press, 1975), p.15.

2 "要是我能抓住这种感觉……"：Virginia Woolf, ed. Anne Olivier Bell, *The Diary of Virginia Woolf, Volume III 1925–1930* (Hogarth Press, 1980), p.260.

5 "孤独是一个尤为……"：Dennis Wilson 'Thoughts of You', *Pacific Ocean Blue* (1977).

玻璃之墙 ────────────────────────

11 "那根本不是某样具体的东西……"：Gail Levin, *Edward Hopper: An Intimate Biography* (Rizzoli, 2007), p.493.

12 "孤独这件事……"：Brian O'Doherty, *American Masters: The Voice and the Myth* (E. P. Dutton, 1982), p.9.

12 "你的作品是否反映了……"：*Hopper's Silence*, dir. Brian O'Doherty (1981).

12 "某种特定的、在纽约司空见惯……"：Carter Foster, *Hopper's Drawings* (Whitney Museum/Yale University Press, 2013), p.151.

15 "最深刻的、反复出现的……"：Joyce Carol Oates, 'Nighthawk: A Memoir of Lost Time', *Yale Review*, Vol.89, Issue 2, April 2001, pp.56–72.

17 "才华横溢的翠绿色……"：Deborah Lyons, ed., *Edward Hopper: A Journal of His Work* (Whitney Museum of American Art/W. W. Norton, 1997), p.63.

18 "因人类对亲密的需求未得到……"：Harry Stack Sullivan, *The Interpersonal Theory of Psychiatry* (Routledge, 2001 [1953]), p.290.

19 "那些期望对孤独加以阐释……"：Frieda Fromm-Reichmann, 'On Loneliness', in Psychoanalysis and Psychotherapy: Selected Papers of Frieda Fromm-Reichmann, ed. Dexter M. Bullard (University of Chicago Press, 1959), p.325.

20 "孤独，在其最典型的状态下……"：ibid., pp.327–8.

21 "我不明白为什么人们会……"：ibid., pp.330–31.

21 "支配……"：Robert Weiss, Loneliness: *The Experience of Emotional and Social Isolation*, pp.11–13.

25 "一个人的作品就是他自己……": Katherine Kuh, *The Artist's Voice: Talks with Seventeen Artists* (Harper & Row, 1960), p.131.

26 "我要说一些关于他的真事儿……": Interview with Edward Hopper and Arlene Jacobowitz, April 29, 1966 from 'Listening to Pictures' program of the Brooklyn Museum. Gift of the Brooklyn Museum. Archives of American Art, Smithsonian Institution (housed at Edward and Josephine Hopper Research Collection; Whitney Museum of American Art, Frances Mulhall Achilles Library).

27 "我听说过格特鲁德·斯泰因……": Brian O'Doherty, 'Portrait: Edward Hopper', *Art in America*, Vol. 52, December 1964, p. 69.

28 "我回来的时候……": ibid., p.73.

29 "它们不是真实的……": Interview with Edward Hopper and Arlene Jacobowitz, April 29, 1966 from 'Listening to Pictures' program of the Brooklyn Museum. Gift of the Brooklyn Museum. Archives of American Art, Smithsonian Institution (housed at Edward and Josephine Hopper Research Collection; Whitney Museum of American Art, Frances Mulhall Achilles Library).

29 "室内的布置本身……": Gail Levin, *Edward Hopper*, p.138.

31 "站在了炉子前，除了高跟鞋以外……": ibid., p.335.

33 "只要跟我说话……": ibid., p.389.

33 "他应该已经结婚了……": ibid., pp.124-5.

34 "本质的最私密的印象……": Edward Hopper, 'Notes on Painting', in Alfred H. Barr, Jr, et al, *Edward Hopper: Retrospective Exhibition, November 1-December 7, 1933* (MoMA, 1933), p. 17.

34 "迫使这个由颜料和画布……": ibid., p.17.

34 "我发现，在我工作时……": ibid., p.17.

35 "我甚至没法去厨房……": Gail Levin, *Edward Hopper*, pp.348-9.

37 "似乎就是……": Katherine Kuh, *The Artist's Voice: Talks with Seventeen Artists*, pp. 134-5.

我的心向你敞开

40 "为了理解口语的使用……": Ludwig Wittgenstein, *Tractatus Logico-Philosophicus*

(Harcourt, Brace & Co., 1922), p. 39.

43 "我只知道一种语言……"：Andy Warhol, *The Philosophy of Andy Warhol* (Penguin, 2007 [1975]), pp.147–8.

44 "对我而言……"：ibid., p.62.

45 "我哥哥说起话来比我强……"：Andy Warhol, *The Andy Warhol Diaries*, ed. Pat Hackett (Warner Books, 1991), p.575.

46 "他把'那是'说成'阿是'……"：Victor Bockris, *Warhol: The Biography* (Da Capo Press, 2003 [1989]), p.60.

48 "他有一种严重的自卑情绪……"：ibid., p.115.

48 "不过是一个无望的、与生俱来的失败者……"：ibid., p.91.

51 "所有的可乐……"：Andy Warhol, *The Philosophy of Andy Warhol*, p.101.

51 "若非每个人都是美的……"：ibid., p.62.

52 "我之所以会这样画画……"：Andy Warhol, interviewed by Gene Swenson, 'What Is Pop Art? Interviews with Eight Painters (Part 1)', *Art News*, Issue 62, November 1963.

53 "他把自己的弱点化作了优势……"：Victor Bockris, *Warhol: The Biography*, p.137.

54 "机器没那么多问题……"：Andy Warhol, 'Pop Art: Cult of the Commonplace', *TIME*, Vol. 81, No. 18, 3 May 1963.

54 "B 是任何一个……"：Andy Warhol, *The Philosophy of Andy Warhol*, p.5.

54 "我猜我想要……"：ibid., p.22.

55 "在我的人生中……"：ibid., p.21.

56 "我需要 B，因为……"：ibid., p.5.

56 "安迪·沃霍尔刚从某个……"：Stephen Shore, *The Velvet Years: Warhol's Factory 1965–67* (Pavilion Books, 1995) p. 23.

58 "他看上去有点一览无余……"：ibid., p.130.

58 "我一直是个未婚的男人……"：Andy Warhol, *The Philosophy of Andy Warhol*, p.26.

59 "我的猜测是，有其他人围绕在身边……"：Stephen Shore, *The Velvet Years*, p.22.

59 "我并不真的觉得……": Gretchen Berg, 'Andy Warhol: My True Story', in Kenneth Goldsmith, I'll Be Your Mirror: Selected Andy Warhol Interviews 1962–1987 (Da Capo Press, 2004), p. 91.

60 "安迪是最糟的……": Mary Woronov, *Swimming Underground: My Years in the Warhol Factory* (Serpent's Tail, 2004), p. 121.

61 "对言语的稳固性和公共属性……": Rei Terada, 'Philosophical Self-Denial: Wittgenstein and the Fear of Public Language', *Common Knowledge*, Vol. 8, Issue 3, Fall 2002, pp. 464-81.

63 "纯粹的奥汀……": Andy Warhol and Pat Hackett, *POPism* (Penguin,2007 [1980]), p.98.

63 "你已经把我榨干了……": Andy Warhol, *a: a novel* (Virgin,2005 [1968]), p.280.

64 "谈话的唯一方式……": ibid., p.121.

65 "我在跟录音机做爱……": ibid., p.445.

65 "不，哦，德拉，拜托了……": ibid., p.44.

65 "平心而论，我能不能请你……": ibid., p.53.

65 "到了这个份儿上……": ibid., p.256.

65 "那段对话完全……": Warhol, *The Andy Warhol Diaries*, p.406.

66 "你多大了……": : Andy Warhol, *a: a novel*, p.342.

66 "糖梅仙子：'你为什么要回避……'": ibid., p.344.

68 "普鲁士策略……": ibid., p.389.

68 "安迪是主治心理医生……": Stephen Shore, *The Velvet Years*, p.155.

69 "某些东西……": Lynne Tillman, 'The Last Words are Andy Warhol', *Grey Room*, Vol. 21, Fall 2005, p. 40.

69 "走出垃圾堆……": Andy Warhol, *a: a novel*, p.451.

71 "这群女性强悍、牢靠……": Valerie Solanas, *SCUM Manifesto* (Verso,2004 [1971]),p.70.

72 "人渣是与整个体系、法律和政府……": ibid., p.76.

73 "瓦莱丽·索拉纳斯是个孤独的人……": Avital Ronell, ibid., p.9.

73 "那是一个颇具天赋的头脑……"：Mary Harron, in Breanne Fahs, *Valerie Solanas* (The Feminist Press, 2014), p.61.

73 "《人渣宣言》是风趣……"：ibid., p.71.

73 "一个真正的社会……"：Valerie Solanas, *SCUM Manifesto*, p.49.

74 "给你晚上压在……"：Breanne Fahs, *Valerie Solanas*, p.99.

74 "非常严肃……"：ibid., p.87.

75 "安迪，你会……"：ibid., pp.100–102.

77 "癞蛤蟆"：ibid., pp.121–122.

78 "我感到了极大的、极大的……"：Andy Warhol, *POPism*, pp.343-5.

80 "读读我的宣言……"：Howard Smith, 'The Shot That Shattered TheVelvet Underground', *Village Voice*, Vol. XIII, No. 34, 6 June 1968.

80 "我是个作家……"：*Daily News*, 4 June 1968.

80 "再干一次……"：Andy Warhol, *POPism*, p.361.

83 "粘在了一起……"：Andy Warhol, ibid., p.358.

83 "去在意别人实在是太难了……"：Gretchen Berg, 'Andy Warhol: My True Story', in Kenneth Goldsmith, *I'll Be Your Mirror: Selected Andy Warhol Interviews 1962–1987*, p. 96.

83 "我从未如此详细地……"：Andy Warhol, *POPism*, p.359.

在爱着他的时候

90 "我会周期性地……"：Cynthia Carr, *Fire in the Belly*, p.133.

91 "在我家，你不能笑……"：David Wojnarowicz, *Close to the Knives: A Memoir of Disintegration* (Vintage, 1991), p.152.

93 "测试一下……"：ibid., p.6.

95 "我尽我所能地……"：Tom Rauffenbart, *Rimbaud in New York* (Andrew Roth, 2004), p.3.

95 "我绝不可能……"：David Wojnarowicz, Fales, Series 8A, 'David Wojnarowicz Interviewed by Keith Davis'.

95 "当被人群包围时……"：David Wojnarowicz, *Close to the Knives*, p.228.

96 "我的同性恋倾向……"：David Wojnarowicz, Fales, Series 7A, Box 9, Folder 2, 'Biographical Dateline'.

96 "那喊声立刻在我心里激起了共鸣……"：David Wojnarowicz, *Close to the Knives*, p.105.

98 "我总是被迫……"：David Wojnarowicz, ed. Amy Scholder, *In the Shadow of the American Dream* (Grove Press,2000), p.130.

98 "我想要创造……"：ibid., p.219.

99 "我发现大多数时候……"：ibid., p.161.

99 "尽管兰波……"：Tom Rauffenbart, *Rimbaud in New York*, p.3.

102 "太单纯了……"：David Wojnarowicz, *Close to the Knives*, p.9.

102 "由两个人相向而行的人……"：David Wojnarowicz, unpublished journal entry, Fales, Series 1, Box 1, Folder 4, 26 September 1977.

106 "我们的社会……"：Valerie Solanas, *SCUM Manifesto*, p.48.

106 "这个地方浸透了力比多……"：Samuel Delany, *The Motion of Light on Water* (Paladin, 1990), p.202.

108 "就我个人而言，发生在时代广场……"：Samuel Delany, *Times Square Red, Times Square Blue* (New York University Press, 1999), p.175.

109 "理所应当地……"：Maggie Nelson, *The Art of Cruelty* (W. W. Norton & Co., 2011), p.183.

109 "人渣到处游荡……"：Valerie Solanas, *SCUM Manifesto*, p.61.

111 "当我不再工作时……"：Charlotte Chandler, *Ingrid Bergman: A Personal Biography* (Simon & Schuster, 2007), p.239.

111 "通常我会……"：*People*, Vol.33, No.17, 30 April 1990.

111 "这完全就是她会做的事……"：Andy Warhol, *The Andy Warhol Diaries*, p.634.

112 "孤独的一种形式……"：*Life*, Vol.38, No.24, 24 January 1955.

112 "那是我表达自己的方式……"：Barry Paris, *Garbo* (Sidgwick & Jackson, 1995), p.539.

115 "斯考蒂，你在干什么……"：*Vertigo*, dir. Alfred Hitchcock (1958).

116 "对我而言，按下快门的瞬间……"：Nan Goldin, *The Ballad of Sexual Dependency* (Aperture, 2012 [1986]), p.6.

117 "第三性……"：Nan Goldin, *The Other Side 1972–1992* (Cornerhouse Publications, 1993), p. 5.

119 "我见证了她的性欲……"：Nan Goldin, *The Ballad of Sexual Dependency*, p.8.

119 "在我还是个小女孩时，我就决定……"：ibid., p.145.

120 "我想要让某个人……"：David Wojnarowicz, *Brush Fires in the Social Landscape* (Aperture, 2015), p.160.

120 "我眼里的自己……"：David Wojnarowicz, *Close to the Knives*, p.183.

121 "在爱着他的时候……"：ibid., p.17.

不真实的国度

所有选自亨利·达戈回忆录的材料都出自：Henry Darger, *The History of My Life*, Box 25, HDP.

139 "我亲爱的朋友凯瑟琳娜小姐……"：Henry Darger, letter to Catherine Schoeder (Katherine Schloeder), Folder 48:30, 1 June 1959, Folder 48:30, Box 48, HDP.

140 "4月12日，星期六……"：Henry Darger, *Journal 27 Feb 1965–1 Jan 1972*, Folder 33:3, Box 33, HDP.

142 "所有技巧中……"：Pierre Cabanne, *Dialogues with Marcel Duchamp* (Da Capo Press, 1988), p.46.

148 "这一连串没有终结的……"：John MacGregor, *Henry Darger: In the Realms of the Unreal* (Delano Greenidge Editions, 2002), p.117.

149 "去玩耍，感到快乐……"：ibid., p.195.

153 "格兰汉姆银行……"：Henry Darger, *Predictions June 1911–December1917*, Folder 33:1, Box 33, HDP.

156 "无视外部环境的……"：Melanie Klein, 'On the Sense of Loneliness', in *Envy and Gratitude and Other Works 1946-1963* (The Hogarth Press, 1975), p. 300.

156 "一种无从得到满足的……"：ibid., p.300.

157 "通常可以这样假设……"：ibid., p.302.

在世界末日的开端

161 "我也许是在尽可能地……"：*The Nomi Song*, dir. Andrew Horn (2004).

162 "回忆起当时的情景……"：Steven Hager, *Art After Midnight: TheEast Village Scene* (St Martin's Press, 1986), p. 30.

163 "每个人都是怪胎……"：*The Nomi Song*, dir. Andrew Horn (2004).

163 "你是在看着……"：ibid.

165 "他一直都很瘦……"：Rupert Smith, *Attitude*, Vol.1, No.3, July 1994.

166 "他的外貌变得像是一个怪兽……"：ibid.

167 "很多人离开了……"：*The Nomi Song*, dir. Andrew Horn (2004).

167 "我记得在一次晚餐时……"：ibid.

168 "设计来彰显被标记者……"：Erving Goffman, *Stigma: Notes on the Management of Spoiled Identity* (Penguin, 1990 [1963]), p.11.

168 "将他们从一个完整的普通人……"：ibid., p.12.

玛格丽特·赫克勒与白宫新闻发布会的相关内容引自：Jon Cohen, *Shots in the Dark: The Wayward Search for an AIDS Vaccine* (W. W. Norton, 2001) pp. 3-6.

170 "造成艾滋病危机……"：Pat Buchanan, 'AIDS and moral bankruptcy', *New York Post*, 2 December 1987.

171 "接着是无情的重击……"：Bruce Benderson, *Sex and Isolation* (University of Wisconsin Press, 2007), p.167.

172 "发现自己感到害怕……"：Michael Daly, 'Aids Anxiety', *New York Magazine*, 20 June 1983.

173 "一个被社会遗弃……"：Susan Sontag, *Illness as Metaphor and AIDS and Its Metaphors*

(Penguin Modern Classics, 2002 [1978/1989]), p.110.

173 "在读过《纽约杂志》上的那篇……": Andy Warhol, *The Andy Warhol Diaries*, p.506.

173 "我不想靠近他……": ibid., p.429.

174 "《纽约时报》刊登了一篇……": ibid., p.442.

174 "我们去看了同性恋日游行……": ibid., p.583.

174 "你知道,要是他们开始……": ibid., p.692.

174 "后来他们来接我去参加……": ibid., p.800.

175 "发生在洛杉矶……": ibid., p.760.

176 "生活在对立的亚文化里……": Sarah Schulman, *Gentrification of the Mind* (University of California Press, 2012), p.38.

177 "彼得可能是……": Stephen Koch, interview with author, 9 September 2014.

178 "你知道为什么……": David Wojnarowicz, *Close to the Knives*, p.106.

179 "疯狂极端的陌生人……": ibid., p.104.

179 "要是你想阻止艾滋病……": David Wojnarowicz, *7 Miles A Second* (Fantagraphics, 2013), p.47.

179 "那只美丽的手……": David Wojnarowicz, *Close to the Knives*, pp.102–3

181 "这是世界末日的开端……": Sarah Schulman, *People in Trouble* (Sheba Feminist Press, 1990), p.1.

181 "爱不足以把你……": David Wojnarowicz, untitled manuscript, Fales, Series 3A, Box 5, Folder 160.

181 "要是我能把我们的血管……": David Wojnarowicz, *7 Miles A Second*, p.61.

184 "我的愤怒针对的其实是这样一个事实……": David Wojnarowicz, *Close to the Knives*, p.114.

185 "有一天政客们……": David Wojnarowicz, *Untitled (One day this kid)*, courtesy of the Estate of David Wojnarowicz and P.P.O.W. Gallery, 1990.

186 "我运用性欲的图像……": David Wojnarowicz vs. The American Family Association and Reverend Donald E. Wildmon, 25 June 1990, in Bruce Selcraig, 'Reverend

Wildmon's War on the Arts', *New York Times*, 2 December 1990.

187 "我不想破坏……"：David Wojnarowicz, *Memories That Smell Like Gasoline* (Artspace Books, 1992), p.48.

188 "他是被爱的。"：David Wojnarowicz, unpublished journal entry, Fales, Series 1, Box 2, Folder 35, 13 November 1987.

188 "大卫有个问题……"：David Wojnarowicz, unpublished journal entry, Fales, Series 1, Box 2, Folder 30, '1991 or thereabouts'.

189 "我是一只玻璃杯……"：David Wojnarowicz, *Memories That Smell Like Gasoline*, pp.60–61.

190 "它还活得好好的……"：David Wojnarowicz, unpublished audio journal, Fales, Series 8A, '1988 Journal, Nov/Dec'.

191 "将一件包含着……"：ibid., p.156.

193 "在这个被预先构造出来的世界上……"：David Wojnarowicz, *Close to the Knives*, p.121.

194 "等到这具身体消亡了……"：David Wojnarowicz, *Brush Fires in the Social Landscape* (Aperture, 2015), p.160.

渲染的鬼魂

203 "放松得几乎……"：Jennifer Egan, *A Visit from the Goon Squad* (Corsair, 2011), p.317.

205 "同样地，在一个屏幕上……"：Sherry Turkle, *Alone Together: Why We Expect More from Technology and Less from Each Other* (Basic Books, 2011), p.188.

208 "倘若我处在某种特定的情绪里……"：*We Live in Public*, dir. Ondi Timoner (2009).

209 "我认为我是在用……"：ibid.

210 "安迪·沃霍尔错了……"：Richard Siklos, 'Pseudo's Josh Harris: The Warhol of Webcasting', *Businessweek*, 26 January 2000.

213 "我们都很孤独……"：Bruce Benderson, *Sex and Isolation*, p.7.

213 "在你附近围绕着你的……"：*We Live in Public*, dir. Ondi Timoner (2009).

218 "可那无关紧要……"：Ondi Timoner, MoMA screening of *We Live in Public*, 5 April 2009.

218 "网络是我唯一的朋友……"：*First Person: Harvesting Me*, dir. Errol Morris (2001).

219 "我感觉像是在……"：Mario Montez, *Screen Test #2*, dir. Andy Warhol (1965).

220 "电视这一扩散到每个起居室里的……"：Benjamin Secher, 'Andy Warhol TV: maddening but intoxicating', *Telegraph*, 30 September 2008.

220 "倘若你是电视上……"：Andy Warhol, *The Philosophy of Andy Warhol*, pp. 146-7.

222 "并不真的孤独。我制造朋友……"：*Blade Runner*, dir. Ridley Scott (1982).

224 "但现在……"：Susan Sontag, *Illness as Metaphor and AIDS and Its Metaphors*, p.178.

225 "所有的野兽都在夜间出行……"：*Taxi Driver*, dir. Martin Scorsese (1976).

226 "真正让我感到不安的是……"：David Wojnarowicz, *7 Miles A Second*, p.15.

227 "中心城市的谢幕……"：Bruce Benderson, *Sex and Isolation*, p.7.

227 "有一只仰面躺着的乌龟……"：*Blade Runner*, dir. Ridley Scott (1982).

异常的水果

230 "日复一日的……"：Sarah Schulman, *Gentrification of the Mind*, p.27.

232 "那有点像是"：Zoe Leonard, *Secession* (Wiener Secession, 1997), p.17.

234 "杀死他的不是肺炎……"：Billie Holiday, with William Dufty, *Lady Sings the Blues* (Harlem Moon, 2006 [1956]), p.77.

234 "在细数所有……"：ibid., p.94.

235 "远远地……"：Jenni Sorkin, 'Finding the Right Darkness', *Frieze*, Issue 113, March 2008.

237 "绳子可以被看作是……"：D. W. Winnicott, *Playing and Reality* (Routledge, 1971), p.19.

237 "1）崩溃……"：D. W. Winnicott, *Babies and Their Mothers* (Free Association Books, 1988), p.99.

238 "一种对分离的否认……"：D. W. Winnicott, *Playing and Reality*, p.19.

238 "我冲着打结的线团……"：Henry Darger, Journal 27 Feb 1965–1 Jan 1972, Folder 33:3, Box 33, HDP.

241 "那堆孩子中……"：Andy Warhol, *The Andy Warhol Diaries*, p.462.

241 "但事实上，只要他……"：ibid.,p.584.

241 "我是说，你能吸一根……"：ibid.,p.641.

243 "沃霍尔先生去年……"：Michael Wines, 'Jean Michel Basquiat: Hazards of Sudden Success and Fame', *New York Times*, 27 August 1988.

246 "亲爱的布巴和安迪叔叔……"：Andy Warhol, TC-27, Andy Warhol Museum.

246 "嗨，甜心……"：Andy Warhol, TC522, Andy Warhol Museum.

247 "我觉得他不喜欢……"：Donald Warhola, interview with author, 12 November 2013.

248 "她用它们干了件漂亮的活儿……"：Andy Warhol, *The Andy Warhol Diaries*, p.421.

249 "好了，让我们把这了结了……"：ibid., p.689.

251 "他看着有点像是一个女人……"：Phoebe Hoban, 'Portraits: Alice Neel's Legacy of Realism', *New York Times*, 22 April 2010.

251 "首先，缝缀是一种……"：Zoe Leonard, *Secession*, p.18.

参考文献

Als, Hilton, White Girls (McSweeney's, 2013)

— with Jonathan Lethem and Jeanette Winterson, Andy Warhol at Christie's (Christie's, 2012)

Angell, Callie, Andy Warhol Screen Tests: the Films of Andy Warhol Catalogue Raisonné, Volume 1 (Abrams, in association with Whitney Museum of American Art, 2006)

Arbus, Diane, Diane Arbus (Aperture, 2011)

Arcade, Penny, Bad Reputation:Performances, Essays, Interviews (Semiotex(e)/MIT Press, 2009)

Aviv, Rachel, 'Netherland', The New Yorker, 10 December 2012

Barthes, Roland, Roland Barthes (University of California Press, 1977)

— Mourning Diary (Hill & Wang, 2010)

Bender, Thomas, The Unfinished City: New York and the Metropolitan Idea (The New Press, 2002)

Benderson, Bruce, Sex and Isolation (University of Wisconsin Press, 2007)

Benjamin, Walter, One-way Street and Other Writings (Penguin, 2009)

Berman, Marshall, On the Town: One Hundred Years of Spectacle in Times Square (Verso, 2006)

Bisenbach, Klaus, ed., Henry Darger (Prestel, 2009)

— Henry Darger: Disasters of War (KW Institute for Contemporary Art, 2003)

Bockris, Victor, Warhol: The Biography (Da Capo Press, 2003 [1989])

Bonesteel, Michael, Henry Darger: Art and Selected Writings (Rizzoli, 2000)

Bowlby, John, Separation (Basic Books, 1973)

Boym, Svetlana, The Future of Nostalgia (Basic Books, 2001)

Brown, Bill, 'Things', Critical Inquiry, Vol.28, No.1

Beaumont, Matthew and Gregory Dart, eds., Restless Cities (Verso, 2010)

Cacioppo, John T. and Patrick William, Loneliness: Human Nature and the Need for Social Connection (W.W.Norton, 2008)

— et al, 'The Anatomy of Loneliness', Current Directions in Psychological Science, Volume 12, No.13, pp.7–74, June 2003

Carr, Cynthia, Fire in the Belly: The Life and Times of David Wojnarowicz (Bloomsbury, 2012)

Chion, Michel, The Voice in Cinema (Columbia University Press, 1999)

Clements, Jennifer, Widow Basquiat (Payback Press, 2000)

Cohen, Jon, Shots in the Dark: The Wayward Search for an AIDS Vaccine (Norton, 2001)

Cole, Steve W., et al, 'Accelerated Course of Human Immunodeficiency Virus Infection in Gay Men Who Conceal Their Homosexuality', Psychosomatic Medicine 58, pp.219–231 (1996)

Colacello, Bob, Andy Warhol: Holy Terror (Harper Collins, 1990)

Connor, Steve, Dumbstruck: A Cultural History of Ventriloquism (Oxford University Press, 2000)

Cooke, Lynne and Douglas Crimp, Mixed Use, Manhattan (MIT Press, 2010)

Danto, Arthur, Andy Warhol (Yale University Press, 2009)

Davis, Glynn, and Gary Needham, eds., Warhol in Ten Takes (British Film Institute/ Palgrave Macmillan, 2013)

Delany, Samuel, The Motion of Light on Water (Paladin, 1990)

— Times Square Red, Times Square Blue (New York University Press, 1999)

Dillon, Brian, Tormented Hope: Nine Hypochondriac Lives (Penguin, 2009)

Dolar, Mladen, A Voice and Nothing More (MIT Press, 2006)

Dworkin, Craig, 'Where of One Cannot Speak', Grey Room, Vol. 21, Fall 2005

Fahs, Breanne, Valerie Solanas (The Feminist Press, 2014)

Foster, Carter, Hopper's Drawings (Whitney Museum/Yale University Press, 2013)

Foucault, Michel, and Richard Sennett, 'Sexuality and Solitude', London Review of Books, Vol. 3, No. 9, 21 May 1981

Frei, George, Sally King-Nero, and Neil Printz, eds., Andy Warhol Catalogue Raisonné Volume 1: Paintings and Sculpture 1961–1963 (Phaidon Press, 2002)

— Andy Warhol Catalogue Raisonné Volumes 2A and 2B: Paintings and Sculptures 1964–1969 (Phaidon Press, 2004)

Freud, Anna, 'About Losing and Being Lost', Indications for Child Analysis and Other Papers 1945–1956 (The Hogarth Press, 1969)

Friedberg, Anne, The Virtual Window: From Alberti to Microsoft (MIT Press, 2006)

Fromm-Reichmann, Frieda, Principles of Intensive Psychotherapy (Allen & Unwin, 1953)

— ed. Dexter M. Bullard, Psychoanalysis and Psychotherapy: Selected Papers of Frieda Fromm-Reichmann (University of Chicago Press, 1959)

Glembocki, Vicki, 'Are You Lonely?' Research/Penn State (Vol. 14, No. 3, September 1993)

Goffman, Erving, Stigma: Notes on a Spoiled Identity (Penguin, 1990 [1963])

Goldin, Nan, The Ballad of Sexual Dependency (Aperture, 2012 [1986])

— The Other Side 1972–1992 (Cornerhouse Publications, 1993)

— I'll Be Your Mirror (Whitney Museum of Art, 1997)

Goldsmith, Kenneth, I'll Be Your Mirror: The Selected Andy Warhol Interviews (Da Capo Press, 2004)

Goodrich, Lloyd, Edward Hopper (H. N. Abrams, 1993)

Gould, Deborah B., Moving Politics: Emotion and ACT UP's Fight against AIDS (University of Chicago Press, 2009)

Griffin, Jo, The Lonely Society? (Mental Health Foundation, 2010)

Groy, Christian, et al, 'Loneliness and HIV-related stigma explain depression among older HIV-positive adults', AIDS Care, Vol. 22, No. 5, 2010

Hagberg, G. L., Art as Language: Wittgenstein, Meaning, and Aesthetic Theory (Cornell University Press, 1995)

Hager, Steven, Art After Midnight: The East Village Scene (St Martin's Press, 1986)

Hainley, Bruce, 'New York Conversation: Reading a: A Novel by Andy Warhol', Frieze, Issue 39, March–April 1998

Halperin, David M., and Valerie Traub, eds., Gay Shame (University of Chicago Press, 2009)

Haraway, Donna, Cyborgs, Simians and Women: The Reinvention of Nature (Free Association Books, 1991)

Harlow, Harry, and Clara Mears, The Human Model: Primate Perspectives (Wiley, 1979)

— and Stephen J. Suomi, 'Induced Depression in Monkeys', Behavioral Biology, Vol.12, 1974

Herek, Gregory M., 'Illness, Stigma, and AIDS', in G. R. VandenBos, ed., Psychological Aspects of Serious Illness (American Psychological Association, 1990)

— ed., 'Aids and Stigma in the United States: A special issue of American Behavioral Scientist' (Sage Publications, 1999)

Holiday, Billie, with William Dufty, Lady Sings the Blues (Harlem Moon, 2006 [1956])

Howe, Marie, and Michael Klein, In the Company of My Solitude: American Writing from the AIDS Pandemic (Persea Books, 1995)

Hughes, Robert, Ethics, Aesthetics, and the Beyond of Language (State University of New York Press, 2010)

Hujar, Peter, Portraits in Life and Death (Da Capo Press, 1977)

— and Vince Aletti and Stephen Koch, Love & Lust (Fraenkel Gallery, 2014)

Huxley, Geralyn, and Matt Wrbican, Andy Warhol Treasures (Goodman Books, 2009)

Jarman, Derek, Modern Nature (Century, 1991)

— At Your Own Risk: A Saint's Testament (Hutchinson, 1992)

— The Garden (Thames & Hudson, 1995)

Julius, Anthony, Transgressions: The Offences of Art (Thames & Hudson, 2002)

Kasher, Steven, Max's Kansas City (Abrams Image, 2010)

Kirkpatrick, David, 'Suddenly Pseudo', New York Magazine, 22 December 1999

Klein, Melanie, Love, Guilt and Reparation and Other Works 1921– 1945 (Free Press, 1984 [1975])

— Envy and Gratitude and Other Works 1946–1963 (The Hogarth Press, 1975)

Koch, Stephen, Stargazer: The Life, World and Films of Andy Warhol (Marion Boyars, 2000)

Koestenbaum, Wayne, Humiliation (Picador, 2011)

— Andy Warhol: A Biography (Phoenix, 2003)

— My 1980s (FSG, 2013)

Koolhaas, Rem, Delirious New York: A Retroactive Manifesto for Manhattan (Monacelli Press, 1994)

Kramer, Larry, Faggots (Minerva, 1990 [1978])

Kuh, Katharine, The Artist's Voice: Talks with Seventeen Artists (Harper & Row, 1960)

Lahr, John, Prick Up Your Ears: The Biography of Joe Orton (Penguin, 1980)

Leonard, Zoe, Secession (Wiener Secession, 1997)

Levin, Gail, Hopper's Places (Knopf, 1989)

— Edward Hopper: An Intimate Biography

(Rizzoli, 2007)

— ed., Silent Places: A Tribute to Edward Hopper (Universe, 2000)

Lotringer, Sylvère, ed., David Wojnarowicz: A definitive history of five or six years on the lower east side (Semiotext(e), 2006)

Lyons, Deborah, ed., Edward Hopper: A Journal of His Work (Whitney Museum of American Art/W. W. Norton, 1997)

MacGregor, John, Henry Darger: In the Realms of the Unreal (Delano Greenidge Editions, 2002)

Masters, Christopher, Windows in Art (Merrell, 2011)

Malanga, Gerard, and Andy Warhol, Screen Tests | A Diary (Kulchur Press, 1967)

McNamara, Robert P., ed., Sex, Scams and Streetlife: the Sociology of New York City's Times Square (Praeger, 1995)

Mijuskovic, Ben Lazre, Loneliness (Associated Faculty Press, Inc., 1979)

— Loneliness in Philosophy, Psychology and Literature (Van Gorcum, Assen, 1979)

Modell, Arnold H., The Private Self (Harvard University Press, 1993)

Moore, Patrick, Beyond Shame: Reclaiming the Abandoned History of Radical Gay Sexuality (Beacon Press, 2005)

Moustakas, Clark, Loneliness (Jason Aranson Inc., 1996 [1961])

Mueller, Cookie, Walking Through Clear Water in a Pool Painted Black (Semiotext(e)/ Native Agents, 1990)

Muñoz, José Esteban, Cruising Utopia: The Then and There of Queer Futurity (New York University Press, 2009)

Name, Billy, and John Cale, The Silver Age: Black and White Photographs from Andy Warhol's Factory (Reel Art Press, 2014)

Nelson, Maggie, Bluets (Wave Books, 2009)

— The Art of Cruelty (W. W. Norton & Co., 2011)

— The Argonauts (Graywolf Press, 2015)

O'Doherty, Brian, American Masters: The Voice and the Myth (E.P. Dutton, 1982)

Orton, Joe, ed. John Lahr, The Orton Diaries (Methuen, 1986)

Prinz, Neil, and Sally King-Nero, eds., Andy Warhol Catalogue Raisonné Volume 3: Paintings and Sculpture 1970-1974 (Phaidon Press, 2010)

— Andy Warhol Catalogue Raisonné Volume 4: Paintings and Sculpture late 1974–1976 (Phaidon Press, 2014)

Renner, Rolf G., Edward Hopper (Taschen, 2011)

Sanders, Charles L., 'Lady Didn't Always Sing the Blues', Ebony, Vol.28, No.3, January 1973

Sante, Luc, Low Life (Vintage Departures, 1992)

— 'My Lost City', The New York Review of Books, 6 November 2003

Scholder, Amy, ed., Fever: The Art of David Wojnarowicz (New Museum Books/Rizzoli, 1999)

Schulman, Sarah, People in Trouble (Sheba Feminist Press, 1990)

— Girls, Visions and Everything (Sheba Feminist Press, 1991)

— My American History: Lesbian and Gay Life During the Reagan/ Bush Years (Routledge, 1994)

— The Gentrification of the Mind: Witness to a Lost Imagination (University of California Press, 2012)

Sedgwick, Eve Kosofsky, Tendencies (Duke University Press, 1994)

— A Dialogue on Love (Beacon Press, 2000)

Senior, Jennifer, 'Alone Together', New York, 23 November 2008

Serres, Michel, trans. Margaret Sankey and Peter Cowley, The Five Senses: A Philosophy of Mingled Bodies (Continuum, 2008)

Shafrazi, Tony, Carter Ratcliff, and Robert Rosenblum, Andy Warhol: Portraits (Phaidon Press, 2007)

Shilts, Randy, And the Band Played On: Politics, People and the AIDS Epidemic (St Martin's Press, 1987)

Shore, Stephen, and Lynne Tillman, The Velvet Years: Warhol's Factory 1965-1967 (Pavilion Books, 1995)

Shuleviz, Judith, 'The Lethality of Loneliness', New Republic, 13 May 2013

Smith, Andrew, Totally Wired: On the Trail of the Great Dotcom Swindle (Simon & Schuster, 2013)

Smith, Rupert, 'Klaus Nomi', Attitude, Vol.1, No.3, July 1994.

Solanas, Valerie, SCUM Manifesto (Verso, 2001 [1971])

Sontag, Susan, Regarding the Pain of Others (Penguin, 2004)

— Against Interpretation and Other Essays (Penguin Modern Classics, 2009 [1966])

— Illness as Metaphor and Aids and Its Metaphors (Penguin Modern Classics, 2002 [1978/1989])

Specter, Michael, 'Higher Risk', The New Yorker, 23 May 2005

Stimson, Blake, Citizen Warhol (Reaktion Books, 2014)

Sullivan, Harry Stack, The Interpersonal Theory of Psychiatry (Routledge, 2001 [1953])

Thomson, David, The Big Screen: The Story of the Movies and What They Did To Us (Allen Lane, 2012)

Taylor, Marvin, ed., The Downtown Book: The New York Art Scene 1974-1984 (Princeton University Press, 2006)

— and Julie Ault, 'Active Recollection', in Julie Ault, Afterlife: a constellation (Whitney Museum of Art, 2014)

Tillman, Lynne, 'The Last Words Are Andy Warhol', Grey Room, Vol. 21, Fall 2005

Turkle, Sherry, The Second Self: Computers and the Human Spirit (Simon & Schuster, 1984)

— Life on the Screen: Identity in the Age of the Internet (Simon & Schuster, 1995)

— Alone Together: Why We Expect More from Technology and Less from Each Other (Basic Books, 2011)

Updike, John, Still Looking: Essays on American Art (Alfred A. Knopf, 2006)

Van der Horst, Frank C. P., and René Van der Veer, 'Loneliness in Infancy: Harry Harlow, John Bowlby and Issues of Separation', in Integrative Psychological & Behavioral Science, Vol.42, Issue 4, 2008

Warhol, Andy, a, a novel (Virgin, 2005 [1968])

— The Philosophy of Andy Warhol: From A to B and Back Again (Penguin, 2007 [1975])

— The Andy Warhol Diaries, edited by Pat Hackett (Warner Books, 1989)

— and Gerard Malanga, Screen Tests: A Diary (Kulchur Press/ Citadel Press, 1967)

— and Pat Hackett, POPism (Penguin, 2007 [1980])

— and Udo Kittelmann, John W. Smith, and Matt Wrbican, Andy Warhol's Time Capsule 21 (Dumont, 2004)

Weinberg, Jonathan, 'City-Condoned Anarchy', curatorial essay for 'The Piers: Art and Sex along the New York Waterfront', curated by Jonathan Weinberg with Darren Jones, Leslie Lohman Museum of Gay and Lesbian Art, 4 April—10 May 2012

Weiss, R. S., Loneliness: The Experience of Emotional and Social Isolation (MIT Press, 1975)

Wells, Walter, Silent Theater: The Art of Edward Hopper (Phaidon, 2007)

Wilcox, John, and Christopher Trela, The Autobiography and Sex Life of Andy Warhol (Trela Media, 2010)

Winnicott, D. W., Playing and Reality (Routledge, 1971)

— Babies and Their Mothers (Free Association Books, 1988)

Wittgenstein, Ludwig, Tractatus Logico-Philosophicus (Harcourt, Brace & Co., 1922)

— Philosophical Investigations, translated by G. E. M. Anscombe (Basil Blackwell, 1986 [1958])

Wojnarowicz, David, Close to the Knives: A Memoir of Disintegration (Vintage, 1991)

— Memories That Smell Like Gasoline (Artspace Books, 1992)

— The Waterfront Journals (Grove Press, 1997)

— Brush Fires in the Social Landscape (Aperture, 2015 [1994])

— ed. Barry Blinderman, Tongues of Flame (Illinois State University/ Art Publishers, 1990)

— ed. Amy Scholder, In the Shadow of the American Dream (Grove Press, 2000)

— with Tom Rauffenbart, Rimbaud in New York (Andrew Roth, 2004)

— with James Romberger and Marguerite Van Cook, 7 Miles a Second (Fantagraphics, 2013)

Wolf, Reva, Andy Warhol, Poetry, and Gossip in the 1960s (University of Chicago Press, 1997)

Woolf, Virginia, ed. Anne Olivier Bell, The Diary of Virginia Woolf, Volume III 1925-1930 (The Hogarth Press, 1980)

Woronov, Mary, Swimming Underground: My Years in the Warhol Factory (Serpent's Tail, 2004)

Wrenn, Mike, ed., Andy Warhol: In His Own Words (Omnibus Press, 1991)

孤独的城市

[英] 奥利维娅·莱恩 著
杨懿晶 译

图书在版编目（CIP）数据

孤独的城市 /（英）奥利维娅·莱恩著；杨懿晶译
. -- 北京：北京联合出版公司 , 2017.8（2018.7 重印）
ISBN 978-7-5596-0009-7

Ⅰ . ①孤… Ⅱ . ①奥… ②杨… Ⅲ . ①社会心理学
Ⅳ . ① C912.6-0

中国版本图书馆 CIP 数据核字 (2017) 第 068042 号

THE LONELY CITY

by Olivia Laing

THE LONELY CITY © Olivia Laing, 2017
Copyright licensed by Canongate Books Ltd.
arranged with Andrew Nurnberg Associates
International Limited
Simplified Chinese edition copyright © 2017
Unitedsky (Beijing) New Media Co., Ltd.

北京市版权局著作权合同登记号 图字：01-2017-1622 号

选题策划	联合天际
特约编辑	郝 佳 刘 畅
责任编辑	喻 静 李 伟
美术编辑	冉 冉
装帧设计	@broussaille 私制

未读
—
文艺家

出　版	北京联合出版公司 北京市西城区德外大街 83 号楼 9 层 100088
发　行	北京联合天畅发行公司
印　刷	三河市冀华印务有限公司
经　销	新华书店
字　数	200 千字
开　本	889 毫米 × 1194 毫米 1/32 9 印张
版　次	2017 年 8 月第 1 版　2018 年 7 月第 8 次印刷
I S B N	978-7-5596-0009-7
定　价	55.00 元

关注未读好书

未读 CLUB
会员服务平台

未读
Un-
Read
Club

【未读 Club】

△ 发布未读体的有趣、实用、长知识的新鲜内容库

△
聚集了「未读」已有的优质资源渠道
为每一位「未读」会员提供专属的优质服务。

关注【未读Club】，你可以:

△ 提前获取「未读」每月新书资讯。

△ 第一时间了解「未读」重点推荐的好书，以及随书附赠书免费试读的欢迎。

△ 未读少有专属图书及书刊优惠。

△ 通过「未读」线上渠道参与各种线下活动，各种各样千万的优惠与礼。

△ 加入「未读」购书群，结识众多国各地爱书的书友，免费参与书。

加入更多社群活动等，你会获得更多惊喜与惊喜。

更多书籍资讯请关注「未读」各平台账号平台

一起读的艺术史

198.00 元
2018-07

尔·伯德 著　　[英]凯特·埃文斯 绘

史学家、教育家迈克尔·伯德以丰富的想象力将严谨
究书写为 67 则优美生动的故事，文字与精美淡雅的
交相辉映，讲述了 42000 年的艺术发展历程。

如何看懂艺术

68.00 元
2018-04

翁昕

像小说一样好看的艺术史！艺术经纪人翁昕趣讲意大利艺术
史，穿越回伟大艺术的诞生地看艺术，游走于罗马、梵蒂冈、
那不勒斯、米兰四大古城，0 距离欣赏大师真迹，了解伟大艺
术品背后的故事。有声书版同步上市，扫描书中二维码，试听
作者原声朗读版 + 特别收录的艺术趣闻彩蛋。

物

75.00 元
2018-05

编

物，把京都带回家。好物 × 好店 × 好宿 × 好食 × 好
中传统工艺 +88 家店铺。实地探访京都特色手工艺老
自用送礼皆宜的匠人手作。走街转巷，寻访千年古城
。随书附赠超实用京都特色购物攻略。

京都漫步

58.00 元
2017-01

骆仪 / 主编

穷游 · 最世界「京都」特辑！走进京都，寻访最美四季时光。
京都速览 + 实地探访 + 特写栏目 + 当地声音，带你由浅入深
玩转京都。33 篇深度文章 +87 个精选地标 +10 条定制线路，
再现古城京都的传统风貌与今日风情。

雨必将落下

58.00 元
2018-06

[荷] 米歇尔·法柏

天才短篇小说大师米歇尔·法柏成名之作！被誉为萨默塞特·毛姆与伊恩·麦克尤恩风格的首次结合。周嘉宁不吝赞美，诚挚推荐。上帝、宇宙、爱与卫生棉——无不在其笔下。《雨必将落下》收录了法柏几乎所有的经典获奖短篇，或怪诞、或温暖、或讽刺，精准捕捉当代人的生存和精神困境。

我不存在的曼彻斯特

49
20

[英] 霍莉·塞登

继《困在时间里的人》之后，惊艳世界的英国新生代小说莉·塞登新作。小说以其精巧的构思，巧妙编织了孪生姐拉和萝宾迥然相异的两段人生：莎拉回不了家，萝宾出了门。在这不同的背后究竟隐藏着怎样令人心碎的秘密？朋她们又会被这些秘密裹挟着去往何方？

永夜漂流

49.80 元
2018-06

[美] 莉莉·布鲁克斯 - 道尔顿

群星寂然无声，唯有你我相伴在文明尽头。两位孤独者跨越时空的对话，地球末日的温柔回响。一本写给"爱无能患者"的治愈小说，宏大动人如《星际穿越》。《出版人周刊》2016 年年度最受瞩目新人小说。

无人幸免

55
20

[加] 奥马尔·阿卡德

资深战地记者虚构美国第二次南北战争。2074 年。环境能源危机，海水倒灌，城市内迁，人们抬头看见战斗机自像曾经遇见飞鸟一样稀松平常。这一年，历史重演，南北小说主人公萨拉特从难民到恐怖分子，她都经历了什么？

是个艺术家

48.00 元

[法] 里恩·杜查斯

2018-06

为有两条纤细的腿而受到大家的嘲讽，它觉得十分难过，多办法都不能让腿变粗。直到有一天，鲍勃路过艺术馆，感来了！本书作者是英国最具代表性插画设计奖"黄铅银奖得主，中文版封面、内文字体全部由五岁孩子手写

企鹅有烦恼

48.00 元

[美] 乔里·约翰 著 [美] 莱恩·史密斯 绘

2018-06

美国青少年图书馆协会选书，两届凯迪克银奖得主莱恩·史密斯作品。这只爱抱怨的小企鹅无疑会引起所有人的共鸣，因为谁都会有烦恼。但是，每个人的生活都是独一无二的，读完这本书你会发现，你就在属于你的地方。

子一起去艺术博物馆

88.00 元

利亚·克里斯蒂娜·塞恩 维特根施坦因·诺特博姆

2018-05

都能乐在其中的博物馆鉴赏指南，举一反三的艺术解读让孩子相信自己的直觉，让父母学会倾听孩子的智慧。斯敦艺术博物馆馆长作序推荐。

DK 职业探秘百科系列：科学家在做什么？

88.00 元

[英] 史蒂夫·莫尔德

2018-05

DK 经典科普品牌，6 大主题、38 个在家就能玩、简单好操作的趣味小实验，告诉孩子们科学家日常都在做什么、如何才能像科学家一样思考问题。

为什么是足球？ 88.00 元

[英]德斯蒙德·莫里斯 2018-06

一本人类学视角的足球文化扫盲读本。让不懂足球的人看懂足球，让懂足球的人更懂足球文化。足球就是当代部落，仪式、英雄、标志、长老、追随者、方言一应俱全。2000万畅销书《裸猿》作者德斯蒙德·莫里斯，起底人类为足球疯狂的根本原因。

哲学的指引：斯多葛哲学的生活之道 49

[意]马西莫·匹格里奇 20

当代科学／哲学家与古罗马智者的超时空对话。结合生遗传学和斯多葛派哲学，解答21世纪的生活问题。好的不仅能缓解焦虑，更为滋养生活。

1

2

3

1　超自然变形动物图鉴 ｜ 探索家
2　探险家公会：移动的香格里拉 ｜ 文艺家
3　地图中的历史 ｜ 探索家

碌者的天体物理学　　　　49.80 元

尼尔·德格拉斯·泰森　　　　2018-06

也要记得仰望星空。认识宇宙，就是重新认识自己。上
年全球畅销 100 万册，售出 38 国版权。霍金科学传播奖
明星科学家尼尔·泰森写给每一位地球人的宇宙通识。万
李淼，张双南作序推荐。

博物之美： 爱德华·李尔的博物艺术传奇　　　128.00 元

［美］罗伯特·麦克拉肯·佩克　　　　2018-05

爱德华·李尔是博物学黄金时代的传奇博物画家、维多利亚女
王的绘画老师，他的画作影响了西方文化和审美 200 年。本书
收录了李尔 200 余幅动植物、风景画作，并讲述了他传奇的一
生。"世界自然纪录片之父"、《蓝色星球》导演大卫·爱登堡作
序推荐。

膝盖吗：鸟的百科问答　　　　68.00 元

斯蒂芬·莫斯　　　　2018-05

由英国皇家鸟类保护协会出品、BBC 鸟类专家倾情编著，
于鸟类的"十万个为什么"，也是一本全方位鸟类趣味百
书中囊括 450 个鸟类问题，200 多幅精彩摄影作品，为各
类爱好者们献上了一场关于鸟类信息的饕餮盛宴。

疯狂的进化　　　　49.80 元

［美］马特·西蒙　　　　2018-06

著名科技杂志《连线》专栏改编，"博物君"张辰亮推荐，荣
获美国图书馆协会亚历克斯奖。本书以天才的故事视角和精美
的插图，带你见识生物圈那些奇特的角色，它们共同演绎了物
种多样性的"怪奇物语"。

↑
未读
天猫旗舰店

06
—
Jun / 2018

未讀
UnRead

「 未读之书，未经之旅 」